宛如梦幻
第一部
苇原露华

赤军 著

厦门大学出版社
XIAMEN UNIVERSITY PRESS
国家一级出版社
全国百佳图书出版单位

图书在版编目(CIP)数据

宛如梦幻.苇原露华/赤军著.—厦门:厦门大学出版社,2017.6
("宛如梦幻"三部曲)
ISBN 978-7-5615-6480-6

Ⅰ.①宛… Ⅱ.①赤… Ⅲ.①日本-历史-通俗读物 Ⅳ.①K313.09

中国版本图书馆 CIP 数据核字(2017)第 107081 号

出 版 人	蒋东明
责任编辑	牛跃天　冀　钦
封面设计	李夏凌
版式设计	蒋卓群
技术编辑	朱　楷

出版发行	厦门大学出版社
社　　址	厦门市软件园二期望海路 39 号
邮政编码	361008
总 编 办	0592-2182177　0592-2181406(传真)
营销中心	0592-2184458　0592-2181365
网　　址	http://www.xmupress.com
邮　　箱	xmup@xmupress.com
印　　刷	厦门市金凯龙印刷有限公司

开本　720mm×1000mm　1/16
印张　23.5
插页　1
字数　246 千字
版次　2017 年 6 月第 1 版
印次　2017 年 6 月第 1 次印刷
定价　50.00 元

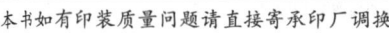

序

在本书第三版的序言中,我曾经写过"第一稿是从1997年左右开始写的,由我和驰骋两人合作"的话,其实是我记错了。

《宛如梦幻》的第一稿,我经过仔细检索,最终在一本名叫《电玩通信》的杂志上找到了,连载的首期在1999年的3月号上,也就是说,开始动笔的日期不会早于1998年。本意是要写一部完整的日本古代史通俗读物,但因为我们两人工作、生活的变更而被迫中断,大概也就连载到了南北朝时代吧。

然后我就把驰骋给踢开了……原因是当时我们两人的写作方式是一人一篇,各自的笔法大相径庭,很难统合成一部完整的书稿。很多朋友都劝我完成这项工作,我被迫删去了驰骋所写的大部分篇章,从头梳理日本两千余年的漫长古代史。

2005年8月,陕西师范大学出版社推出了一本《宛如梦幻——日本战国乱世中的"菊与刀"》,虽然冠着《宛如梦幻》之名,其实只是节选了战国时代的部分内容——这可以算是此书的第二个版本。

第三个版本是2008年7月由现代出版社推出的两卷本《宛如梦幻——日本人的历史》,这是一部完整的作品(封面上就标注着"最新完全版"),但实话说,我对这个版本并不是很满意,因为书中超过一半的篇幅描写了战国加织丰时代短短一百五十年的历史,就好像一个大肚腩,头小、脚轻，比例太过失衡。所以此书出版后不久，我就开始了再次修订。

但在修订版完成之前，2014年4月又出了第四个版本，可以称之为《宛如梦幻》十五周年的纪念版。驰骋提出建议，把我们最初的版本连缀成篇，加上大量的图片，印制了三百本在淘宝上售卖。初版自然极其粗糙，错误也比比皆是，但是根据驰骋的想法，除了太过明显的硬伤外，书稿基本上不作改动，这个版本完全卖的是情怀，卖的是记忆。

当然啦，初稿只写到南北朝，后面的篇章都是我截取最新修订版的内容添上的。

所以这回推出的可以算是《宛如梦幻》第五个版本，也基本上可以确定为最后一个版本。与第三版的区别，主要是大大扩充了头部，也就是传说时代、飞鸟时代、奈良时代、平安时代，以及镰仓、室町这两个幕府时代的内容；也大大扩充了脚部，也就是江户幕府时代和明治维新时期的内容，战国和织丰期虽然仍是重头戏，篇幅所占比例却被稀释到了三分之一强。

作为一本总览日本古代史的通俗读物，我觉得这就足够啦。从与驰骋联合创作初稿开始，至今已将近二十个年头了，这部书可以就此画上句号了。我也不可能总躺在一部书上，活到老，改到老……

创作《宛如梦幻》的初衷，没有什么伟大情怀，说白了就是两个字："喜欢"。首先是因为大量日本古代史题材或背景的游戏、动漫、影视作品流入国内，我们这一代人，也包括下一代年轻人，很多都是浸润在这种文化氛围中成长起来的。其次呢，日本历史和传统文化本身确实也存在着相当吸引中国人的特质。

日本文化属于东亚文化圈，但是游离于占主导地位的中华文化圈之外，既深受大陆文化的影响，又保留着很多岛国独有的特质。尤其日本历史是多段跳跃式的，每一个阶段都保留着上一个阶段大量的遗存，无论从中国文明的角度还是从西洋文明的角度来看，都是一头四不像。但即便四不像也不是什么神力随意捏成的，自有其本身合理的流变过程，而就在这似与不似之间，才最能吸引改革开放以后放眼异国的中国年轻人们。

只是，我终究不是什么专业的历史研究人员，我只是一个日本历史文化的爱好者而已，想要梳理日本古代史，创作一部通俗读物以飨同好，自然不可能对某一段历史进行太过深入的解剖和阐述，对于史学界最前沿的发现也大多无从取舍，只能暂且遵从传统观点，所以切莫把我这部小书当作教材。我相信一般的爱好者，读过这部小书，有一个基本的概念，那便足矣，有志于深入研究的，可以把它当作垫脚石，再去进行专业的学习。

令我欣慰的是，当初因为喜欢日本历史文化而在网络上召聚同好，创建了一个名为"新·战国联盟"的网站联合体，吸引了不少年轻人的加入，而其中多有从此走上专业历史研究道路的。从某种意义上来说，被后人踩在脚下并不难受，相反还非常快乐呐！

赤军

2017年4月

人間五十年
下天のうちを比ぶれば
夢幻の如くなり
一度生を享け
滅せぬもののあるべきか

总目录

苇原露华
- 传说时代　日本的起源
- 古代　飞鸟时代·奈良时代·平安时代
- 中世　镰仓幕府与室町幕府的两度兴衰

战国风雨
- 中世终末的战国时代
- 近世开端的织丰时代

江户烟岚
- 近世的开端　江户幕府之创建
- 近世　江户幕府初期和前期
- 近世　江户幕府中期和后期
- 近代　明治初期

本册目录

传说时代　日本的起源

古代　飞鸟时代·奈良时代·平安时代

中世　镰仓幕府与室町幕府的两度兴衰

- 初章　传说与真实　03
- 次章　大化改新　29
- 三章　唐风奈良　57
- 四章　优雅的平安朝　87
- 五章　摄关政治和院政　115
- 六章　源平争乱　159
- 七章　镰仓幕府和北条氏　191
- 八章　元军来袭和幕府落日　215
- 九章　太平记　239
- 十章　纷乱南北朝　265
- 十一章　室町幕府的兴衰　295
- 十二章　战国风雨　325

传说时代

日本的起源

初章 传说与真实

- 天沼矛的尖端
- 兄妹夫妻而生列岛
- 天安河立誓
- 出云的让国传说
- 神武东征记
- 你是说谎的神吧

初章　传说与真实

日本民族由何而来？日本文明由何而来？日本国家又由何而来？
我们必须明了，所谓"万世一系"只是神话而已。

天沼矛的尖端

在亚洲大陆的东端，中国的东北方，浩瀚汪洋之上，漂浮着一系列岛屿，如同一条漫卷的丝带——这就是日本列岛。

列岛的主体是四座最大的岛屿：中部为本州岛，古名"秋津岛"或"秋津洲"；东北部为北海道，古称"渡岛"；西南部为九州岛，古称"筑紫岛"或"筑紫洲"；九州岛东侧为四国岛，古称"伊予之二名岛"或"伊予二名洲"。

日本的民族、文明、国家，就孕育在以这四座大岛为主体的列岛之中。

然而，我们不禁要问：日本民族是何时产生的？是原生土著还是外来移民？日本文明是何时产生的？它最初的形态究竟是什么样的？日本国家又是何时产生的？天皇制度真的如同他们自己宣扬的那般是"万世一系"吗？

日本很可能确实没有本土独立产生的文字，一直要到公元3世纪邪马台国时代，才开始有从中国输入的汉字以记录语言。据《古事记》和《日本书纪》的说法，百济（朝鲜半岛西南部的古国名）的五经博士王仁渡海来到日本，向当时的应神天皇献上汉末大儒郑玄所注的《论语》十卷和《千字文》一卷，应神天皇大喜之下，即聘任王仁担任太子菟道稚郎子的师傅，教授太子学习中文典籍——这大概是汉字在日本上层被广泛学习和使用的开端。

日本人一直沿用汉字作为正规的书写文字，即便今天用来直接注音的平假名和片假名，也来源于汉字中草书和楷书的部分偏旁。现在日文中的汉字，往往一个字有两种读法，就是所谓的音读和训读，训读的来源是用日本本土语言表述汉字的字意，而音读则是用传来的汉语发音直接阅读汉字——后一种因为传入时间的不同，还有古汉音、吴音、唐音等区别。

因为缺乏本国文字，所以日本民族、国家在迈入文明史之后很长一段时间的历史，都只能根据考古发掘来假想，或者配合后世乃至别国的文字记载来倒推，其不准确性、多歧性是可想而知的。下面，就让咱们以日本的神话传说和考古发现为基础，来大致推理一下可能的情况吧。

日本的神话时代，主要记载于以汉字拼写和音的《古事记》和纯粹汉文的《日本书纪》这两部书中。两书皆成于公元8世纪初，所以对比《荷马史诗》一类成形于野蛮时代的作品来说，真实性当然不会很高，甚至可以说百分之八十都是假货。尤其如果对照二者成书前后的政治环境，就很容易找出哪些部分肯定存在着故意的编造和歪曲——这是后话，暂且不提。

《古事记》和《日本书纪》除了因为使用语言的不同，故而在人名、称号上往往大相径庭外，基本情节出入很少，可以统合而言。书上首先讲开天辟地，说"天地始分之时，有诸神生于高天原"——所谓高天原即天界，这些无根无由、从虚空中莫名其妙"生"出的诸神，首先是天之御中主神、高御产巢日神、神产巢日神——"造化之三神"，然后是自混沌海洋中生出的孙摩志诃备比古迟神和天之常立神。上述五位皆为独神（对应其后的双神而言），统称"别天津神"。此为《古事记》所言，《日本书纪》则只记前三位。

然后是国之常立神、丰云野神等共七代、十二位神。这七代的前两代，也即国之常立神和丰云野神，亦为独神，其后五代则为双神，都是一个哥哥加一个妹妹——最后一对兄妹，名为伊邪那岐命和伊邪那美命。此为《古事记》的和音之汉字拼写法，《日本书纪》则记为伊奘诺尊和伊奘冉尊，尊、命同义，是对神灵的敬称。

诸神授命伊邪那岐和伊邪那美创造陆地，于是二神即立于天浮桥上，手持天沼矛搅动海水，矛尖滴落的盐凝固起来，就创造出了淤能棋吕岛——一般认为是指日本中南部的小岛"沼岛"（今属兵库县）。当然啦，作为古老神话，还有其他多种异说。

二神造岛以后，即从天上降下，在岛上建造八寻殿，竖起了天之御柱。他们本来是兄妹，可是哥哥希望"以我多余之处插入你的不足之处，成完美态造成国土"，于是他们在绕着天之御柱唱过歌以后，就顺利结成了夫妻。

这段描写非常有趣，因为它几乎是所有先民神话中都会出现的桥段。比如中国就有一则关于伏羲和女娲的传说流传于西南地区，说是天降洪水，万物皆没，只剩下了一对兄妹，就是伏羲和女娲，为了延续后代，二人商议婚配，于是绕着天柱歌唱追逐，最终成就好事。

一方面，兄妹通婚本就是旧石器时代人类普遍的婚姻方式，而日本皇室为了保证血统的纯正性，也长时间采取家族内部婚配的方式。另一方面，日本民族的先民，很多都来自东亚大陆，他们会不会直接继承或者吸收了中国古老的神话传说，然后改头换面为己所用呢？

神话讲到这里，咱们再来说说考古发现所关联的日本人起源问题吧。

兄妹夫妻而生列岛

日本列岛上发现的最早的古人类遗踪，大概是约二十万年前的几处遗迹（曾经哄传世界的所谓六十万年前的上高森遗迹，已被证明是日本考古界奇葩藤村新一的伪造）。由此而至约一万四千年前，所发掘出的各种旧石器时代的遗址，分布范围很广，从北海道到南九州，总数有一千余处。学者从人种学角度对遗骨化石进行分析，得出的结论往往大相径庭，这说明古代日本人应该并非单一血统，而是来源于不同的地区。

除了少数古老的原住民外，从东北、西南、西北和南四个方向，都可能有大量移民混入。东北方向的来源，就是现今阿伊努人的祖先；西北方向的来源，是中国北部和朝鲜半岛；西南方向的来源，是中国南部；

南方的来源，是马来亚和印度尼西亚。

大约在距今一万三千年到八千年前，日本列岛进入了旧石器时代晚期和新石器时代，相对应的文化被称为"绳纹文化"。此后来自东北方向、西南方向和南方的混血逐渐减少，来自西北方向即中国北部和朝鲜半岛的移民却依旧汹涌不断，就此继"绳纹文化"以后又先后产生了"弥生文化"和"古坟文化"。

"绳纹"的名称，来源于陶器上用麻绳勒出的种种纹样。当然，绳纹文化期的陶器，并非每种都有花纹，也并非每种都有绳纹，那只是一个代表名称而已。当时的日本人，基本使用石器为工具，主要生活来源是采集、狩猎和捕鱼，但已经具备了早期的稻耕知识——应该是从中国大陆传入的。当时的社会形态还是以血缘为主体的氏族群居，婚姻关系中女性占有主导地位，已经出现了对偶婚（男性有多个妻子，其中之一为正妻，女性也有多名丈夫，其中之一为正夫）。人们尚无来世观念，但已有灵魂概念，人死后屈身而葬，并且被压上大石，怕他起而作祟——这一传统在日本流传很广，延续时间很长，体现了和中国人的尊天敬祖截然不同的观念。

关于绳纹文化时期的很多风俗以及生活习惯，在日本神话中也屡有反映。让咱们再把目光放回《古事记》和《日本书纪》上来吧。书上说，伊邪那岐和伊邪那美兄妹绕着天之御柱跳舞，伊邪那美先开口唱歌，伊邪那岐应和，二神遂结为夫妇，先生下水蛭子，又生下淡岛，然而可悲的是，这两个孩子竟然全都是畸形儿——近亲结婚，生下的孩子生理上有缺陷，这也是很正常的吧。

二神非常悲伤，就去请教诸神，诸神回答说："女子先开口是不吉利的，你们必须重新来过。"于是伊邪那岐和伊邪那美回到家中，再次举办"婚礼"，这次由伊邪那岐首先开口唱歌，伊邪那美应和。果然换了个方式就是不同凡响，他们一口气生下了淡路、伊豫、隐岐、筑紫、壹岐、津、佐渡、大倭丰秋津这八个岛——日本列岛就此诞生。

我们可以注意到，筑紫即九州岛、伊豫即四国岛、大倭丰秋津即本州岛，独独没有北海道，这是为什么呢？很明显，古老神话中的日本疆土，是不包括北海道的，这在其后的历史介绍中将会提及。

拉回来说，伊邪那岐和伊邪那美婚配产子的传说，或许真实含义乃是婚姻制度从女性为主向男性为主的转变。总之，两夫妇不停地生孩子，生下大八岛以后，又接着生了儿岛等六个小岛，生了山、海、风等三十五位自然神。

就这样，天、地、风、雷、草、木几乎齐全了，然而伊邪那美在最后生产火神——火之伽具土——的时候，却被这小婴儿烧伤了阴户而死去。伊邪那岐悲愤之下，挥剑砍下了火之伽具土的脑袋，但随即从火之伽具土的尸体以及沾染在伊邪那岐剑上的血迹中，又生出了一大堆神。

其后的一段神话，在世界许多民族中都有类似范本，或许正是古代日本人混血的证明，也是日本人极其鲜明的"拿来主义"的滥觞。

据说伊邪那岐怀念死去的妻子，于是前往黄泉之国与其相会。但当他看到伊邪那美面容枯槁丑恶，身上爬满了蛆虫，身边还环绕着大雷、火雷、黑雷等八种不同的雷以后，不禁吓得掉头就跑。伊邪那美看到丈夫抛弃了自己，愤怒如狂，就派黄泉丑女和八雷前去追赶，伊邪那岐则利用先民贫乏想象中的种种智慧和神通，最终逃脱了追捕，还用一块巨石堵住了黄泉比良坂附近的黄泉之国的出口，免得妻子回到人间作怪。

这无疑是绳纹文化期古日本人害怕亡灵作祟的意志之体现。有趣的是，帮助伊邪那岐逃过追捕的一大功臣，乃是几枚桃子，事后他就给桃子赐名为"意富加牟豆美命"，并要桃子将来像帮助自己那样去帮助各处受苦的生灵——大家都知道，桃木在中国古代传统中，有镇鬼驱邪的作用，或许正是这段神话的来源所在。

天安河立誓

逃离黄泉之国以后，伊邪那岐为了涤除身上所沾染的污秽，举行了一次重要的仪式，那就是"禊"。这个字读如"细"，本指中国古代春秋两季在水边举行的祭祀仪式，而日本的"禊"似乎更好地保留了先民祭祀的本意，那就是下水去洗澡，涤除污垢，好以洁净的身心面对神灵。

伊邪那岐跳入海水中洗澡，他先除下身上的衣物、饰品，抛入水中，由此生出冲立船户、道之长乳齿等诸神，既而潜入水中，又生下了八十祸津日、大祸津日、神直毗等诸神。其间，他洗涤左眼生出天照大御神，洗涤右眼生出月读命，洗涤鼻子生出建速须佐之男命，他称这三个是他最尊贵的孩子，决定把世界交给他们，从此自己就可以放心地去隐居了。

天照、月读和建速须佐之男，就是日本神话传说中世界上最早的统治者。

按照伊邪那岐的分派，由天照治理高天原（天界），由月读治理夜之国，由建速须佐之男治理海洋。然而建速须佐之男每日只是哭泣，不肯理事，伊邪那岐问他何故，他回答说："我想前往母亲所在的根坚州国。"他说的"根坚州国"当然就是黄泉之国。伊邪那岐大怒之下，将其驱逐。

建速须佐之男不肯死心，于是上天去和长姐天照商量。天照闻讯大惊，认为弟弟一定是想来抢夺自己在天上的宝座，匆忙手持武器相待。建速须佐之男看到姐姐这般模样，急忙鞠躬俯首，说明自己绝无恶意，并表示愿意起誓。于是姐弟俩就隔着天安河立誓，天照先折断建速须佐之男的十握剑，折成三段，在天真名井中摆动洗涤，然后紧紧咬住，呼出的气息生出了多纪理毗卖等三位女神，其后建速须佐之男取下天照身上各处装饰的玉串，依样施为，生出了正胜吾胜胜速日天忍穗耳等五位男神。

这其实又是一个兄妹或姐弟婚配产子的故事。

有学者认为，天安河立誓，象征着"禊"礼从海水禊到淡水禊的转化，对应考古发现，可证古代日本人因为稻耕的推广，居住地确实从最初的海岸边逐渐向内陆地区转移。这种现象主要发生于"弥生文化"时期，也正因为如此，人们普遍认为天照大神的原型乃是邪马台女王卑弥乎。

我们再从神话拉回正史来说。日本从公元前300年左右到公元200年左右这约五百年间的历史，被称为弥生文化期，因为这一时期日本与中国北部及朝鲜半岛的联系日益紧密，金属工具开始传入，水稻种植面积迅速增大——在东京都文京区弥生町发现了具有代表性的陶器，弥生时期就由此而得名。

最重要的是，国家——或云国家的雏形于这一时期在日本列岛上诞生了。中国东汉光武帝建武中元二年（公元57年），东方海岛上有一个名叫"奴国"的国家，派使节来到东汉都城雒阳（即洛阳）朝贡，受光武帝赐予"汉委奴国王印"。据使者称，他的故乡名叫"倭"，其上有百余国，奴国在最南端。"委奴国"，就是"倭地之奴国"的意思。这方金印于1784年出土于日本九州北部博多湾口的志贺岛，证明了中国史书中所记载的这一事件的真实性。

中国东汉永初元年（公元107年），又有一个名叫帅升的倭国王派遣使者来到大陆，进献给汉安帝"生口"（即奴隶）一百六十人。而至于这个倭国是否便是此前的奴国，那就没有人知道了。魏景初二年或三年（公元238年或239年），倭地又有女王卑弥乎派使者难升米前来朝觐魏明帝，魏明帝赐封卑弥乎为"亲魏倭王"。

根据使者难升米等人的叙述，倭地大小国家林立，其中与中国有联系的三十余国，最大的名为邪马台。邪马台本为男王治国，男王死后国中大乱，最后各豪族共推一名巫女担任国王，也就是女王卑弥乎。据说邪马台国尊卑有序，人们被划分为"大人"、"下户"（平民）、"生口"和"奴婢"四个等级，此外还有官职，有集市，有租赋，有刑罚，已经具备了完整的奴隶制国家形态。

其后的魏正始四年（公元243年），卑弥呼再次派使节来到魏国。魏正始八年（公元247年），更派载斯乌越来到魏国的带方郡（在今朝鲜半岛北部），向当地官员诉说狗奴国王卑弥弓呼无理相攻，请求救援，于是带方太守就派张政等人持诏前去调停战事。中国史书上记载，卑弥呼去世以后，国中立一男王，诸豪族不服，互相攻伐，后改立十三岁的新女王壹与（或名台与），众人乃服，战乱终息。魏正始九年（公元248年），壹与派人护送张政归国，并进献生口和财帛。

那么，古代邪马台国究竟位于日本列岛的哪一个地区呢？目前史学界主要有两种不同的意见：一说在北九州，因为这里文化发展最早，并且具备与大陆地区产生交流的最便捷途径；一说其在日本本州岛中部的近畿（意即"京都附近"）地区，因为最终统一日本的大和王朝，就产生于这一地区。

邪马台（Yamato）是汉字的音译，与"大和"发音相同，但这并无法说明两者之间一定存在着承继关系，因为"大和"也同样可以写作"倭"。无论邪马台国，还是最初的大和王朝，或许这两者都并非它们正式的国号，只是为了在与大陆交往的过程中体现自己才是日本列岛的唯一主人，才是"倭"的真正统治者，他们才会自称邪马台，或者大和的吧。

出云的让国传说

神话传说中提到，自从天安河立誓以后，建速须佐之男就赖在高天原不走了,不仅如此,他还到处捣乱,搞得姐姐天照非常头疼。最终,建速须佐之男把织机房的天棚打开一个大洞,把剥了皮的斑马扔进去,导致正在织布的织女因惊恐而被机梭击伤阴部而死。天照为此感到非常害怕,匆忙躲进一个名叫天之岩户的洞穴之中,再也不肯出来了。

机梭、马皮、织女,这些要素不能孤立来看,它是先民传说对养蚕织帛技术诞生的一种曲折反映。中国古代神话中也有类似的故事,是说一名女子爱上了家养的骏马,其父大怒,将马杀死并且剥下了皮,而那女子晚间去马尸旁哀悼,却被马皮包裹,化而为蚕,口吐细丝——据说这就是桑蚕的由来,蚕神也因此被称作"马头娘娘"。

两个神话之间,包含了多少相同的要素啊!

回过头来再说天照,她统治着高天原也即天界,本身由伊邪那岐左眼化出,乃是太阳神,她一躲藏起来,光明立刻消逝,四周漆黑一片。诸神感到惊慌,匆忙前去请教高御产巢日神的儿子思金神。思金神让他们找来报晓的长鸣鸡,并且准备了镜、玉等各种法器,最后由天宇受卖命在天之岩户前歌舞,诸神高声谈笑,想要引诱天照出来。

天宇受卖命跳的是什么舞呢?据说她身穿盛装,手持一束细竹叶,站在倒扣的木桶上,掏出乳房,松散裙带,暴露阴部,狂舞不休——这简直就是脱衣艳舞嘛!但对于注重生殖崇拜的先民来说,这或许是相当虔诚并且具有魔力的一种祈神的舞蹈。

躲在天之岩户里的天照听到外面的歌舞声、欢笑声,感到非常奇怪,既然自己躲藏了起来,外界就应该一片漆黑,众神还有心思欢聚吗?她偷偷伸出头来观看，却被躲在门口的天手力男神一把拽出，于是天宇这才重获光明。事后，众神决定惩罚建速须佐之男，没收他的全部财产，割去胡须，拔去手指甲和脚趾甲，驱逐出高天原去——这种割须拔指甲的刑罚，据考证在日本历史上确实真的存在过。

离开天界的建速须佐之男，不知道是否真的痛悔过往所为，但总之他此后一改胡作非为的行径，反而和各国神话中杀怪救民的半人半神的英雄如出一辙。

首先，建速须佐之男杀死了抢吃少女的八俣大蛇，并且从蛇尾中获得了都牟刈大刀，将其献给姐姐天照——这就是日本皇室三宝中的草薙剑的原型。草薙剑，意为割草之剑。

其后，建速须佐之男来到出云之地（今日本国本州岛西部，属岛根县）定居，在此地建造了须贺宫殿。他先后娶了栉名田比卖和神大市比卖两个妻子，生下一大堆小孩。顺便提一下，"比卖"或"毗卖"，用中文也可以写作"日女"，《日本书纪》中则写作"姬"或"媛"，有此后缀的人名，都是指女性，并且是身份比较高贵的女性。同样，对应日女的是"日子"也即"日男"，日文写法为"比古"或"毗古"，《日本书纪》中常写作"彦"，是指贵族男子。

正如前面所说，古代日本诸国林立，神话传说也纷繁复杂，所谓"八百万诸神"，乃是后世为了政治需要而将各地方豪族所供奉的神灵统合起来，从而产生的数量非常惊人的虚称。基本上，在弥生文化期和其后的古坟文化期，日本文化的三大焦点地区，也是神话传说的三大来源，乃是北九州、畿内和出云地区（近世又发现了似与出云同源的吉备文化）。无疑，建速须佐之男及其后继者大国主的神话来自出云系，而天照的神话则出于大和系——至于大和系属于北九州文化还是畿内文化，正如大和王朝的来源一样，史学界也始终为此争论不休。

大国主神本名大穴牟迟，一说是建速须佐之男的孙子，一说是他孙子的孙子的孙子。这位大穴牟迟性格温和，因此经常受到兄弟们的欺负，尤其当他抢在所有兄弟之前娶到了稻羽（后世的因幡国，今属鸟取县）的美女八上比卖后，更是遭到嫉恨。兄弟们先是引诱他去捕捉红色野猪，然后把烧红的石头从山上滚下，把他活活烫死；后来又引诱他进入一株开缝的枯树，然后突然拔去支撑的楔子，把他活活夹死。两次死亡，都亏其母刺国若比卖施展神通，或者请求神助，这才救活了儿子的性命。

大穴牟迟因此被迫逃亡，最终遇见了建速须佐之男的女儿须势理毗卖，两人产生感情，私下结为夫妇。然而建速须佐之男似乎对这段婚姻很不满意，称大穴牟迟为"苇原色许男"，意为"苇原中国（人界）的粪便男"。他多次想要害死大穴牟迟，但每次女婿都在女儿的帮助下逃脱。最后大穴牟迟趁建速须佐之男熟睡的时机，偷了丈人的刀、弓和天沼琴，带着妻子仓皇逃走。建速须佐之男醒来后追赶不及，就在后面大叫道："你用我的大刀和弓箭，去伏击并杀死你的那些异母兄弟，你就能成为统治苇原中国的大国主神！"

从最后这句喊话来看，似乎建速须佐之男并不是真的想要杀死女婿，而只是想让他吃点苦头，受点历练。世界各国神话中，这种英雄人物少年时代历经坎坷，甚至受到亲人的迫害，被母亲或妻子拯救，最终成就大业的事例，倒也不在少数。总之，大穴牟迟遵从丈人的指示去做，终于成为日本的统治者，或者更准确点儿来说，成为出云地区的统治者，他此后也被称为大国主神、八千矛神，或者宇都志国玉神。

神武东征记

出云神话的辉煌期到此终结，让位给较后起的大和系神话，也即关于天照大神及其子孙的神话。在神话中，也不知道怎么搞的，天照突然觊觎起地上的国土来了，她对儿子正胜吾胜胜速日天忍穗耳命（天安河立誓时从十握剑中生出的诸子之一）说："富饶的苇原中国，应该由你来统治。"于是她派遣诸神下界去向大国主讨取。大国主当然不会答应，几拨使者都有去无回，直到天照派下了建御雷和天鸟船两神前往，事情才终于有了转机。

建御雷神本是个大力士，他的对手是大国主最有名的两个儿子，八重事代主没敢和他放对就认输了，建御名方与他打了一场而大败亏输，一直逃到日本中东部的诹访地方（今属长野县），险些被杀，只好答应建御雷的要求。于是大国主提出条件，要天神们为他在出云国建造宏伟华丽的宫殿，让他永远接受祭祀，然后他就体面地退隐了。

这就是所谓的"让国传说"，在此传说中，大国主曾经的英风侠气一扫而空，凡事都要听取儿子们的意见，而他的儿子也都不成器，最终输掉了国家。这段传说中会隐藏着真实的历史吗？某些学者认为，这是象征着来自北九州的大和族征服出云地区，而另一派学者则认为整段故事都完全是因政治需要而生造出来的西贝货，目的是使大和王朝合法地统治出云。

且说建御雷神完成使命，回归天界汇报战果，但正胜吾胜胜速日天忍穂耳命却不肯下凡，他转而推荐自己的次子天迩岐志国迩岐志天津日高日子番能迩迩艺命。于是这位名字冗长的天神之子就来到九州南部的筑紫地方，在高千穗峰立都建国，据说他就是大和国的始祖——但他只被称为"天孙"或"天神御子"，还并不是初代天皇。

其实，天皇的名号来源很晚，日本古代君主多称大王，要到公元7世纪以后，日本人才模仿中国习惯，给古代的大王们上谥号，改称某某天皇。中国史书中就记载着五位大王，名字分别为赞、珍、济、兴和武。日本学者认为，他们可能分别对应着传说中的仁德、反正、允恭、安康、雄略五位天皇——当然啦，也有学者反对说，五王不过是九州地区某小国的首领而已，和最终统一日本的大和国完全没有关系。这"倭五王"时代，大致应为公元413年到500年，正值中国的东晋南北朝时期。

日本从公元3世纪末进入了"古坟文化期"，以大和地区为代表，各地都出现了大量的高冢式坟墓，乃是此时期得名的由来。许多古坟占地面积广大，内藏殉葬品数量惊人，说明日本的奴隶社会已经迈入了它的成熟期。

约可对应古坟文化前中期，神话中出现了神武天皇东征的故事。传说这位天皇名叫神倭伊波礼毗古命,他和其兄五濑命二人决定向东方发展,于是先北上,从北九州渡海到了安艺(日本本州岛的西南沿海,今属广岛县)地方,在这里停留了一段时间以后,继续乘船东进,得到吉备地区(今属冈山县)住民的帮助,驶向本州中部。在与摄津地区(今属兵库县)的统治者登美能那贺须泥毗古的战争中,五濑命中箭而死,神倭伊波礼毗古命被迫南下绕路,因为得到熊野的高仓下的帮助,才终于从纪伊(今属和歌山县)上岸,进入了内陆地区。

一路厮杀——虽然神话传说中这种厮杀多为古代英雄们的单打独斗——最终神倭伊波礼毗古命来到大和地区(今属奈良县),就在这里建都,并且娶妻生子,开始繁衍蕃息。神倭伊波礼毗古命就是大和王朝的初代天皇,称"神武天皇"。某些学者认为此神话是来自九州的大和族长途迁徙并且征服本州中部的象征,虽然其间掺杂太多不可解甚至不可理解的因素,但远行路线是基本不差的。当然,也有学者认为这也是完全的西贝货,甚至认定大和族的老家根本就不在九州地区,神话就是神话,丝毫也相信不得。

不管大和王朝的来源为何,是北九州、南九州,还是大和本土,它与前此的邪马台女王国是否有所渊源,总之,这个王朝从此就屹立在日本本州岛的中部,并且绵延流传直到今天。日本人因此经常宣传自己的天皇血统纯正,"万世一系"——不过,越来越多的人逐渐不再相信这种天真的谎话了,我们今天唯独能够确定的,是大和王国从公元4世纪前后崛起,它或者它的继承者,逐步统一了日本列岛(不包括北海道),此后沿用"大和王朝"这个名称，把各自的系谱篡改缝合到了一起。

据说神武天皇以后的第十世为崇神天皇，他曾经委派大毗古命征服了北陆地方，派建沼河别命征服了东海道十国，派日子坐王征服了丹波地区，逐步统一除东北部外的本州岛。再传两世为景行天皇，他生了两位皇子，分别名为大碓命和小碓命（又名倭男具那王）。大碓命得罪了父亲，天皇派小碓命去唤他前来责问，结果小碓命却在厕所里把哥哥的手脚折断，裹上草席扔掉了。

面对如此残忍的次子，天皇大感恐慌，于是干脆派他前去讨伐不肯服从朝廷命令的熊曾建兄弟，趁机赶他离开自己身边。小碓命智勇双全，他假扮女性，混入熊曾建家的宴会当中，寻机把那武勇过人的兄弟俩都杀死了——这不禁让人联想到北欧神话中雷神托尔乔装女神芙蕾雅夺回自家锤子的故事。事后，他使用敌人的名字为己名——这种风俗在古代并不罕见——称为倭建命。

熊曾建兄弟很可能是指九州南部的两个部族或国家。讨平了熊曾建兄弟之后，倭建命还顺路杀死了出云国的勇士出云建。他得胜回京，可是天皇却说："东方十二国还有很多凶顽，希望你能前去平定。"倭建命叹息说："父亲的意思，大概是希望我死在外面吧。"他不能违抗父亲的命令，于是遍历尾张、相模、甲斐、信浓等诸国，连征战带讨老婆和"播种"，最后积劳成疾，终于在能烦野去世了。据说他死后化为一只白色的大鸟，冲天而去，后世称其为"大和武尊"，或者"日本武尊"——大和也就是倭，尊就是命，其意和倭建命是相同的。

你是说谎的神吧

根据神话传说,景行天皇传成务天皇,再传仲哀天皇、应神天皇、仁德天皇,其后是履中、反正、允恭、安康、雄略诸天皇。雄略天皇很可能就是中国史书中出现的"倭王武",他曾上表中国南朝的宋顺帝,内有"自昔祖祢,躬擐甲胄,跋涉山川,不遑宁处,东征毛人五十五国,西服众夷六十六国,渡平海北九十五国"的语句。这说明其祖先确实经历了长时期的征服战争,基本统一日本列岛,然而这种征服是否从八九代以前的景行天皇就开始了呢?这种基本统一究竟是何时最终完成的呢?目前研究者还找不到丝毫证据可以印证神话中"大和武尊"的征战故事。

大约4世纪中叶,倭国的大和王朝开始渡海,向朝鲜半岛南部伸展其势力。当时朝鲜半岛诸国林立,其中最大的有三个国家,即西南的百济,东南的新罗,以及控制半岛北部和中国东北部分地区的古高句丽国。百济为了对抗新罗和高句丽,乃渡海引诱倭国出兵。大约在公元4世纪60年代,大和王朝出兵侵略新罗,征服弁韩之地(今韩国庆尚南道),称此地为"任那",设置"日本府"以统治之。百济地理位置不佳,前门拒狼,后门迎虎,也因此被迫向倭国朝贡。

为了援救新罗,高句丽好太王多次亲征,进攻百济和任那日本府。倭国在朝鲜半岛南端的统治岌岌可危,被迫渡海向中国朝贡以寻求支持。从东晋义熙九年(公元413年)开始,倭五王数度派遣使者向南朝进贡称臣,希望南朝出面阻止高句丽在朝鲜半岛的扩张态势。

当然啦，那时候中国正处在南北朝分裂时期，对于东北地区和朝鲜半岛的高句丽国，只有政治影响力，毫无军事威慑力。中国南朝宋永初元年（公元420年），宋武帝刘裕册封百济王为镇东大将军，爵位在倭王之上。中国南朝宋元嘉十五年（公元438年），倭王珍遣使来贡，表达了他的不满，希望刘宋在位的宋文帝封他为"使持节，都督倭、百济、新罗、任那、秦韩、慕韩六国诸军事，安东大将军，倭国王"。如果刘宋答应他的请求，无疑是承认倭国在朝鲜半岛南部的合法统治权，好在宋文帝并不是傻瓜，他只同意了"安东将军、倭国王"的封号。

"都督六国诸军事"的称号，直到中国南朝宋元嘉二十八年（公元451年），倭王济才从南朝皇帝那里搞到了手。不过宋文帝从中删除了朝贡国百济，换上"加罗"地方。南朝希望利用倭和百济，来牵制高句丽在朝鲜半岛的扩张，因此倭五王前后十三次遣使朝贡，最终倭王武的虚职在梁武帝时方才被晋升为"征东将军"，终于位列百济国王之上。

这些向中国称臣之事，《古事记》和《日本书纪》上当然不乐意记录，而只愿意把征服任那地区涂抹上种种绚丽的神话色彩：据说仲哀天皇的皇后名叫息长带比卖，她自称有神灵附体，怂恿天皇进攻"西边的国家"。然而仲哀天皇向西一望，只见茫茫大海，不见陆地，于是恼怒地反问道："你一定是位说谎的神吧？"

传说因为不遵神旨，仲哀天皇遭到天谴，立刻就停止了呼吸，于是息长带比卖皇后在重臣建内宿祢的支持下，不顾身怀有孕，亲自统兵渡海进攻朝鲜半岛。这位皇后后来即被称为"神功皇后"。关于神功皇后征服三韩（新罗、百济、任那）的故事，大都是毫无根据的自欺欺人的臆语。

且说神功皇后从朝鲜半岛归来的时候，忍熊王和香坂王发动叛乱，被难波根子建振熊命和建内宿弥讨平。某些学者认为，这其实并非一场大和王朝的内战，而是日本列岛上的诸国纷争，当时大和王朝还并没有统一日本，忍熊王和香坂王，甚至建内宿弥都不是大和国的臣子，而是别国的国君。

真实的历史中，从公元5世纪后半叶起，大和王朝在朝鲜半岛南部的殖民势力急速衰退。中国北魏延兴五年（公元475年），高句丽攻陷百济都城汉城，百济王国迁都熊津。中国北魏永平五年（公元512年），百济向大和请求割占任那四县，大和王朝被迫应允。中国北周保定二年（公元562年），任那日本府彻底被新罗所灭。就在这种背景下，日本历史发生了转折性的"大化改新"和"白村江水战"。

番外篇

三神器之谜

日本皇室世传"三神器"，据说是天孙下界时，天照大神赐予他的至宝，即草薙剑（一名"天丛云剑"）、八咫镜和八坂琼曲玉，简称"剑、镜、玺"。这三种神器，两千年来一直被当作日本皇室的信物，为民众所膜拜，而究其实质，其实却并不神秘。

大约在中国的汉代（日本弥生时代），从三韩渡海传入的农耕、冶炼、建筑、畜牧等技术经过几个世纪的消化已经进入成熟期，日本开始形成许多以大宗族为主体、以宗族中的贵族为首脑的部落国家，国家观念的形成使得战争意义从部族间的仇杀进化到了以统一为目的的兼并战争。随着战争规模越来越大，为了争取到强有力的支援，许多靠近西海岸的国家承认了汉朝对日本的合法统治，并派出使节千里迢迢地渡海赴中国朝贡。

使节们渡过波涛汹涌的海洋，千里迢迢跑来中国，汉朝皇帝不好意思让使节们空手而还，自然要赏赐其首领一些价格低廉的土特产，其中便包括坚硬度超过铜兵器的铁剑（这时候的日本还处于青铜时代，一柄铁剑对于他们来说自然是至宝）以及可以照出人影的铜镜（这"汉镜"正是汉帝国文化的代表物之一）。两种不起眼的小物事，出口到了日本可就身价百倍啦，成为贵族权力的代表，手中有了铁剑和铜镜的贵族们便可以得意扬扬地自称："俺得到汉皇的册封咧！不信？你看，这铁剑和铜镜就是汉皇赐俺的信物！"没有铁剑和铜镜的贵族眼红得要喷出火来，于是也有样学样，想尽办法弄套铁剑和铜镜来装装幌子，久而久之，铁剑和铜镜便成为了权力的象征。现在发掘到的弥生时代大贵族坟墓中，大都可以见到这两种舶来品。

既然铁剑和铜镜成了权力的象征，某些被认为有神奇来历者便被当作本宗族的圣物，由上一代传给下一代。后来，许多部落国家成为神权和俗权并重的宗教国家，于是，国主为了宣扬"王权天授"的思想，便将用于宗教祭祀的祀器曲玉也列为王权代表物，右手执剑、左手持镜、胸前垂玺（曲玉）的王者形象就此流行开来。直到大和王朝统一日本，继续沿袭以剑、镜、玺为王者代表的习俗，并将之发扬光大，制造相关的花边新闻及旧闻、繁杂的传代交接仪式，使得剑、镜、玺终于成为正统皇室独一无二的象征，一直流传到今天。

不过，上古时代流传的草薙剑、八咫镜和八坂琼曲玉真品（如果确有真品的话），以及制造于各个时代的诸多赝品，早已因为战争、天灾、迁徙、盗窃而不知去向,现在所流传下来,并一直在天皇继位仪式上郑重使用的,不过是依照仿制品而仿制的仿制品的仿制品罢了。

年表:

时代	时代大致时期	具体年份	事件
旧石器时代	远古至约一万四千年前		
绳文文化期	约一万三千年前至约三千年前		
弥生文化期	公元前3世纪至公元3世纪	57年	奴国遣使后汉,受赐"汉委奴国王"金印
		107年	倭王帅升向汉安帝进献生口一百六十人
		238或239年	邪马台女王卑弥乎遣难升米向曹魏朝贡,受封"亲魏倭王"
		243年	卑弥乎再次遣使朝魏
		247年	卑弥乎受狗奴国侵扰,遣载斯乌越向魏求救,带方郡守派张政前往调停
		248年	卑弥乎去世,壹与继承王位
古坟文化期	4世纪至8世纪	391年	倭国开始侵略朝鲜半岛,击败新罗和百济
		约405年	百济五经博士王仁向应神大王献上《论语》和《千字文》
		413年	倭国向东晋进贡方物
		421年	倭王赞向刘宋进贡,受封"安东将军、倭国王"
		438年	刘宋册封倭王珍为"安东将军、倭国王"
		443年	刘宋册封倭王济为"安东将军、倭国王"

续表

时代	时代大致时期	具体年份	事件
古坟文化期	4世纪至8世纪	451年	刘宋册封倭王济为"使持节，都督倭、新罗、任那、加罗、秦韩、慕韩六国诸军事、安东将军"，旋进位"安东大将军"
		462年	刘宋册封倭王世子兴为"安东将军、倭国王"
		478年	刘宋册封倭王武为"使持节，都督倭、新罗、任那、加罗、秦韩、慕韩六国诸军事、安东大将军、倭王"
		约502年	梁武帝进位倭王武为"征东将军"
		507年	继体大王在河内樟叶宫继位
		539年	钦明女王继位

古代

飞鸟时代
·
奈良时代
·
平安时代

次章 大化改新

- 部民和氏姓
- 崇佛和排佛
- 日出处天子
- 太极殿上的政变
- 改新之诏
- 白村江水战
- 郭务悰来了

三章 唐风奈良

- 壬申之乱
- 鼓声催短命
- 小长安
- 潮盈珠和潮干珠
- 从橘宿弥到橘朝臣
- 天神地祇,必降惩罚
- 太师惠美押胜
- 天智系卷土重来

四章 优雅的平安朝

- 早良亲王的诅咒
- 征夷大将军
- 降籍和赐姓
- 承和之变
- 诸事皆先关白
- 哀怨的学问之神
- 武士和武士团

五章 摄关政治和院政

- 关东的新皇
- 承平、天庆之乱
- 白狐公子
- 藤氏长者
- 一家立三后
- 天下三不如意
- 道长四天王
- 前九年之役
- 后三年之役
- 吾儿必来夜袭
- 日本第一糊涂蛋

次章　大化改新

从倭国向日本国大和王朝的华丽转身，从大王向天皇的华丽转身，传说和真实的掺杂，描绘出飞鸟时代大和国的一斑之貌。

部民和氏姓

倭国蓬勃发展，不但逐渐统一列岛，甚至还有余力发动对外侵略战争，在朝鲜半岛建立任那殖民地。与此同时，朝鲜半岛上三国鼎立，中国也正处于南北朝乱世，有大量的中国人和朝鲜人涌入日本，既有被掳去的战俘，也有主动逃去的移民。日本史料中多次提到汉人（中国人）、新罗人、高丽人（高句丽人）和韩人（任那人）、百济人等等，他们带去了先进的生产技术和生产方式，使倭国的奴隶制社会进一步完善。

就在这种背景下，日本在公元4世纪前后出现了部民制度和氏姓制度。所谓部民，是指王室和贵族的私有民集团，身份介乎于农奴和奴隶之间。他们或集体在王室和贵族的田庄中劳作，或定期前往王室和贵族的家庭中、工坊中从事服务和生产工作。部民最初的来源是奴隶、战俘、移民和罪犯，后来相当多的本土公社自由民也加入其中。

在部民制度的基础上，氏姓制度逐渐建立起来。中国秦汉以前以姓来代表血缘，以氏来代表身份，日本的氏姓制度则恰好相反。氏原本是指由血缘为中心组成的氏族公社，两极分化后，其首领即被称为"氏上"，对内主持对氏神的祭祀，裁决氏族内部纷争，对外则代表氏族与其他氏族或倭王朝廷接触。姓原本是对氏上的尊称，后来逐渐成为大和（倭）王朝赏赐给氏上以区别其尊卑高下的一种称号。比如天皇（大王）的后裔往往赐姓臣、君，很多传统氏上赐姓连，中国或朝鲜移民的氏上赐姓主、史，其他的还有别、公、直、造、村主、稻置等。最尊贵的姓是臣和连，其中在朝廷中身居高官者称大臣和大连。

日本人现在的所谓姓，其实应该写作"苗字"，除明治维新后新造的或附会的苗字外，主要来源是古代和中世纪为区别同氏异流而另起的称谓，和最初氏姓制度之姓，已经完全是两码事了。

说白了，古老的氏族为氏，有按地名而造的，比如出云氏、吉备氏、葛城氏等等，也有按在朝廷中的职掌（品部）而造的，比如物部氏、大伴氏、日下部氏等等；天皇所赐的氏上称号为姓；同氏的分家、异流的标称，则为苗字。

日本虽然运用中国的文字，但因应其本土的需要，很多文字的含义与其在中国的本源已经截然不同了，必须加以区分，而不能望文生义。

且说从公元5世纪后半叶开始，中国分久必合的趋势日趋明显，而朝鲜半岛也因新罗的崛起即将摆脱三国鼎立的局面，倭国也即大和王朝在半岛南端的殖民势力日渐萎缩。大和王朝还想挽狂澜于既倒，不停地渡海派发援军，但造成的结果只能是地方贵族和百姓此起彼伏地反抗。雄略大王二十三年（公元479年），五百名虾夷族（本州岛东北部和北海道的原住民，可能即今天所称的阿伊努人）士兵在西部发动叛乱。继体大王二十一年（公元527年），筑紫国造（"国"是行政区划，"造"即其长官）盘井掀起反旗，又占据"火、丰两国"，叛乱持续了一年零三个月之久。

到了公元6世纪中叶，部民制度因生产力的发展而走向没落，逐渐崩溃，许多贵族被迫解放部民，使其成为拥有一定人身自由、缴纳贡赋的农奴和小生产者，这就引发了大和朝廷中两种思潮的强烈斗争，即是因应这种社会形势进行改革，还是维持旧有的生产关系——前者以苏我氏为领袖，后者的代表家族则是物部氏。

崇佛和排佛

苏我氏和物部氏的斗争，并不是简单的贵族之间的争权夺势，而是旗帜鲜明的路线斗争，代表了不同的政治和经济发展方向——古老的大和（倭）国，第一次走到了历史的十字路口。

我们必须明白，从传说中的初代君主——神武天皇——到公元6世纪后期的推古女皇，其间的传承大多荒诞不经，基本为后世伪造的。大王（后称天皇）虽然很可能确实来自同一家族，但并未掌握家族内传承的主要权力，而是由贵族们推举产生的，大王的权力非常之小，甚至可以直接目之为贵族会议的主席。物部氏代表了维持这一模式的政治势力，倘若最终由他们掌握政权，日本很可能走上一条类西欧式的道路，彻底封建，诸国林立，大王只是名义上的最高领袖而已。

苏我氏乃是葛城氏的分支，其先祖苏我满智宿弥据说曾经统辖过东汉、西文、秦等氏族——从这些氏族名称便可得知，他们大多源自大陆移民。故此苏我氏受到来自大陆的先进文化影响，希望压制地方贵族势力，建立一个中国式的中央集权的新国家。

简单言之，物部氏在政治上主张地方分封，经济上主张传统的奴隶制，苏我氏则在政治上主张中央集权，经济上倾向于封建农奴制度。于是，以这两个家族为代表，贵族阶层分裂了，并且爆发了长时间的血腥斗争。

社会改革的首要表象是宗教改革。苏我氏希望利用从中国大陆和朝鲜半岛传入的佛教构建全新的宗教体系，以此作为社会变革的思想依托。而与其针锋相对，物部氏则顽固地坚持倭国原有的纷繁复杂的氏神信仰，蔑称佛教为"蕃教"，不遗余力地加以打压。

因为自然神式的日本本土氏神信仰各自代表不同的贵族利益，趋向于分裂，而佛教则超越于诸神之上，故而能够成为统一的武器。

钦明大王十三年（公元552年，一说538年）十月，百济国的圣王向大和国赠送了一尊释迦牟尼的鎏金佛像和若干经卷。在此佛像是否应由大和国王供奉的问题上，苏我、物部两氏展开了激烈的争论。当时的大和国王为钦明大王，苏我氏的首脑为大臣苏我稻目，而物部氏的首脑则是大连物部尾舆。

苏我稻目认为，"西方各国大都信奉佛教，我国怎能故步自封，拒不接受呢？"而物部尾舆则反驳说："我国从来祭拜国神（指各种本土氏神），如果改信外国神，恐怕会招致国神的愤怒，降下灾祸来。"钦明大王无从抉择，最终决定，咱先做个试验吧，下令让苏我氏先尝试单独供奉佛像，看看效果如何，是最终外国神压倒国神，保佑苏我氏繁荣昌盛呢，还是国神压倒外国神，会使苏我氏遭逢灾祸呢？

崇佛和排佛的第一阶段斗争，以物部氏大获全胜而告终。就在苏我氏全族改变信仰后不久，大和国内突然暴发瘟疫，死者无数，物部尾舆趁机跳出来煽动贵族们，说这都是因为佛教传入而招致国神的不满，降下疾病来警告世人。因为苏我稻目曾将两个女儿都嫁给钦明大王，生下多位王子、王女，权势颇大，物部氏无法将其一脚踢翻，所以只能奉旨出兵，查封佛寺，烧毁佛像——从此两族仇深似海。

钦明大王三十二年（公元571年），钦明大王去世，传位于敏达大王。敏达大王六年（公元577年）十一月，百济国又来凑热闹，献上经论及造佛像和建寺的技术工人，佛教就此在贵族当中再度流行开来。苏我稻目之子苏我马子趁机重新掀起崇佛的舆论，在自己石川的宅邸内建造佛殿，却也再度遭到物部氏的蛮横破坏。也是赶巧，流行病又一次发挥作用，不过这次不是在毁佛之前，而发生在毁佛以后，大和国内流行疮疥，连敏达大王也被感染到了，全身长满了癞疮。苏我马子于是进言说，这就是不尊佛教的结果，佛陀将召国王前往西方极乐世界去也。敏达大王一听害怕了，只好同意苏我一族继续供佛。

敏达大王十四年（公元585年），敏达大王病逝，用明大王即位，这位大王倾向于苏我氏的主张，崇敬佛法。用明大王在位仅两年就死了，苏我、物部两族围绕着王位继承人问题展开激烈的冲突，甚至发展到你死我活的地步。苏我马子原意立敏达大王的王后、自己的外甥女炊屋姬为女王，而物部尾舆之子物部守屋则打算拥立用明大王的异母弟穴穗部。用明大王二年（公元587年）七月，苏我马子奉炊屋姬之命处死穴穗部，随即发兵包围了物部守屋的住宅。经过顽强的抵抗，物部守屋寡不敌众，终于全家被杀，从此大和朝廷呈现出苏我氏一族独大的局面——苏我马子可以说是日本历史上的第一位权臣。

苏我马子最终拥戴用明大王的另一个弟弟泊濑部为王，即崇峻大王，他自己则飞扬跋扈，独霸朝纲。然而崇峻大王并非甘当傀儡的傻小子，他对苏我马子的专断十分反感，某次借着有人进献野猪的机会感叹说："何时能断朕所嫌恶之人，如同斩断此畜生的脖子！"一语招祸，苏我马子听闻此事觉得不妙，就派亲信东汉直驹去刺杀了崇峻大王，然后他又把东汉直驹杀了灭口。

大概苏我马子认为还是女人比较好控制一点儿，于是重提前议，擅自拥立炊屋姬为女王，即日本历史上鼎鼎大名的推古女王。

日出处天子

权臣执国柄，等时间一到，自然可以水到渠成地改朝换代——尤其这时候中国正当隋朝，此前几百年的南北朝时期，这种事例还少吗？深受大陆文化影响的苏我氏大可以有样学样。

经过苏我氏的改革，新的大和王朝走向中央集权的趋势，似乎已经无可逆转了，唯一的变数，就是由旧王室来引领这一潮流呢，还是由苏我氏来创建一个全新的王朝呢？必须承认，苏我马子在这个关键时刻走错了一步棋，推古女王并非甘心给他做傀儡的无能女性。

推古女王登基以后，根本不买亲舅舅苏我马子的账。据说苏我马子曾经请求受赐葛城的领地，但是女王推托说："我是苏我家的女子，舅舅提出的要求，从来晚上提出的不会等到天亮，白天提出的不会拖到天黑，总会尽快办理。但这次舅舅的请求太过分了，如果今天无故割取县邑下赐，后代国王必会骂我是愚痴妇人君临天下！"就此直截了当地拒绝了苏我马子的无理要求。

女王即位的第二年，册封用明大王的遗子厩户为东宫（太子），同时授予他"摄政"的头衔，用意大概是想分夺苏我氏的权柄吧。这位厩户王子素有贤名，既虔信佛教，也仰慕中国尊王大一统的思想，从某种意义上来说，他的理想和苏我马子是殊途同归的，因而倾注心血，打算从根本上改革旧制，建立全新的国家体系——后世尊称厩户王子为圣德太子。

圣德太子执政的时代，正是中国结束了南北朝长期分裂，建立起强大隋朝的年月。太子有感于此，派人西行考察隋朝的政治制度，开始着手进行一系列改革，试图建立以大王为中心的封建中央集权制。他的改革措施，主要有制定冠位（官僚体制的滥觞）、制定宪法、提倡佛教、恢复中日邦交和编纂史书等等。

先说制定冠位。冠位分十二阶，即大德、小德、大仁、小仁、大礼、小礼、大信、小信、大义、小义、大智和小智。这套花样始创于推古女王十二年,最早只是授予贵族的荣誉头衔,是想在臣、连等氏姓外,另造一种以才能、功绩为重,而不以氏族高低为重的贵族体系,并逐渐将其转化为官僚体系——所以冠位起初大多授予畿内及其周边地区的中下等贵族。

同年,圣德太子还制定了十七条宪法,大肆宣扬中国的儒学思想,鼓吹三纲和五常。十七条宪法并非真正意义上的法律文件,它更像一本思想品德教科书,给倭国人灌输"国靡二君,民无两主;率土兆民,以王为主"的封建大一统思想。圣德太子知道改革是无法一蹴而就的,旧氏姓势力依然庞大,无法一朝扫尽,只好先"教化"他们,先树立拥王的道德准则,等时机成熟后再推出全新的制度。

不过中国的儒家思想终究并不完全符合大和国的国情,此后屡经扭曲和利用,日本之儒和中国之儒早就大相径庭了。况且儒家思想并不是那么快就能深入人心的,圣德太子在思想领域对变革所作的准备,最成功的还是崇佛。尊崇佛教,为的是宣扬众生平等和因果报应,一方面削弱人民的反抗意志,另一方面也借此打破旧的等级制度,结束等级森严的氏姓奴隶制。

圣德太子的很多改革措施都是向中国学的,所以他多次遣使通好隋朝,恢复中日邦交,以从大陆学习更多的先进文化。隋大业三年(公元607年),他派遣小野妹子初次使隋,据说所携带的国书中称"日出处天子致书日没处天子无恙"。隋大业五年(公元609年)小野妹子二度使隋,国书中却变了称号，说"东天皇敬白西皇帝"——这是最早的日本君主称"天皇"的记载。大概大和朝廷想要和隋朝平等建交，觉得中国君主称"皇帝"，而大和君主才称"大王"，实在丢面子。

其实这种记载并不怎么靠谱，更可信的是，日本君主自称天皇，要在唐高宗上元元年（公元674年）以后。我们知道，唐高宗曾经自称天皇，他的皇后武则天则称天后，两主共同临朝执政。日本的所谓"天皇"，很可能是直接从唐高宗那里抄去的。日本的部分史料记载中将此事提前到隋朝，乃是怕抄袭的马脚被后人揭穿。

话说回来，圣德太子的改革，本是其后"大化改新"的滥觞和准备，他在物质领域基本上没起到任何作用，但在精神领域却开教化之先，为其后更进一步的改革奠定了理论基础。而其后的改革者为了这个理论基础，也把圣德太子捧得高高的，推崇为圣人。然而事实上，权臣当道的时代，哪有圣人立朝的可能？

无疑，圣德太子的种种改革措施，即便没能动摇旧氏的根基，也必须事先得到掌权的苏我氏的首肯。我们甚至可以推测，是苏我氏利用太子的名分和人望，推出这一系列政策，主导权本在苏我氏手中，只是后世都把功劳记录在太子身上而已。

圣德太子的名言是："重要的问题在于与大多数人商量。"很明显，这一主张绝非真正的民主，他所要商量的对象只是氏族贵族而已，那么倘若当时稳占朝堂的苏我氏公开表示反对，那是绝对不可能通过任何法案的。

从公元6世纪中叶佛教传入,一直到大化元年(公元645年)大化改新,这一百年间的日本文化被称为"飞鸟文化"——因为当时大和朝廷建都于奈良盆地南部的飞鸟地区。飞鸟文化佛教味道非常浓厚,这是和掌权的苏我氏族以及圣德太子的努力分不开的。这一时期,也是大和国从奴隶制向封建制过渡的转型期。

圣德太子的改革是有其社会基础的,当时部民制逐渐崩溃,贵族们大量兼并田地,出租给百姓耕种,大量部民转化为农奴或佃农。在这种经济环境的变革过程中,苏我氏始终站在贵族们的前列,因而也就拥有最强大的经济和政治力量,来保证家族的继续掌权,并且保证社会变革的顺利开展。经过太子的改革,苏我氏不但权柄没被削弱,反而更加烜赫,他们仍然一只脚稳稳地踏在距离御座只有一步的位置上。

公元621年,圣德太子没能戴上大王的桂冠,就病殁于斑鸠宫。五年后,苏我马子去世。又两年,推古女王也去世了。继苏我马子为大臣的是其子苏我虾夷,据说他曾经征用了全国各地的百姓,甚至也包括大王的部民,来给自己和儿子苏我入鹿建造坟墓,并称之为"天皇(大王)墓",自称其宅为皇(王)宫,称儿子为王子。

改朝换代的危机,逐渐逼近……

太极殿上的政变

推古女王三十六年(公元628年)三月,推古女王驾崩,大臣苏我虾夷和其叔父境部摩理势聚会商量大王继嗣问题，虾夷主张立敏达大王的孙子田村王子，而摩理势则主张立圣德太子的儿子山背大兄王。

当时苏我氏全族都在苏我马子的坟前建庐守丧，摩理势自焚其庐，跑回家去，以示在如此重大的问题上绝不妥协。苏我虾夷派人劝他说："大家说的都错，就你说的对，我一定会遵照你的意见办理；大家说的都对，就你不开窍，我当然要违背你的意见。你不要执迷不悟，咱们两人若相争斗，国家必乱，后人也会说是你我二人败国，徒留千载恶名，何苦呢？你别再和族人们对着干了！"

这番话与其说是劝告，不如说是威胁，摩理势当然不肯听从，就逃去泊濑王（圣德太子之子）府上藏了起来。不过他也真倒霉，没过多久泊濑王也去世了，摩理势无从依靠，被迫和苏我虾夷兵戎相见，兵败后被缢杀。于是苏我虾夷终于得以拥立田村王子继位，也即舒明大王。

舒明大王在位十三年，没有多大的建树，而苏我虾夷及其子苏我入鹿则日益嚣张跋扈，引发了因圣德太子改革而得以参与朝政的很多中小贵族的不满。传说为物部一党残裔的中臣镰足是反苏我势力的首脑，而山背大兄王则是他们的精神领袖。

中臣镰足，这位日本古代史上对后世影响力巨大的传奇人物就此登上历史舞台——从某种意义上来说，他的影响力甚至要超过圣德太子。

舒明大王十三年（公元641年），舒明大王在百济宫去世，苏我虾夷学他老爹马子的做法，不立大王之子，而立王后宝皇女（同时也是舒明大王的侄女）为大王——这就是日本历史上的第二位女主，史称皇极女帝（女王）。

苏我虾夷想使苏我氏的权势代代烜赫，着力培养其子入鹿，自行授予他"大德"的紫冠，使其掌控朝政。苏我祖孙父子，一个比一个张狂，入鹿执政时，出入仪仗等同于大王，俨然不是大臣，而是大和国真正的统治者。为了打击反对势力，更为了使有苏我家血统的古人大兄王子可以顺利成为下一任大王，入鹿还派兵袭击山背大兄王，迫其自杀。

这一举动，使得王子们人人自危，认定若不及早诛杀苏我入鹿，自己的性命也会如同山背大兄王一般不保。于是中臣镰足等人就与舒明大王和皇极女王所生的葛城皇子——又称中大兄皇子——联起手来，伺机铲除苏我氏一门。

大化元年（公元645年）六月，高句丽、百济、新罗三个国家都派使节来到日本，与大和朝廷修好，按照礼仪，大臣苏我入鹿必须出席，同时由苏我仓山田石川麻吕（"麻吕"旧为一字，写作"麿"，乃是日本所独创的汉字）宣读表文。这位苏我仓山田石川麻吕也是中大兄王子一党，遂建议趁此机会诛杀苏我入鹿。

六月十二日，皇极女王、古人大兄王子和群臣都来到太极殿，准备接见三国来使。中臣镰足设计解除了苏我入鹿须臾不肯离身的佩剑，而中大兄王子则命令禁军锁闭了十二道宫门，只等苏我仓山田石川麻吕宣读表文时，佐伯连子麻吕等刺客就冲出去取了入鹿的性命。

然而事到临头，佐伯连子麻吕等人却胆怯了，苏我仓山田石川麻吕表文即将读完，却不见有人动手，以为阴谋败露，不禁浑身打战。苏我入鹿并非蠢人，看到这种情形，心知有异，冷着脸询问他："何故发抖？"苏我仓山田石川麻吕支支吾吾地回答说："因为站在大王面前，感觉十分紧张。"

眼看计划就要破产，隐藏在暗处的中大兄王子一不做二不休，干脆亲自动手，大吼一声跳将出来，一剑刺伤苏我入鹿的肩膀。苏我入鹿匆忙躲避，但受中大兄王子这一剑所鼓舞，佐伯连子麻吕等刺客也勇气倍增，纷纷蹿出，砍伤了苏我入鹿的腿脚。

苏我入鹿自知无法逃脱，于是跪在皇极女王面前，口称"臣不知罪"。皇极女王莫名所以，惊慌地询问中大兄王子，中大兄王子伏地上奏说："苏我入鹿谋杀王子们，想要倾覆王位，以苏我氏代替王统，罪不可赦！"皇极女王看到他仪态从容，料知必是有备而来，此事断难善罢甘休，于是长叹一声，转身退入内宫。女王才走，中大兄王子便一声叱喝，众人乱剑齐下，当场把苏我入鹿斩成了肉酱。

中大兄王子随即率部入驻法兴寺，筑城备战，还把苏我入鹿的尸体还给其父苏我虾夷，等于下了战书。不满苏我氏专权的王族和贵族们纷纷前来投效，苏我氏宏伟的大厦瞬间崩塌，虾夷知道大势已去，便于家宅内纵火，自焚而死——可惜的是，他当年奉圣德太子之命编纂的史书《天皇记》和《国记》，也就此化为灰烬。

经此政变，皇极女王决意退位，让位给中大兄王子。中大兄王子喜出望外，正打算接受，却受到中臣镰足的劝阻。镰足的意思很明确：你发动政变，是为国除奸，不是为了个人的野心，如果就此继位，后世将说你是逼宫篡位之君啊。当然他表面上没这样说，他编的说辞是："古人大兄王子是您的兄长，轻王子是您的舅舅，如果越过他们继承王位，有悖长幼之序，孝悌之礼。"天晓得，日本中世纪以前的继承制度从来不讲长幼，所谓孝悌等儒家礼法也是才刚输入的舶来品……

中大兄王子最终接受了中臣镰足的谏言，推戴轻王子继位。轻王子一开始还想让给古人大兄王子，古人大兄王子一想：当初支持我的是苏我入鹿，如今入鹿已死，我若继承王位，那不是凶险万分吗？中大兄会放过我吗？于是坚辞不受，甚至削发出家以明其志。

轻王子就此登上御座，成为孝德大王。

改新之诏

中臣氏是居住在今天京都市山科区附近的古老氏族，镰足本名镰子。然而根据《日本书纪》的记载，当佛教传入之时，苏我稻目说必须信奉，物部尾舆和中臣镰子则坚决反对。如果镰子即镰足，那么他此刻少说也有一百零五岁了，焉有是理！

其实传统上认为中臣镰足生于推古女王二十二年（公元614年），卒于天智大王八年（公元669年），去世时虚岁才五十六岁。考虑到日本自古以来便有后裔取与先祖相同名字的习惯，或许镰足是前一位镰子的直系血亲吧。

中臣镰足并没有出国留过学，但他曾经拜在飞鸟时代著名学问僧南渊请安的门下，虚心学习中国的历史、文化，尤其是儒学。咱们前面提到过，圣德太子曾经派遣亲信小野妹子出使隋朝，妹子的使团当中有高向玄理、僧旻等八人从此留在隋朝进修，南渊请安即是其中之一。请安在中国待了整整三十二年，目睹了隋朝的灭亡和唐朝的建立，直到公元640年，他才与高向玄理一起返回日本，就此把中国的先进知识传播到了大和国内。

中臣镰足成为南渊请安的高足以后，很快便声名鹊起，甚至受到苏我入鹿的注意和刻意延揽。然而镰足看不惯苏我氏的嚣张跋扈，予以婉拒，甚至在皇极女王三年（公元644年）辞去官职，退至在摄津国三岛地区的别墅隐居起来，待时而动——时机何在呢？他很快就瞄上了中大兄王子。

镰足足智多谋，他首先想从内部分化瓦解苏我家族，于是怂恿中大兄王子纳苏我仓山田石川麻吕的长女为妃，把苏我仓山田石川麻吕也拉上了自己的战车——此公本是苏我马子的孙子、入鹿的堂兄弟。不过这种政治联姻本身不应该看得过重，因为当时倭国社会盛行的是"访妻婚"。

所谓访妻婚，是指男女双方在结婚后并不组建新的家庭，而是各居母家，夫妻生活也多采取男性走访女家的形式来实现。这种婚姻是相当脆弱的，并且不规定男性只能走访一名女性（这是真正的一夫多妻制，没有妻妾的区分），因此婚姻关系完全比不上血缘关系来得重要。正因如此，与其说苏我仓山田石川麻吕因为政治联姻而倒向中大兄皇子，不如说他是不满苏我入鹿掌控整个苏我家族，遂想要取而代之吧。

中臣镰足在争取到苏我仓山田石川麻吕以后，通过缜密谋划和反复游说，还拉拢了很多不满苏我入鹿擅权的有力氏族。苏我入鹿对此也有所察觉和警惕，加强了自己府邸的守备，中臣镰足等人没有办法，这才专等苏我入鹿离家到太极殿参与外交活动的时机，发动了突然政变。

苏我虾夷父子一朝覆灭，中臣镰足等人弹冠相庆，等不及似的立刻就开始了全面的改革。孝德大王即位后，立中大兄王子为东宫，任中臣镰足为内大臣，苏我仓山田石川麻吕为右大臣，阿倍内麻吕为左大臣，留学生僧旻和高向玄理为国博士（高级顾问）。就在这些革新派的推动下，诛杀苏我父子和孝德大王即位的同月（大化元年六月），日本即学习中国建立年号，定元"大化"，并于大化元年十二月迁都难波。大化二年（公元646年）元旦，"改新之诏"下达——这就是著名的"大化改新"。

大化改新的主要内容是废除旧的部民制，模仿中国唐朝的制度，创立班田收授法和租庸调制。也就是说，全大和国的田地、山泽名义上全都归于大王，称为"公田"，百姓也都名义上收归国有，称为"公民"，朝廷每隔六年授给公民口分田（班田），公民有按时缴纳地租和服劳役的义务，受田人死后，口分田要重新归还给国家——这就把大和国硬是从奴隶制社会全面扭转向封建社会。大化六年（公元650年）改元白雉，白雉三年（公元652年）首次营造户籍，开始班田。

与经济制度对应，朝廷也改革行政制度，在中央集权思想的指导下，学习唐朝的三省六部制，"置八省百官"，制定"冠位七色十三阶"（随即增为十九阶），在地方上则设国、郡、里三级行政区划，分别由朝廷委派国司、郡司和里长管辖。官僚制度就此略显雏形。

日本历史的发展是跳跃式的,曾经因为接受了来自中国大陆和朝鲜半岛的新文化、新技术,日本社会快速由原始社会迈入奴隶制社会,但难免保留了很多原始社会甚至是母系社会的残余(访妻婚就是表现之一)。经此大化改新,日本又突然跳入封建社会,于是封建为壳,奴隶为瓤,还夹着原始的籽粒,形成一种独特的四不像的社会形态。

当然,旧社会的残余终究会逐渐被历史所遗弃,先是原始制度,然后是奴隶制度,日本终将迈入彻底的封建社会。但那不是一蹴而就的事情,仅仅"大化改新"一场变革,是解决不了问题的。而且就在改新过程中,新旧势力的斗争依然是无日止歇。

首先是大化改元的三个月后,古人大兄王子以出家为名逃往吉野,勾结苏我入鹿的亲族和旧臣策划叛乱,因为消息泄露而被杀。然后到了大化五年(公元649年),苏我马子的另一个孙子苏我日向诬告苏我仓山田石川麻吕意图谋逆,中大兄王子没经过缜密调查,就迫使老丈人、诛杀入鹿的功臣苏我仓山田石川麻吕自尽。据说苏我仓山田石川麻吕虽然反对苏我虾夷父子,可是本人并不赞成改革,在冠制改变后仍然坚持戴古冠上朝,中大兄王子应该早就对其有所不满,所以才会借此机会将其铲除的吧。

当时中大兄王子权势熏天,根本不把孝德大王放在眼里,对于各种改革措施也是独断专行,两人间的矛盾日益激化。白雉四年(公元653年),中大兄王子奏请将都城迁回飞鸟地区,遭到拒绝后竟然裹挟群臣离开难波，自行回归飞鸟。孝德大王受此沉重打击，遂于次年忧愤病死。

孝德大王去世后，中大兄王子并没有登基称王——大概他摄政王当得蛮有趣味的吧——也没有立孝德大王的儿子继位，反而再度扛出自己的老娘来，让皇极女王在飞鸟的板盖宫二度即位，改称齐明女王。

齐明女王四年（公元658年），孝德大王之子有间王子劝齐明女王和中大兄王子前往纪伊的牟娄温泉疗养，想趁机在飞鸟发动叛乱，但随即因为党羽内讧而遭逮捕，被绞死于藤白坂。

新旧势力连番恶斗，中大兄王子虽然稳占上风，也难免感觉左支右绌，加上老娘齐明女王又不修德，大兴土木，加重百姓的负担，搞得天怒人怨。中大兄王子遂想通过对外用兵来转移国内矛盾，于齐明女王七年（公元661年）携母同赴九州的筑紫地区，策划介入朝鲜半岛的战争——对东亚地区的政治格局、文化交流产生过重大影响的"白村江水战"，就在这种背景下爆发了。

白村江水战

朝鲜半岛三国，北部是高句丽，南部西为百济，东为新罗。原本高句丽的疆域最为广大，国力最强，隋炀帝、唐太宗数次发兵前往征伐，都未能使其臣服。唐高宗继位以后，采取远交近攻之策，联合新罗，共同对高句丽施压。为了摆脱这种不利态势，高句丽也和百济联起手来，他们不敢对唐朝动武，却从北、西两个方向齐攻新罗。

经过这一番合纵连横，首先遭难的是百济。唐显庆五年（公元660年）三月，唐高宗任命苏定方为行军总管，统率水陆联军十三万进攻百济国。在新罗五万兵马的配合下，唐军一路势如破竹，很快就包围了百济都城，百济义慈王被俘送长安，百济国灭亡了。

战后，唐朝背弃与新罗的约定，尽收百济故地，设熊津、马韩等五个都督府以管辖之。新罗武烈王敢怒而不敢言，只得继续配合唐军北伐高句丽。然而彻底灭亡一个国家，并不是那么容易的事情，很快，百济遗臣鬼室福信就在周留城树旗举兵，谋划复国大计——只是王室全被一锅端了，老老少少尽数押往长安，他该以谁为号召才好呢？

百济素与大和国交好，据说公元5世纪或6世纪的时候，百济曾一度为高句丽所灭，旋即复国，为了对抗高句丽，就曾多次向大和国求取救兵。因此，大和国派遣重臣监护百济，并向百济讨取人质——如今王子扶余丰璋和扶余禅广（善光）就在大和国内，这恐怕是仅有的没有落在唐人手里的在世王室成员了。因此鬼室福信就派使者前往大和国，请求送还扶余丰璋，作为他复国的大义名分。大和国东宫中大兄王子正愁没仗可打，无从转嫁国内矛盾，得知此信大喜过望，于是召集各地兵马，准备渡海杀往朝鲜半岛。他还真是一不做，二不休，把老娘齐明女王也裹挟在身边，一起坐船来到北九州的筑紫地方。

或许齐明女王年岁大了，经不起这番海上奔波，他们于齐明女王七年（公元661年）一月离开难波，三月到达筑紫，女王随即就一病不起，熬到七月份终于咽了气。大王驾崩，中大兄王子没有立刻称帝，他身穿丧服，仍以摄政之名整编军队（史称"素服称制"），于当年九月间发兵万余，以安昙比罗夫、朴市秦造田来津等为将，乘坐船只一百七十多艘，护送扶余丰璋渡海北归。

次年，扶余丰璋在周留城登基，而大和国方面也不断增派兵马前往支援，到了癸亥年（公元663年）的三月，更组建了两万七千人的大船团，浩浩荡荡渡海杀向朝鲜半岛，百济遗民更是受此鼓舞，到处掀起反旗。正在北方和高句丽恶战的唐军知道不能再坐视不理了，于是派大将刘仁轨率军，并合新罗兵马，南下救援，很快就攻克多座城池。

强敌压境，百济小朝廷不但不能同心抗敌，反而内讧不断，眼看就要被唐军彻底吃掉了。然而正当此时，李唐方面也出了纰漏，三十五万大军围攻高句丽都城平壤，遭逢大雪，被迫尽数撤回国内。新罗军一看形势不妙，也打点行装准备班师了。于是唐高宗下诏给刘仁轨，要他暂时退往新罗境内。

刘仁轨上书高宗，说此时如果退兵，百济势必死灰复燃，再联合高句丽，这就又回到了数年前的局面，唐军势必要被迫吐出所有占领地，耗费无数人力物力却劳而无功。高宗听他说得有理，就命其固守百济故地，并派孙仁师等将跨海支援。

与此同时，大和国两万七千大军已在朝鲜半岛登陆（或说其后又增派了万余人，则总兵力达到近五万），用围魏救赵之策，不先救百济，反而攻克了新罗数城。刘仁轨不去理他，会合诸路兵马南下，直趋白村江口，准备合围扶余丰璋所在的周留城。

这是唐高宗龙朔三年八月间的事情,当时唐将刘仁愿、孙仁师所部与新罗文武王金法敏率陆军包围了周留城(兵数不详),刘仁轨、杜爽并归降的百济王子扶余隆率战船一百七十艘(兵力七千)列阵白村江口。大和国军队一看不妙,一旦周留城被攻克,扶余丰璋遭擒,自己就再没有滞留在朝鲜半岛的借口了,于是匆忙赶来救援。八月二十七日,日军两万余人,战船近千艘,也开到了白村江口。

朝鲜半岛的史书《三国史记》中描述道:"此时倭国船兵,来助百济。倭船千艘,停在白沙。百济精骑,岸上守船。新罗骁骑,为汉前锋,先破岸阵。"当时按总体军力来说,唐与新罗占优,但仅以水军来说,日军数量要大大超过刘仁轨所部。正因为如此,多年未逢强敌的日军极为骄横,气焰嚣张,以为只要争先勇斗,唐军将不战自退。于是船列不整,混乱一片地就杀了过来。

刘仁轨沉着应战,《旧唐书》里是这样描述的:"遇倭兵于白江之口,四战捷,焚其舟四百艘,烟焰涨天,海水皆赤,贼大溃。"《日本书纪》中则记载道:"日本诸将与百济王不观气象……更率日本乱伍中军之卒进打大唐坚阵之军。大唐便自左右夹船绕战。须臾之际,官军败绩,赴水溺死者众,舻舳不得回旋。朴市田来津仰天而誓,切齿而嗔杀数十人,于焉战死。"

想也能想到,当时中国的军事实力正如日中天,而多年东征高句丽、百济,也肯定锻炼出了一支战斗力异常顽强的水面部队;相比之下,素质、器械均较低劣,多年未逢大战又多为各地豪族私兵联合的大和国军,就算小心布阵也未必是唐军的对手,何况还有勇无谋地贸然发起进攻呢?他们在海面上就真的能打赢吗?

白村江水战结束后,百济遗民因之胆落,周留城遂被唐罗联军顺利攻克,扶余丰璋狼狈逃往高句丽,不久后被唐军逮捕,被处以流放之刑。捷报传至长安,唐高宗大喜,当即重赏了刘仁轨,授为带方刺史,使其镇守百济故地。

郭务悰来了

白村江水战给了中大兄王子一记大耳光。他本想利用对外战争转嫁国内矛盾,结果大败亏输不算,还把大和国在朝鲜半岛最后一点点影响力也扔了个精光。不仅如此,当时国内舆论嚣然,都传说唐和新罗联军将要渡海杀来倭国,中大兄王子被迫一方面遣使前往唐朝重修旧好,一方面在对马、壹岐、筑紫等地设置防人(戍守军)和烽火台,还在筑紫修筑了庞大的水城,以完善九州方面的防御态势。同时,他在都城难波附近也广修城寨——万一唐军不打九州,而直接向本州岛中部挺进呢?岛屿国家就是这点可怜啊,缺乏足够的陆地纵深可供层层防御。

唐麟德元年(公元664年)五月十七日,一支规模不小的大唐船队驶到九州,使大和朝廷上下无不胆战心惊。船团首领乃是唐朝的朝散大夫郭务悰,他奉大将刘仁愿之命,携带牒书和礼物前来拜访中大兄王子。郭务悰先后四次出访倭国,第三次率领了四十七舰、两千人的大船团,实在是威风凛凛,杀气腾腾,估计是刘仁愿派他前来侦查日军的动向,同时施以高压。

大和朝廷不愿迎接郭务悰进京,又不敢武力驱逐,一直拖到十一月份,才由中臣镰足献计,派和尚智祥宴请郭务悰,转赠中大兄王子的礼物,并暗示他尽快离开为好。郭务悰好整以暇,一直淹留到次年二月才率军离开九州——中大兄王子肯定是大大松了一口气。

此后数年间,中大兄王子在九州北部、本州西部,以及统治中心的大和地区继续到处整修城防,以备唐军来攻。然而唐朝直到总章元年(公元668年)才终于灭亡高句丽,此后又陷入与新罗的战争,根本无暇顾及大和国——或许郭务悰在九州的所见所闻,也使得唐朝不愿再渡海开辟新的战场吧,中大兄王子白忙活了好几年,把自己的家底都快掏光了,结果做的全是无用功。

白村江水战对日本的深刻影响,主要体现在三个方面:一方面大和王朝从此不敢再轻视中国,决心维持中日和平,并以中国为师,遣唐使派得越来越频繁;另一方面,中大兄王子为了度过危机,被迫向旧氏族势力妥协,甚至下诏在部分地区恢复了氏姓制和部民制,这无疑是一种倒退;第三个方面,有大量百济遗民逃来日本,为岛国带来了先进的生产技术,并补充了新鲜血液。

至于那个还留在大和国当人质的扶余禅广,后来被持统大王赐予"百济王"的氏,家系一直传承到平安时代中期。

拉回来说,中大兄王子日防夜防,然而唐军就是不来。到了丁卯年

（公元667年）三月，他终于彻底放下心来，于是就把都城从难波迁往近江大津宫，并于次年元旦正式登基，称天智大王。同年，天智大王命中臣镰足参照唐朝的《贞观令》制定《近江令》，这份已经亡佚的法令是日本历史上第一部成文法典。

中臣镰足于两年后去世。此人辅佐天智大王，不但从政治上、经济上改革了大和国旧的制度，还对宗教事业做出极大的贡献。据说他为了压制从苏我氏掌权以来就日益膨胀的佛教势力，整合大和国各地的旧氏神信仰，再掺杂进部分佛教和儒教的要素，最终完善为本土的神道教。在他死前一日，天智大王赐予其最高冠位大织冠，并赐号藤原氏，称为藤原朝臣镰足——日本最大的神官家族就此产生，最终引发了统治日本两百余年的藤原氏摄关政治，此乃后话，暂且不提。

再说天智大王，既然已经登基，当然要立东宫，他选定的接班人乃是自己的兄弟、王族中最有魄力也最有势力的大海人王子。为了拉拢大海人王子，天智大王竟然把自己的四个女儿全都嫁给了他（日本古代近亲跨辈通婚本是常事），然而大海人王子仍然和哥哥兼老丈人不对付，屡屡在言行上刺激大王，甚至于公然在宴会上"以长枪贯敷板"，以表示他的不满。

大海人王子究竟有何不满呢？主要有三个原因：一，天智大王虽然册封大海人王子为东宫，却不肯按惯例给予其摄政的权力，天智大王十年（公元671年）元月，更封亲儿子大友王子为朝臣领袖的太政大臣，总摄朝政；二，传说天智大王与大海人王子的爱妃、风流才女额田女王私通，并最终将其据为己有；三，大海人王子极端不满天智大王向守旧势力妥协的举动，想要加快改革的步伐。

就在如此重重矛盾之中，天智大王十年十二月，天智大王病殁，临终前果然推翻前议，跳过大海人王子，传位给亲儿子大友王子，大海人王子为了避祸而主动出家，遁往吉野。当然啦，大海人王子是不会就此善罢甘休的，而大友王子也不会容许自己这个威名素著的叔父活在世上。当时的情形，仿佛中大兄与古人大兄之间夺权斗争的再现，只是结局全然不同而已。

这就是日本历史上著名的"壬申之乱"。

番外篇

从天智、天武和额田女王的三角关系看日本古代婚姻

额田女王可能是畿内（指都城周边地区）的豪族之女，据说她美貌多才，最早和中大兄王子也即后来的天智大王相恋，但不久后就爱上了恋人的弟弟大海人王子也即后来的天武大王，还为其生下一女——十市王女。然而天智登基以后，强行把额田女王掳了过来，额田女王身在深宫，却仍与天武藕断丝连。等到壬申之乱爆发，天武战败大友王子登上宝座，老实不客气地又把额田女王抢到身边，可是此刻的额田女王反而思念起过世的天智来，终日以泪洗面。这种复杂的三角关系，催生出多篇美丽的诗歌，都记录在日本古代和歌集《万叶集》当中。

据说，额田女王还有一个姐姐，称为镜王女（一说是舒明大王之女，

是天智的同父异母姐妹），本是天智之妃，也生得国色天香，功臣中臣镰足不遗余力地加以追求，天智正仰赖着镰足的辅佐，于是就把镜王女赏赐给镰足为妻。

如此混乱的关系，偷情、通奸、夺妻，内中或许还掺杂有乱伦的因素，站在中国人的立场看起来，肯定是卑鄙龌龊到了极点，然而如果了解了日本当时独特的婚姻制度，这一切却都不足为奇了。

日本跳跃式的社会发展方式，使得即便在大化改新以后，也还残留着大量原始社会甚至是母系社会的风俗传统，比如婚姻制度就基本采取访妻婚的形式。访妻婚中，女子为婚姻的主体，首先由男子主动，或由女子暗示男子通过吟诗或唱歌的方式向心上人倾诉爱意，然后因女子的同意而最终确定婚姻关系（这一阶段称为"目合"），所以女子在婚姻中握有绝对的主动权——当然啦，在上流社会中，婚姻关系还必须得到女方家长的认同。婚约缔结以后，妻子仍然居住在娘家，丈夫晚间到妻家与妻子同居，或者实行短期的"从妻居"。

大化改新以后，访妻婚的形式也发生了部分变化，不固定的访妻逐渐转化为较为固定的招婿，但女方仍在婚姻生活中占据着主导权。这种访妻婚所产生的让中国人难以理解的现象主要包含有以下几点：一，丈夫不再前往妻家，或妻子拒绝丈夫上门，都表示婚姻终结，并非仅仅男方握有离婚权（中国古代绝大多数情况下则只有男方有权离婚，称为"休妻"）；二，妻子居住在娘家，在维持婚姻状况的前提下，仍能与多个男子交往，而男子更可以同时走访多妻，因此日本社会毫无贞洁观可言，婚外情非常普遍，并为社会所认同；三，因为夫妻并不组建单独的小家庭，所以辈分混乱，近亲结婚和跨辈结婚也是常事。

如此，大家就可以理解额田女王的朝三暮四并非品格低下，天性淫荡，而天智、天武先后娶额田女王为妻，也未必是采取纯强迫的形式，更不因夺取兄弟之妻而遭到世俗舆论的谴责，至于镜女王可能和天智本是同父异母的姐妹，也根本不影响他们之间缔结婚姻关系。日本这种女方占有主导权的婚姻形式，到了武家政权上台以后才正式改变和扭转，变成男方占有婚姻的主导权——但访妻婚在皇室和朝廷公卿之间，仍继续存在了数百年。

年表：

文化期	时代及年份	具体年份	事件
古坟文化后期		约552年	佛教从百济传入，崇佛、排佛斗争开始
		570年	苏我稻目卒
		572年	敏达大王继位
		584年	苏我马子在石川的宅邸中建造佛殿
		585年	用明大王继位
		587年	苏我马子攻灭物部守屋；崇峻大王继位
	飞鸟时代（592年至710年）	592年	苏我马子暗杀崇峻大王，拥立推古女王
		593年	厩户王子（圣德太子）被立为东宫、摄政
		603年	初定冠位十二阶
		604年	冠位十二阶开始施行；初定十七条宪法；更改朝仪
		607年	小野妹子等出使隋朝
		609年	小野妹子第二次出使隋朝
		620年	圣德太子、苏我马子完成《天皇记》《国记》
		621年	圣德太子殁于斑鸠宫
		626年	苏我马子卒
		628年	推古女王殁；苏我虾夷攻杀境部摩理势
		629年	舒明大王继位
		631年	百济王子扶余丰璋等入日为质
		640年	学问僧南渊请安返回日本
		641年	舒明大王殁
		642年	皇极女王继位
		643年	迁都飞鸟板盖宫；苏我入鹿袭击山背大兄王，迫其自杀

续表

文化期	时代及年份	具体年份	事件
古坟文化后期	飞鸟时代（592年至710年）	645年	中大兄王子等攻杀苏我入鹿，苏我虾夷自杀；孝德大王继位；定元大化；迁都难波
		646年	颁布改新之诏，大化改新开始
		649年	苏我仓山田石川麻吕因被怀疑谋反而自杀
		650年	改元白雉
		652年	开始正式班田和营造户籍
		653年	派出遣唐使；中大兄王子与孝德大王不和，擅自迁回飞鸟
		654年	孝德大王殁于难波宫
		655年	皇极女王复位，称齐明女王；板盖宫失火，迁往川原宫
		658年	阿倍比罗夫征讨虾夷
		661年	中大兄王子挟齐明女王西征，进抵筑紫；齐明女王殁
		663年	白村江水战，日军大败于唐·新罗联军
		667年	迁都近江大津宫
		668年	中大兄王子继位，即天智大王
		669年	授予中臣镰足内大臣之职，赐姓藤原朝臣
		671年	任命大友王子为太政大臣；大海人王子逃往吉野；天智大王殁

三章　唐风奈良

仿唐的京城、仿唐的制度、仿唐的文化，这是一个全面向大陆学习的充满朝气的时代，也是中央集权、天皇集权幻灭的时代，日本在学习过程中，走出了自己独特的道路。

壬申之乱

孝德大王有两个年号：大化和白雉，其后的齐明、天智两朝都没有改元。天智大王十年（公元671年）十月，天智大王重病卧床，东宫大海人王子以出家为大王祈祷为名，避祸南走吉野。十二月，天智大王在近江大津宫病殁，临终前传位大友王子，并嘱咐左大臣苏我赤兄、右大臣中臣金，以及御史大夫苏我果安、巨势人和纪大人等共同辅佐大友王子。

《日本书纪》里按照中国的习惯，把大海人王子称为"皇太弟"，但对于天智大王是否曾经正式册立他为东宫，史学界还有异论，有人认为是《书纪》的编造，是为日后的胜利者涂脂抹粉。而对于天智大王最终传位给亲生儿子大友王子，也有两种说法，一种说法是大王刻意排除大海人王子的继承人，另一种说法则是大海人王子为了避免猜忌，主动推举了大友王子。

总之，天智大王病殁的时候，大海人王子还在吉野山中流浪，身边只有二十余名舍人、十余名女官，以及妻子菟野王女和菟野所生的草壁、忍壁两个年幼的儿子而已，如果大友王子及时派兵追杀，甚至只要派出几名刺客，就能取了大海人王子的项上人头。然而大友王子慑于叔父的威名，不敢遽发追兵，只是征募兵马，巩固城防，防止大海人王子回到京城来抢班夺权而已。

大海人王子在吉野的群山之中仓皇逃窜了整整六个月，看到朝廷并无值得担心的举措，这才定下神来，遣人回归自己在美浓的领地，召集部属，准备发难。东日本各地王族和地方氏族纷纷来投，大海人的势力迅速膨胀到数万大军。天智大王晚年向守旧派低头，使得许多中小氏族大为不满，他们无不寄希望于大海人王子，殷切盼望等他掌权以后，可以扫除天智朝的弊端，继续推进改革，清除压在自己头上的传统大氏族势力。

一个社会越有流动性，就越有蓬勃朝气。奴隶制太过等级森严，同为统治阶级，大族不亡，小族根本就没有冒头的日子。封建社会同样等级森严，但统治阶级内部的升降变化却有所松动，这就给了很多冒险家可乘之机。至于百姓们，也大多希望可以彻底摆脱部民即奴隶的命运，农奴或佃农活得虽然也挺惨，却总有渺茫的机会积聚财富，人身安全也较有保障。两害相权取其轻，百姓们也大都倾向于改革派的大海人王子。

很快，大海人王子就走出了吉野的群山，经伊贺、伊势前往美浓，其长男高市王子及另一子大津王子也来相会，父子同心，很快便聚拢了东海、东山两道的军队，进抵不破关（在今天的岐阜县不破郡关原町，为东日本通往近畿地区的要隘）。大友王子发兵来迎，战斗首先在关原爆发（请记住这一战略要地，近千年后，又将有一场决定全日本命运的大战役在此地展开）。

这是农历壬申年（公元672年）六七月间发生的事，故此史称"壬申之乱"。

壬申之乱规模很大，大海人王子和大友王子几乎二分日本。大海人王子的部属大多来自本州岛中东部，因而大友王子便派遣使者向西，打算调动吉备和筑紫（本州岛西部和九州岛）的兵力赴京平叛。然而使者来到筑紫，抵掌九州地区兵马大权的筑紫率（后称太宰帅）栗隈王却不肯派发一兵一卒。

这位栗隈王，可能是敏达大王之子难波王子的儿子（一说孙子），是后来四大姓中橘姓的先祖，他的政治观点是比较倾向于大海人王子的，因此借口必须严密防备外国来侵（肯定是指唐军啦），一口回绝了大友王子的调兵命令。

大友王子派往筑紫的使臣名叫佐伯男，他反复劝说，都快把嘴皮子磨干了，却领不到一兵一卒，恼怒之下，竟然起了杀心，打算派遣刺客暗杀栗隈王。可是栗隈王有两个武艺高强的儿子，一名美努王，一名武家王，总是身佩宝剑卫护在老爹身边，使得佐伯男无隙可乘，最终只得颓然返京。

大友王子派往别处的使者也大多空手而归，最终他只能集结近江附近的部分兵马，就兵数而论，完全落在下风。不仅如此，他派遣三名使臣前往倭京（即过去的飞鸟京），打算调动留守司高坂王的兵马，谁承想，却被一名名叫大伴吹负的贵族发动兵变，夺取了兵马，反倒掉过头来呼应大海人王子，直取近江京。

由此可见，大友王子虽非失道，却极寡助，最终战败的命运，早就已经注定了。

且说大伴吹负率军攻打近江京，近江朝廷急忙发兵抵御，双方展开激战。大伴吹负一度战败，被迫后退，但他极为顽强，很快就收拢败卒，反身再战。另一方面，大海人王子在关原得胜后，便即分兵两路，一路直接西进，一路先南下伊势、大和后再转身北征，企图合围近江京。眼瞧着大伴吹负又将二番战败，由纪伊闭麻吕指挥的大海人方北路军已然杀到，终于把大伴吹负从重重包围中拯救了出来。

两军主力，就此终于碰撞，壬申年七月二十二日，在京城附近的濑田桥展开决战。只见打着红旗、围着红袖标的大海人一方的军队到处都是，鼓声震天，矢下如雨，大友侧，也即近江朝廷方的军队很快就被击溃了。翌日，大友王子被迫自缢而死，五位顾命重臣一个抢先自裁，剩下的被处死一人、流放二人、赦免一人。

就这样，短短一个月就彻底翻盘的大海人王子，得意扬扬地进入已经变成一片残垣瓦砾的近江京。

至于控制近江京半年多时间的大友王子，就此被历史所遗忘，一直等到一千两百余年后的明治三年（公元1870年），才为他追加谥号，称弘文天皇。

鼓声催短命

近江京已经残破，并且这座老哥天智大王的都城，给大海人王子留下了太多不好的记忆，因此他在取得"壬申之乱"的胜利以后，立刻下令在大和营建新的都城和宫殿，是为飞鸟净御原宫。次年二月，大海人王子在净御原宫正式登基，即为天武大王，立曾经与他共同在吉野山中流亡的菟野王女为王后。

估计是在天武大王时代，大和朝廷在对外交往的时候，开始正式称自己为"日本"。《旧唐书》中说："日本国者，倭国之别种也。以其国在日边，故以日本为名。或曰：倭国自恶其名不雅，改为日本。或云：日本旧小国，并倭国之地。其人入朝者，多自矜大，不以实对，故中国疑焉。"《新唐书》将此事记载于"咸亨元年，（倭国）遣使贺平高丽"之后，唐高宗咸亨元年是公元670年，也即天智大王去世的前一年。

天武大王在位总共十三年，巩固并且推进了大化改新的成果。他首先重新设定中央贵族和地方豪族的氏姓等级，分为八种，即真人、朝臣、宿祢、忌寸、道师、臣、连和稻置，同时下诏，废除天智大王时代所恢复的氏上私有部民制度，并将赐予诸王、诸臣和寺院的"山泽岛浦、林野池湖"全部收归国有。为了加强中央集权，天武大王甚至多年都不任命大臣，别说领班的太政大臣了，就连辅佐官左大臣、右大臣和内大臣等等也全不任命，地方国司等官员也大都委以中下等氏姓——这是真正的大王独裁统治。

在外交方面，天武大王终于正视现实，不但继续向唐朝派遣使团和留学生，还与新罗恢复了正常邦交。从此他善待来自新罗的渡来人（遗民），原本的百济遗民则受到冷遇。

天武大王九年（公元681年）二月，《飞鸟净御原令》开始编纂，这是日本历史上第二部成文法典。同月，立草壁王子为东宫。

草壁王子是菟野王后之子，不仅能力平平，并且体弱多病。其实贵族们所仰望的王子是大津王子，其母大田王女是菟野王后的姐姐，两人并为天智大王的同母姐妹，也就是说，是天武大王的异母姐妹——前面提过，兄妹通婚对于日本皇室来说本是很平常的事情，他们还因此吹嘘说自己是神的直系后裔，这种行为仿佛伊邪那岐和伊邪那美兄妹通婚——然而菟野王后当年带着儿子跟随丈夫在吉野山中流浪，同甘共苦，最为得宠，得以受封王后，子以母贵，草壁王子就此登上了东宫的宝座。

至于长男高市王子，因为母亲地位实在低下，属于庶出，所以基本上没人理。

做事果断的天武大王在继承人问题上却犹豫不决，就在封草壁王子为东宫的两年后，他又允许大津王子参与朝政，这无疑便掀起了新的类似大海人和大友之间的派系斗争。不过好在草壁王子有个心狠手辣的母亲，朱鸟元年（公元686年）九月，天武大王驾崩，尸骨未寒，菟野王后就临朝称制，然后诬陷大津王子谋反，把他及其同党三十余人悉数逮捕。十月，大津王子被迫自杀，写下辞世诗一首：

金乌临西舍，鼓声催短命，泉路无宾主，此夕离家行。

天武大王的灵柩一直停了两年零三个月，直到菟野王后利用种种手段把朝臣都掌控到自己手里,才于戊子年(公元688年)十一月正式安葬其夫。王后费尽心机,清除了草壁王子登基的种种障碍,才刚松一口气,可惜草壁王子身体太差,还没来得及戴上至尊之冠,就在次年四月呜呼哀哉了。草壁王子的儿子轻王子时年七岁,不堪继承大统,菟野王后没有办法,只好于庚寅年(公元690年)四月自己坐上了大王宝座——为她的亲孙子先占着地方。

菟野王后本名鸬野赞良,登基后称持统女王。她在位期间,重用高市王子和丹比真人岛,继续丈夫未竟的改革事业,于己丑年(公元689年)正式颁布并施行二十二卷的《飞鸟净御原令》。此外,她还颇有文化修养,善吟汉诗,京都附近因此产生了模仿唐风、以佛教为主要内容的"白凤文化"。

小长安

丁酉年(公元697年)二月,持统女王立十五岁的轻王子为东宫,当年八月即让位给轻王子,是为文武天皇——大和王朝的君主给大王加帽子,改称天皇,比较可信的就是以文武天皇为始。文武天皇五年(公元701年)三月,定年号为"大宝"——日本的年号制度从此确定下来,不再想起来就改,想不起来就算——当年即为大宝元年,八月份完成了《大宝律令》的编纂,次年十月分发诸国,全面实施。

《大宝律令》是日本律令制法典的重要代表之一,它分为律六卷和令十一卷，律大致相当于刑法，令则是民法、诉讼法、行政诸法的统合，其基础为唐律，结合日本实际情况做了修订和增补。这份律令的领导编纂者是刑部亲王，但主要动手的则是藤原不比等、粟田真人、下毛野古麻吕等十八人，大多是遣唐使或者大陆移民的后裔。

藤原不比等是中臣镰足之子，可以说是庞大的藤原家族的开山始祖。不比等年仅十岁的时候，老爹镰足就去世了，可以说是少年失怙，藤原家族交到他手上的时候，不过只有烜赫的名声而已。但他自小勤奋好学，加上天武、持统二朝感念中臣镰足之功，对他的遗子关怀有加，公元689年，任他为判事职，使他正式开始了辉煌的政治生涯。

草壁王子也和藤原不比等交好，临终前授以佩刀，嘱托他竭诚辅佐自己的儿子轻王子，也就是后来的文武天皇。在文武朝，不比等升任正三位大纳言，其后又升任从二位右大臣，接近了人臣的顶峰。

日本新的官制在《大宝律令》中成形，中央官模仿唐朝的三省六部制，设置二官八省一台和五卫府。二官为主管祭祀的神祇官及最高行政机关太政官，太政主官为太政大臣，辅官为左、右大臣和内大臣，其下还有大、中、少纳言等官，统辖中务、式部、治部、民部、刑部、兵部、大藏、宫内八省；一台为司监察的弹正台；五卫府指警卫宫廷的卫门府、左右卫士府和左右兵卫府。最初正一位太政大臣仅授予皇族，并且经常由东宫兼任，总摄朝政，人臣可以做到的最高位是左大臣，其次为右大臣，分别为正二位和从二位——相当于我国古代的正二品、从二品官衔。

日本的官员品级也模仿中国，设一到九位，每位分正、从两级（九位则分为大初位和小初位），三位以下各级还分上、下（中国的九品制，是五品以下分上、下）。四位以上（含四位）官员可以参加朝议，称殿上人，四位以下则称殿下人。

《大宝律令》再度确定班田制，为了便于实施，也模仿唐朝建立户籍制度。不过唐朝一户平均为四到五人，是真正意义上的家庭，而日本的户也称为"乡户"，平均在二十人上下，不仅数辈同居，甚至引入很多不具有血缘关系的成员，好像一个个小的"氏"或者"部"，这也是奴隶制残余仍旧广泛存在的重要证据。

《大宝律令》还规定了全国的军事机构建制，中央设五卫府，地方上由各国国司掌控数个军团，此外在九州设太宰府管辖下的防人司，以防外国入侵，在陆奥设镇守府，防备虾夷——所谓虾夷，一说即指后来的阿伊努人，是日本东北部地区的土著居民，另说是大和族内开化较晚的一个分支。

《大宝律令》规定了新的身份制度，全部日本人都被划分为良民和贱民两个等级。所谓良民，也称公民，包括皇族、贵族和广大自由平民，也包括半自由的农奴；而贱民则指改新以后仍未被解放的奴隶，包括世代守卫皇陵者，以及公私奴婢等等。法律不允许良民和贱民通婚，一旦通婚生下子女，也都归为贱民一列。

贱民制度一直到近代的明治维新时期，才最终被废除。

且说文武天皇以《大宝律令》而著名，但他的统治时间却并不长，大宝二年（702年），上皇（指退位的天皇）持统女王去世，五年后文武天皇也咽了气。文武天皇的儿子首皇子年仅七岁——跟他老爹丧父的时候一般儿大——于是天皇的母亲，也就是草壁王子的王妃阿闭王女登基，改元和铜，是为元明女帝。有了持统女王的先例，皇子年幼，由其母或祖母暂代为天皇，似乎已是顺理成章之事。

元明女帝继位后立即下诏营建新的都城，地址选在大和北部的奈良地区，建构式样完全模仿唐都长安。和铜三年（公元710年）正式迁都，名为平城京，号称"小长安"。这座都城东西约4.2公里，南北约4.8公里，居中铺设了南北向的宽阔的朱雀大街，将城市分为左京和右京两部分，每部分按东西方向纵向分为四块，每块又由九条横向大路隔开，形成数十个"坊"，布局相当规整。都城北部正中设有所谓"内里"，也即是皇宫——后来"内里"一词也就变成了天皇或皇室的代名词。

迁都平城京以后，日本就此迈入了"奈良时代"，这是一个彻底崇尚唐风，无时无处不模仿和学习大陆文化的崭新时代。

潮盈珠和潮干珠

在世传画像中，圣德太子头戴乌纱幞头，帽翅曲折上结，身穿圆领长袍，腰横玉带，佩着直身的长刀，足登"乌皮履"，手捧笏板，无论从哪个方面去观察，都像极了一位唐朝官僚，而不像是日本人。然而这正是奈良时代日本官员的普遍装束，他们穿唐装、写汉字、读汉书、作唐诗，完全沉迷于从西面传来的大陆文化中而不能自拔。

当然了，真正的圣德太子之时，其实倒还没有这么"唐化"。

但在这一时期，日本列岛还不算是彻底统一的。大化改新以后，大和朝廷将所辖领土划分为五畿七道，所谓"五畿"，是指统治中心的五个国（大和、河内、山城、摄津、和泉），所谓"七道"，是指东山道、东海道、北陆道、山阴道、山阳道、南海道和西海道，每道下辖数国。然而一直到奈良初期，东山道的最东北端和西海道的最南端，都还没有被大和王朝所彻底征服。

东北地区大部分领土仍掌握在土著虾夷族手里，对此，奈良朝廷多次派兵东征，还修建道路，从东海、东山、北陆等道强迫移民到东北地区垦荒，与虾夷族争夺土地。和铜元年（708年）设出羽郡，五年后改为出羽国，这说明奈良朝廷已在对虾夷族的战斗中取得了决定性的胜利。后来成为日本真正意义上的统治者的"征夷大将军"一职，就是由此产生的，所征之夷，就是东夷也即虾夷。

而在西南地区，九州南部的游猎民族隼人族，也一直在对大和侵略军进行着顽强的抗争。九州其实共有十一国，即对马、壹岐、筑前、筑后、丰前、丰后、肥前、肥后、日向、大隅和萨摩，因为最后两国原本是隼人族的领土，于公元7世纪以后才始陆续设置，所以虽然十一国，却一直沿用旧称，号为"九州"。

关于隼人族的起源及其臣服于大和朝廷的过程，也存在着这样的神话传说：

古代有一对兄弟，哥哥名叫海幸彦，弟弟名叫山幸彦，各自操持着不同的生计。某日，山幸彦对海幸彦说："我每天去山中狩猎，感觉无聊，兄长每天去海边钓鱼，一定也乏味了吧。不如咱们互借工具，交换工作来试试？"海幸彦勉强答应了，就把自己的钓钩借给山幸彦，让他去海边钓鱼。山幸彦毫无钓鱼的经验，结果钓钩被鱼儿吞走，他哭丧着脸来向海幸彦赔罪，甚至将自己所佩的宝剑打碎，做成一千个钓钩作为赔偿。可是海幸彦坚持要索回自己原来的钓钩，不肯原谅兄弟。山幸彦望海而哭，被他感动的神灵就带他入海，他不但找回了遗失的钓钩，还娶得了龙女乙姬为妻。

山幸彦带着钓钩和龙女赠他的潮盈、潮干两颗宝珠回到岸上，他把钓钩还给海幸彦，但同时暗暗诅咒说："这是麻烦之钩，是贫穷之钩。"果然，得回钓钩的海幸彦越来越贫穷，于是想要抢夺兄弟的财产。山幸彦取出潮盈珠，立刻潮水滚滚而来，瞬间就把海幸彦给淹没了，海幸彦告饶求救，山幸彦又取出潮干珠，潮水于是消失无踪。从此以后，海幸彦就宣誓臣服于山幸彦，做他的家臣，为他警护家门——据说海幸彦就是隼人族的始祖，而山幸彦，《古事记》里说他本名火远理命，乃是神武天皇的祖父。

总之，奈良朝廷在不断学习和征服的过程中逐渐强大起来。和铜八年（公元715年），元明女帝让位给自己和草壁王子所生的女儿——冰高内亲王（皇女封王，即称内亲王），史称元正女帝，这位女帝共有两个年号：灵龟和养老。养老二年（公元718年），藤原不比等奉命重修《大宝律令》，完成了最为完善的《养老律令》，两年后，太安万侣完成官方史书——《日本书纪》。

元正女帝在位七年，终于把皇位传给了久居东宫的侄子首皇子，史称圣武天皇。圣武天皇有三个年号：神龟、天平和天平感宝。继"白凤文化"后再度辉煌一时的"天平文化"，就是以他的年号来命名的。天平文化的中心仍是佛教和儒学，这一时期，日本向中国派遣的遣唐使次数和数量之多都是空前的，大量佛经和儒典传入日本。同时，奈良朝廷也开始设立大学和国学，以此教育和选拔贵族子弟或者地方上国司的子弟们为官。

狭义的天平文化是指圣武天皇天平年间的文化，而广义的天平文化是指整个奈良时代的文化，著名的鉴真和尚也是在此期间渡海前来日本传教的。

奈良时代是彻底仿唐的时代，然而就连唐朝也无法长久维持均田制，在社会经济结构相对落后的日本，班田收授法也不可能万世不易。奈良时代也是班田制逐渐崩溃，庄园制逐渐抬头的时代。

一方面，为了鼓励向新征服地区移民，奈良朝廷允许公民私有新开发的土地，使封建土地国有化逐渐向封建土地私有化转变。另一方面，由于班田不均，赋税过重，很多百姓被迫依附于贵族和寺社，这样就形成了大大小小的庄园。庄园制的出现使得国家实际权力从土地国有时的天皇手中逐渐转移到土地私有时的庄园贵族手中，藤原家族就首先冒出头来，攫取政权，开创了摄关统治的先河。

从橘宿弥到橘朝臣

奈良时代以后是平安时代,那是一个外表光鲜,内中糜烂,极端骄奢腐朽的时代。而平安时代的实际统治者藤原家族,作为公卿政治的代表,也总给后人留下优雅柔弱的联想。然而事实上,藤原氏也是经过了惨烈的政治搏杀,用尸体和鲜血铺成道路,这才最终得以掌握权柄的。

中臣镰足和藤原不比等两代的风光不用再冗述了。藤原不比等死于养老四年(720年)九月,他有四个儿子,分别名为藤原武智麻吕、藤原房前、藤原宇合和藤原麻吕,各有家名,称为南家、北家、式家和京家。藤原不比等终位于右大臣,当时实际执掌太政官权力的还是皇族,炬赫者包括舍人亲王、铃鹿王、长屋王等等。其中长屋王是高市皇子的儿子,先任大纳言,养老五年(公元721年)升右大臣,圣武天皇继位后任其为左大臣,使其实际掌控朝政。

前面说了,圣武天皇的祖父为草壁王子,祖母是元明女帝(天智大王之女),父亲是文武天皇,姑母是元正女帝,但他母亲却并非皇室中人,而是藤原不比等的女儿宫子,圣武天皇本人也迎娶了不比等的另外一个女儿(论辈分是他姨妈)光明子为妃。圣武天皇一继位就想为他的母亲宫子加上尊号为"大夫人"(夫人为非皇族血统的天皇妻妾的最高称号),遭到长屋王派系群臣的反对,被迫收回敕令——藤原家族和长屋王就此结下仇怨,随即展开了长期的明争暗斗。

神龟四年(727年)闰九月,藤原光明子为圣武天皇生下了一位皇子,两个月后,这个还在襁褓中的婴儿就被立为东宫。眼看作为外戚的藤原氏即将更为烜赫，群臣纷纷前往藤原宅邸表示祝祷，偏偏长屋王不肯露面。藤原武智麻吕借着这股东风，提出立光明子为皇后，对此，长屋王再度表示强烈反对，因为按照惯例，皇后必须由皇族女子担当。两派的斗争因此事件而变得激烈化并且表面化，最终以东宫不满周岁就因病夭亡，暂时宣告了长屋王的胜利。当然，藤原氏并不肯就此善罢甘休，他们先是调开了长屋王的羽翼大伴旅人，又由藤原房前出任中卫府大将，控制禁卫军，随时准备发起反扑。

到了神龟六年（公元729年，当年八月改元天平）二月，藤原氏开始了反攻倒算。二月十日，他们挑唆两名小官僚向圣武天皇告密，说长屋王"私学左道，欲倾国家"，在取得了天皇的信任后，藤原宇合等人立刻率领禁军包围了长屋王的官邸，舍人亲王亲自入内问罪。长屋王百口莫辩，被迫于两日后自杀——虽然说是自杀，但其正妻与几个儿子全都随同自尽，事情多少有点儿蹊跷。

踢开了绊脚石以后，藤原氏于当年八月顺利地把藤原光明子扶上了皇后宝座，四兄弟就此把持了朝政，其中势力最强的是南家的藤原武智麻吕和式家的藤原宇合——藤原宇合于天平三年（公元731年）八月就任参议，这是在《养老令》外新设的官职，顾名思义，乃是朝廷的高级顾问。

同时升任参议的还有藤原麻吕和葛城王。葛城王是个封号，历代有多人得授，而这位葛城王乃是敏达大王的后裔，是我们前面提到过的那位在壬申之乱中紧把着筑紫的兵权不肯听从大友王子调遣的栗隈王的孙子，美努王的儿子。他的母亲，乃是县犬养家族的三千代，据说在文武天皇宫中当过女官，先嫁给美努王，后来不知道因为什么原因而离异，改嫁给藤原不比等为后妻。所以说，葛城王跟藤原家族也是素有来往的，他跟光明子皇后算是同母异父的兄妹。

日本古代有所谓"四大姓"的说法，即源、平、藤、橘。藤指藤原，我们知道，初祖是中臣镰足；而橘姓的初祖就是这位葛城王。元明女帝曾赐其母县犬养三千代"橘宿弥"的氏姓——宿弥为原本八色姓的第三位——天平八年（公元736年），圣武天皇允许葛城王、佐为王兄弟继承此姓，并将氏姓等级提升为第二等的"朝臣"。得姓的葛城王，此后即改名为橘诸兄。

我们前面提过，大族分家，各分支可能另取名号，以与本支相区分，天皇赐王族氏姓，与此性质是相同的——虽然天皇没姓没氏。当然更重要的是，皇族数量实在是太多啦，封王都快封不过来了，所以要把其中某些人降一等，赐以臣姓——橘氏家族就这么创建了起来。且说在橘诸兄受赐氏姓的第二年，也即天平九年（公元737年），平城京突然天花大流行，藤原氏四兄弟都前后脚地染病去世，于是这位橘诸兄就代替藤原氏掌握了朝政。

天神地祇，必降惩罚

为了同时压制外戚藤原氏和前皇族橘氏的势力，加强天皇的独裁权，圣武天皇起用了身份较为低微的僧人玄昉和吉备真备参与朝政。这两人都曾留学唐朝,学识渊深,新近归国,其中玄昉因为曾入宫治好了天皇之母藤原宫子的病而最受宠信。

传说玄昉曾想抢夺藤原宇合的长子藤原广嗣之妻(日本很多佛教派别并不严禁婚娶),因此两人仇深似海,然而政治立场的根本相左以及对执政权力的垂涎与抢夺,恐怕才是最终爆发其后叛乱的真正根由。总之,脾气暴躁的藤原广嗣异常反感玄昉和吉备真备的擅权,多次直言或上书请求除去此二人,结果反遭迫害,被罢免了大养德守的职务,赶出京都,去九州就任太宰少贰。

大养德乃是大和国的旧称——反正都是音译么,所以尽量挑好字眼儿——后来才改为大倭国,再改为大和国,基本上等同于今天的奈良县。大养德守就是大和国司(太守),相当于唐代的京兆尹。而太宰府乃是在七道诸国行政体系之外,总体负责九州地区政治和军事的常设机构,主官太宰帅(旧称筑紫率)例授亲王,所以经常空悬,多由辅官太宰大贰或太宰少贰负责实际工作。从京城附近的军政官改任僻远的九州地区的军政官,无疑是贬职了,藤原广嗣因此极端恼怒。故此当他抵达九州以后,便利用当地的社会矛盾大肆招兵买马,在天平十二年(公元740年)再度上书请求诛杀玄昉和吉备真备遭到斥责后,公然掀起了叛乱。

圣武天皇得报,大惊失色,急忙任命大野东人为大将军、纪饭麻吕为副将军,召集东海、东山、山阴、山阳、南海(四国岛)五道兵马,总共一万七千人前往讨伐。既然就连本州中东部的兵也都调到西边儿去了,为啥不肯调动畿内五国的人马呢?因为圣武天皇吓破了胆,要留着这些军队保命——这从他借口巡游，匆忙离开平城京，经伊贺、伊势，跑去了东面的美浓国，就可察觉端倪了。天皇这是打算情势一旦不妙，就直接逃往东方去啊。

且说官军向西挺进，先锋乃是两位朝廷敕使——佐伯常人和阿倍虫麻吕，他们率领着四千兵马和二十四名主动前来投效的隼人，首先渡过本州岛和九州岛之间狭窄的关门海峡，攻打丰前国的板柜镇。藤原广嗣闻讯，急忙召聚萨摩、大隅、筑前、丰后四国兵马，分三路向丰前挺进——北路为广嗣本队五千人，南路为其弟藤原纲手五千人，大将多胡古麻吕率少量兵马在中路策应——打算三道夹击，把匆忙上陆的官军给逼下水去。

藤原广嗣举兵的消息，是九月三日送抵平城京的，佐伯常人二十二日就攻上了九州岛，可见大和朝廷的反应速度挺快，从某种意义上来说，是打了广嗣一个措手不及。二十九日，朝廷颁发敕命，凡能够割取藤原广嗣人头来降者，不论出身，即给授五位以上的官职。十月九日，藤原广嗣逼近板柜镇，但这个时候佐伯常人已经顺利拿下了板柜和附近的登美、京都两镇，所部也膨胀到六千余，与叛军隔着板柜川遥遥相峙。

叛军乘坐木筏，打算强行渡河，结果被乱箭射回。佐伯常人跑到岸边，高呼藤原广嗣的名字，宣告朝廷敕使来到。大约在呼喊了十遍以后，终于看到对面敌阵分开，广嗣骑着骏马驰至阵外，询问："敕使为谁？"佐伯常人回复道："是我佐伯常人和阿倍虫麻吕。"

藤原广嗣下得马来，跪拜见礼，说："在下并不敢抗拒朝命。只是朝廷为彼二人（吉备真备和玄昉）所乱，故而请求处罚彼等而已。我若敢抗拒朝命，天神地祇，必降惩罚！"佐伯常人冷笑着问他："既如此，为何率领军兵，汹涌而来？"广嗣不肯回答，就此上马归阵。

于是双方激战一场，战斗过程中，藤原广嗣军中数名隼人渡至官军一侧投诚，通报了叛军三路挺进，藤原纲手和多胡古麻吕即将到来的消息。官军就此有了防备，并且随即大野东人的主力也上了陆，于是仗着数量优势和人心所向，很快便取得了最终的胜利。藤原广嗣被迫乘船而逃，一直来到肥前国松浦郡的值嘉岛（今五岛列岛），打算从此地渡过海峡，逃到新罗国去。

然而当他的坐船来到耽罗岛（今济州岛）附近的时候，突然间风向大变，船只再难北进一步。藤原广嗣望空而拜："我本是忠臣也，希望神灵不要舍弃我，就此让风波止息吧。"然而不管他再如何祈祷，风浪却越来越大，竟然又把他给刮回值嘉岛去了。

十月二十三日，潜伏在值嘉岛上的藤原广嗣被阿倍虫麻吕的同族武人阿倍黑麻吕所捕获。十一月一日，大将军大野东人下令，在肥前国的唐津地方，将藤原广嗣和藤原纲手兄弟斩首示众——来势汹汹的藤原广嗣之乱，不到半年就被平定了。

圣武天皇得到胜报，这才离开美浓，装模作样又去近江、山城等国绕了一圈，好，这就算巡游结束，终于可以回家了。

藤原广嗣死后，藤原式家走向没落。然而世上终究没有长久的荣华富贵，五年后，他的死对头玄昉和吉备真备也先后失宠，玄昉被外放到筑紫，最终为广嗣残党所杀，吉备真备也左迁为筑前守。至于橘诸兄，他的权力也难以避免地逐渐萎缩，最终他被藤原南家的仲麻吕所替代。

太师惠美押胜

藤原仲麻吕是藤原南家武智麻吕的第二个儿子，不到四十岁就跻身殿上人之列。天平二十一年（公元749年）七月，圣武天皇让位于有藤原氏血统的阿倍内亲王，史称孝谦女帝。同月，藤原仲麻吕为大纳言，并在次月就任新设置的紫微中台的长官——紫微令中卫大将。他的权力逐渐攀升，逐渐凌驾于左大臣橘诸兄和右大臣藤原丰成（武智麻吕长子，仲麻吕之兄）之上。

藤原仲麻吕竭力维护已经逐渐跟不上时代需要的律令制，时隔十四年后，再度下令班田，并且调整服役男丁的年龄，以减轻百姓负担。但对于当时的朝局来说，这也无异于杯水车薪——圣武天皇在位的时候就笃信佛教，下令各国都要建设国分寺和国分尼寺，在京都附近也大修寺院，建造大佛，耗费巨资，给百姓带来深重的灾难。圣武天皇虽然退位，身为上皇，这种行为却并未停止。因此藤原仲麻吕的执政，未必能给底层民众带来多少好处，却得罪了相当多的贵族，尤其是新兴庄园主阶层。

一方面，因为执政者的专权，反对派想要推翻执政者；另一方面，执政者为了镇压反对派，就更加肆无忌惮地攫取权力。两方面矛盾就这样恶性循环下去，终于点燃了"橘奈良麻吕之变"的导火索。且说天平胜宝八年（756年）五月，圣武上皇去世，遗命以天武天皇之孙道祖王为东宫。然而据说这位道祖王在为上皇服丧期间私下里跟侍童淫乐，行为举止极度龌龊并且不敬，于是次年三月即被废黜了东宫之位。

道祖王是否真的那么不堪呢？现代学者普遍认为，那是藤原仲麻吕的阴谋或者刻意诽谤所致——就像中国汉代被权臣霍光废掉的昌邑王一样。总之，为了新立东宫之事，孝谦女帝召集众臣商议，藤原仲麻吕力排众议，拥戴和自己关系亲近的舍人亲王之子大炊王（亦为天武天皇之孙）。最终，大炊王成为储君，仲麻吕的权势和声望都达到了顶峰，他遂于第二年推动孝谦女帝下诏，施行其祖父藤原不比等制定但搁置了整整三十九年的《养老律令》。

这是天平胜宝九年（公元757年）五月间的事。到了七月，橘诸兄之子橘奈良麻吕终于再也按捺不住了，利用百姓苦于寺院佛像建造之机，联合对藤原仲麻吕不满的皇族和大伴、佐伯等氏族，策划发动政变。当时平城宫正在修缮，孝谦女帝在田村宫议政，橘奈良麻吕的计划是，首先在田村宫暗杀藤原仲麻吕，然后废黜大炊王的东宫之位，并逼女帝退位，在盐烧、道祖、黄文、安宿四王中选择一人继承天皇宝座。然而组织当中出现了叛徒，山背王和中卫府舍人上道斐太先后将政变阴谋密告孝谦女帝和藤原仲麻吕，女帝和仲麻吕先下手为强，火速逮捕了阴谋策划者，将橘奈良麻吕和黄文王等首谋者处以极刑，将胁从者四百余人尽数流放。

或许是为了纪念平安度过危机，当年八月十八日，孝谦女帝下诏改元为天平宝字。天平宝字二年（公元758年）八月，孝谦女帝退位出家，东宫大炊王登基，是为淳仁天皇。这时候，日本仿唐之风达到了顶点，竟然把官名也全都按照中国的习俗加以修改，藤原仲麻吕就被任命为左大臣，改称"太保"，还下赐了新名"惠美押胜"。两年后，他又升任为太政大臣，称"太师"。

太师惠美押胜之所以能够一帆风顺、青云直上，主要靠了两个大后台的支撑，一个是姑姑——圣武天皇的皇后藤原光明子，另外一个就是表妹孝谦女帝。然而光明皇后在天平宝字四年（公元760年）去世了，而孝谦女帝（此时为上皇）也因为僧人道镜的问题于天平宝字六年（公元762年）开始和淳仁天皇相对立，惠美押胜站在天皇一边，结果把上皇给彻底得罪了。

道镜为河内国人，出自弓削氏，初从义渊修习法相宗，后长住东大寺。天平胜宝四年（公元752年），他应孝谦女帝之邀入宫做道场，天平宝字五年（公元761年）更是借着看病之机得到已经退位的女帝的宠信。传说孝谦上皇和道镜的关系很不一般，这不免令人联想起唐朝女皇武则天身边的白马寺主持薛怀义……就算道镜真是上皇的"面首"吧，以日本的婚姻习俗来说，这也并非十恶不赦的大罪，然而惠美押胜偏偏极端反感道镜，数次怂恿淳仁天皇向上皇进言，要将道镜赶出京去。

有传说惠美押胜也曾是孝谦女帝的入幕之宾，因此当上皇抛弃了他，转而亲近道镜后，他才会如此愤懑不满。总之，因为道镜的问题，上皇和天皇间的矛盾日益激化，天平宝字六年（公元762年）六月，上皇从隐居处迁回平城京，宣布剥夺淳仁天皇的权力，国家大事和人事赏罚都由自己颁诏施行——退位的天皇以上皇之名重掌权力，从某种意义上说，这就是日后"院政"的滥觞。

淳仁天皇和惠美押胜为了反击上皇的专断，开始秘密策划，由押胜一族控制了禁卫军的指挥权以及近畿地区数国的行政权。天平宝字八年（764年）九月，淳仁天皇任命惠美押胜为都督四畿内、三关、近江、丹波、播磨国兵事使，并命令以上地区每国征召二十人以充禁卫。押胜秘密下达了每国征集六百人的动员令，以演习为名聚集和训练士兵，准备起事。

惠美押胜犯了一个大错误，想要打击上皇势力，早在孝谦上皇返回平城京的时候就该动手了，而等到上皇重掌政权两年以后再想发动政变，时机已然错失，人心早已转向。果然，计划被告发，上皇立刻派山村王到中宫院夺取了御玺，旋即宣布惠美押胜为逆贼，剥夺其官位和俸禄。这是九月十一日的事情，当晚，惠美押胜逃出平城京，首先想要逃往近江，后又转道越前，都被上皇派人截断了去路。他进退失据，最终于十八日在高岛郡的胜野鬼江附近被逮捕，就此人头落地。

押胜一族及其党羽被孝谦上皇斩杀殆尽，就连淳仁天皇也无法幸免，十月九日遭到废黜，随即被流放去了淡路岛——故而史称"淡路废帝"。孝谦上皇再次登上天皇宝座，史称称德女帝——就跟其天祖母皇极女王又是齐明女王一般。而随着惠美押胜之死，藤原南家也就此衰弱了。

天智系卷土重来

称德女帝复位的次年（公元765年），改元天平神护，随即任命道镜为大臣，称"大臣禅师"。按照女帝自己的说法，"朕以出家人为帝，当用出家人为臣。"于是当年闰十月，竟然升任道镜为太政大臣，第二年更封其为法王。

称德女帝和道镜法王两人的生活极度骄奢淫逸，虽然将吉备真备等人重新召回都城供职，朝政不但没有丝毫的起色，反而日益颓败下去。日本有史料记载，道镜衣食住行都等同于天皇，与称德女帝夜则同寝，昼则同受百官朝贺。虽说日本的风俗并不严禁婚外情或者和尚娶妻，但天皇不同于普通百姓，这种行为肯定会招致各方非议的。大概是为了堵住众人之口吧，称德女帝公开下诏，严禁有妇之夫另爱第三者，并且取消了传统上每年正月举行的青年男女表述衷情的踏歌会。

称德女帝沉湎于放纵的生活中，根本无心治理国事，道镜因此觊觎天皇宝座，他暗示官吏上奏，说在宇佐八幡神宫得到了神谕："道镜即位，天下太平。"位于九州的宇佐八幡神宫乃是神道教的著名寺社，影响力很大，因此称德女帝不敢怠慢，就派和气清麻吕前往确认神谕。和气清麻吕临行前，道镜悄悄把他拉到一边，许诺说如果自己能够顺利当上天皇，就让清麻吕做太政大臣。然而和气清麻吕毫不理会道镜的封官许愿，数月后即带回神谕，明确宣告说："我国从天地开辟以来，就是君臣名分森严之邦，从来没有过以臣为君的事情。如果无道小人竟敢觊觎神器，定为神灵所不容。应该早立皇嗣，并将无道之人清除出去！"

这是神护景云三年（公元769年）间之事，第二年八月，称德女帝就驾崩了，享年五十三岁，临终立天智大王的孙子白壁王为东宫。十月，白壁王继位，改元宝龟，即光仁天皇。失去靠山的道镜和尚也灰溜溜地被赶出了京城，前往偏远的下野国担任药师寺别当（僧职）去了——两年后黯然辞世。

我们应该注意到，如果加上传说中的谱系，日本第三十八任天皇是天智，三十九任是弘文（大友王子），四十任为天武，四十一任为持统。持统女帝既是天智大王的女儿，又是天武大王的妻子。持统再传其孙文武，从第四十二任文武天皇，直到第四十八任称德女帝，全都是天武大王的子孙。可是第四十九任光仁天皇却是天智大王之孙，国统又重新传回了天智一系。从中我们可以窥见激烈的政治斗争，或许能够推导出，所谓法王道镜因为拥有"巨根"而成为称德女帝的"面首"，而差点儿把整个国家都交给他了这种传闻，其中颇多不尽不实之处，乃是天智系为了彰显本身的正义性，而对天武系的乱泼脏水。

那么，光仁天皇是怎么坐上至尊宝座的呢？原来他迎娶了圣武天皇之女，同时也是称德女帝的妹妹井上内亲王为妃，所以当天武系找不出合适的继承人来的时候，称德女帝只好传位给自家妹夫。光仁天皇登基后，即册封井上内亲王为皇后，立他户亲王为东宫。然而井上皇后跟她的姐姐一般荒淫，传说某次和天皇下棋赌赛，双方约定输方要向赢方推荐美男或者美女，结果光仁天皇输了，皇后就一再索要美男，不肯罢休。光仁天皇无奈，只好去和藤原百川商议对策。

惠美押胜虽然败亡，当时朝中显贵仍有相当一部分是藤原氏的子弟，比如左大臣藤原永手（北家）、内大臣藤原良继（式家）等等，但权力最大也最有智谋的，还得说是式家的藤原百川。

藤原百川本名藤原雄田麻吕，是藤原宇合的第八个儿子、藤原广嗣同父异母的兄弟，他早就对井上皇后和他户太子的荒淫跋扈恨之入骨，于是设计让天皇把大儿子山部亲王（母亲为天皇侧妃高野新笠）推荐给皇后。等到正当盛年的山部亲王和年过五旬的皇后干柴烈火打成一片以后，藤原百川趁机密奏，说皇后想要"咒杀天皇"。已经对皇后所作所为厌恶到极点的光仁天皇毫不犹豫，立刻废黜井上皇后，两个月后又废黜了东宫他户皇子。藤原百川继续施行自己的计划，据说他花费了四十多天劝说天皇，终于使天皇于次年也即宝龟四年（公元773年）元月正式下诏立山部亲王为东宫。

天应元年（公元781年）四月，光仁天皇让位于山部亲王，这就是鼎鼎大名的桓武天皇。延历三年（公元784年），桓武天皇迁都到长冈，延历十三年（公元794年）再迁葛野——葛野的新都称为平安京，日本从此进入了辉煌和荒诞、腐朽并存的"平安时代"。

番外篇

日本人的氏、姓和苗字

说到日本人的姓氏，首先要从中国人的姓氏谈起。请问，商鞅姓什么？姓商？错！姓卫？错！姓公孙？更错！因为中国上古时期，姓和氏是严格分开的，女子称姓，男子称氏。所谓姓，指的是一个人的血统（当然只有贵族才有闲空研究或者附会自己的血统），而氏，则代表此人的身份地位。商鞅是卫国的公族，卫是周朝的同姓诸侯，所以商鞅的姓，应该是周的国姓——姬。他是卫国人，所以以国名卫为氏，称之为卫鞅；他是卫的公族，所以也称为公孙鞅；他仕秦被封在商於之地，所以也称商鞅。这卫、公孙、商，乃是他的氏而非姓。再如，姜子牙姓姜，然为吕氏（出生地或始封地）、太公氏（被周武王尊为太公），故称吕望或太公望，姜尚姜子牙只是民间俗称；秦始皇姓嬴，然为赵氏（生在赵国，一说赵为嬴姓分支）、秦氏（秦的国君）。姓氏之分，诸如此类。

男子主外，平常使用能代表其身份地位的氏而不用姓，商鞅虽然姓姬，但不能叫他姬鞅，秦始皇虽然姓嬴，但叫他嬴政就大错特错。只是这一姓、氏分开的制度，汉以后就逐渐被大家遗忘了，姓、氏逐渐合流。

日本的情况则正好相反，氏指的是出身氏族（日本古代的氏族并不一定由血缘关系所组成），姓则指的是大和朝廷赐予氏上等贵族的称号，这种"姓"其实含有种姓的意味，有姓者高人一等。

最早的姓赐予氏上，故此又称为氏姓，主要包括：赐予葛城氏、平群氏、春日氏、苏我氏等奈良盆地周边势力可与王家相拮抗的大贵族臣姓；赐予大伴氏、物部氏、中臣氏、忌部氏等从属于王家的"官人"连姓；赐予弓削氏、服部氏、秦氏、犬养氏等分司王家各部或归来人集团首领连、造、直、公等姓；赐予地方豪族、地方官员国造、君、直等姓；其它赐姓还有首、史、村主、胜等等。

天武天皇时代，经过重新整理和简化，"八色姓"制度出台，也即定为真人、朝臣、宿弥、忌寸、道师、臣、连、稻置这八个姓。从真人到忌寸为上姓，其中真人姓多赐皇族。其后出现的赐姓如藤原、橘、源、平等等，严格意义上来说，应该是附着于朝臣姓的氏，比如藤原全称应为藤原朝臣，橘的全称先是橘宿弥，后来提升为橘朝臣。随着时光的流逝，氏姓制度逐渐为人们所淡忘，只有这四氏的后裔，还习惯性地会自称藤原朝臣、橘朝臣、源朝臣、平朝臣而已。比方说"藤原朝臣九条兼实"，藤原是氏，朝臣是姓，九条是苗字（苗裔之意），兼实是名。

苗字又是什么呢？苗字是代表一个氏姓的分家的意思，可以有多种来源，比如地名、官名、庄园名等等，苗字经常可以更换，其实更像是中国古代的氏。打个比方来说，武田苗字出于源姓的新罗三郎义光，其后裔一支任甲斐守护，如武田信玄，一支任若狭守护，如武田元光。再比如，战国名将当中，有不少称北条苗字，但实际上几乎没有一个是真正名门平氏的北条之后裔：北条早云本名伊势盛时，出自平氏另一支的伊势氏，后来其子氏纲为了名正言顺称霸关东，才冒称北条；大将北条纲成，本是今川家臣福岛正成之子，作为北条氏纲的婿养子而获赐北条苗字；上杉谦信麾下名将北条高广，其实本来的苗字是毛利（他的家徽也是一文字三星），只是以所领北条庄为新苗字，才变成了看似显赫的北条氏……其实毛利的始祖本姓为大江朝臣，跟平朝臣毫无关系。

武士阶层抬头以后，武士们的苗字越分越多，越分越杂，逐渐变成了现代意义上的姓，而到了江户时代，很多商家把商号冠在自己的名字前面，也逐渐演化成现代意义上的姓——本书后面为了行文方便，会经常在苗字后面加个"氏"字以指代某一家族，但这并不说明苗字和氏之间可以画等号。

不过，古代日本的平民百姓都是没有姓的，要到近代明治维新以后，才强迫人人都必须有姓，从而大多毫无本源地生造出来。

年表：

时代及年份	年号	具体年份	事件
飞鸟时代（592年至710年）	白雉	672年	壬申之乱
		673年	天武大王登基
		675年	禁食牛、马、犬等肉食
		681年	开始编纂《飞鸟净御原令》；立草壁王子为东宫
		684年	制定八色姓
	朱鸟	686年	天武大王殁，菟野王后称制；大津王子自杀
		689年	东宫草壁殁；开始施行《飞鸟净御原令》
		690年	菟野王后正式继位，即持统女王；任命高市王子为太政大臣
		697年	立轻王子为东宫，持统女王旋让位东宫，即文武天皇
	大宝	701年	完成《大宝律令》
		702年	持统上皇殁
	庆云	707年	文武天皇殁，其母阿闭王女继位，即元明女帝
奈良（平城）时代（710年至794年）	和铜	710年	迁都平城京
		712年	太安万侣完成《古事记》；初置出羽国
		713年	初置丹后、美作、大隅国
		715年	元明女帝让位冰高内亲王，即元正女帝
	灵龟	716年	遣唐使派遣，阿倍仲麻吕（晁衡）赴唐留学
	养老	718年	初置能登、安房、石城、石背国
		720年	舍人亲王完成《日本书纪》
		721年	初置诹方国；元明上皇殁
		723年	颁布三世一身之法
		724年	元正女帝让位首皇子，即圣武天皇
	神龟	727年	藤原光明子产子，立为东宫，翌年殁
	天平	729年	长屋王子自杀；立藤原光明子为皇后

续表

时代及年份	年号	具体年份	事件
奈良（平城）时代（710年至794年）	天平	736年	葛城王被赐予橘姓
		740年	藤原广嗣之乱
		743年	颁布恳田永年私财法
		748年	元正上皇殁
	天平感宝	749年	圣武天皇让位阿倍内亲王，即孝谦女帝
	天平胜宝	751年	现存最古的日本汉诗集《怀风藻》完成
		754年	鉴真和尚东渡日本，在东大寺设置戒坛
		756年	圣武上皇殁；遗言立道祖王为东宫
	天平宝字	757年	《养老令》正式施行；橘奈良麻吕之变
		758年	孝谦天皇让位大炊王，即淳仁天皇；官名改为唐式
		760年	任藤原仲麻吕为太师；初设节度使
		762年	孝谦上皇与淳仁天皇开始对立
		763年	鉴真殁
		764年	藤原仲麻吕之乱；淳仁天皇被废，孝谦上皇复位，即称德女帝
	天平神护	765年	任命道镜为太政大臣禅师，翌年加号法王
	神护景云	769年	和气清麻吕前往宇佐八幡神宫求取神示
		770年	称德女帝殁，白璧王继位，即光仁天皇
	宝龟	772年	井上皇后与他户东宫陆续被废
		780年	陆奥夷俘伊治呰麻吕叛乱
	天应	781年	光仁天皇让位山部亲王，即桓武天皇；光仁上皇旋殁

▌四章　优雅的平安朝

从公元8世纪末叶直到19世纪，在漫长的一千多年当中，大和王朝的首都始终固定于平安京（京都），在这里，唐风与和风揉和掺杂，终于形成了日本独特的文化体系。

早良亲王的诅咒

桓武天皇时代，土地私有化日益严重，各地产生出大大小小的封建庄园来，严重影响国家税收和天皇制集权统治，使得朝廷不得不进行一系列的改革措施，以挽救班田制的彻底覆亡。

为什么呢？因为班田收授法虽然颁布了，但这项法令因为并不完全符合当时的社会生产状况，就存在着种种漏洞。最主要的就是，各大寺社仍然保有寺社地，而很多贵族也仍然保有自己的封地（位田、职田和功田等），这些寺社地和封地是不用缴税的。人口分布不均以及赋税沉重，导致很多百姓得不到授田或者耕不起授田，遂被迫进入寺社地或贵族封地，变成了新兴庄园中的农奴。

唐代的均田制都未能维持太长时间，更何况几乎生搬硬套的日本的班田制呢？

为了避免班田收授法遭破坏的状况进一步恶化，大和朝廷曾经多次移民边远地区，开垦荒地——奈良朝和平安朝屡次发兵东北，征讨虾夷，其内在动力即根源于此。然而因为这些新开垦地的地权是属于国家的——养老七年（公元723年），朝廷就曾颁布"三世一身法"，规定利用原有沟池新开的土地仍归开垦者一代所有，新修沟池开垦的土地则准许流传三代——所以开垦者普遍积极性不高，"农民怠倦，开地复荒"。天平十五年（公元743年），朝廷被迫修改旧制，发布"垦田永世私财法"，等于打破土地国有制，允许部分土地的所有权归于私人。

既然有了私有土地，当然也就会产生土地买卖和兼并问题。于是，贵族、寺社凭借权势和财力，大量圈占和收买土地，收容逃亡农民耕种——他们在自己的私地上派驻管理人，也即庄长，由庄长负责经营的田地就称为庄园。新的庄园经济就这样发展起来，并且很快占据了社会生产的主流。

桓武天皇无力让历史的车轮逆向运转，彻底解决庄园问题，而只能在力所能及的范围内搞点修修补补的工作，暂时缓解一下社会矛盾，使国家税收继续维持在低水平上。他所实行的改革措施主要有以下四个方面：一，整顿吏制，设"勘解由使"一职以监督地方官吏；二，修正班田收授法；三，承认良民和贱民间的通婚，允许所生子女成为"良民"，以消灭奴隶制残余；四，部分改征兵制为募兵制。

这些改革措施，无疑会遭到守旧派的强烈反对。为了摆脱那些掣肘的家伙，尤其是玄昉、道镜以来日益庞大的寺社势力，桓武天皇在藤原种继（藤原式家宇合三男清成之子）的倡议下，于延历三年（公元784年）下旨，在平城京北40公里外新修长冈京，打算迁都过去——那地方传统贵族和寺社的势力相对薄弱，我斗不过你们，难道还避不过你们吗？

然而延历四年（公元785年）九月，长冈新都还没有造好，总指挥藤原种继却突然被不知道从哪儿射出的一支暗箭射中，就此死在了建筑工地上。

桓武天皇闻讯，暴怒如狂，立刻下令彻查，不但揪出一批阴谋分子来，包括大伴、佐伯等烜赫氏族的重要人物数十名，甚至最终还把矛头指向了自己的兄弟：东宫早良亲王。早良亲王是否冤屈，没有人知道，总之他因为此事被废黜了太子之位，幽禁在乙训寺内，不久后在被流放到淡路岛的途中，愤然绝食而死——后被追尊为崇道天皇。早良亲王死后翌月，桓武天皇改立自己的儿子安殿亲王为东宫。

据说早良亲王屡次上书天皇为自己申辩，却根本不被理睬，因而临终之际留下了恶毒的诅咒。他死后数年间，天皇的生母、皇后和诸位夫人相继死去，伊势神宫遭逢天火，全国很多地方暴发疫病——就连新东宫安殿亲王也病倒了，差一点儿就丧了命。桓武天皇迷信得很，就此不敢再停留在修建未毕的长冈京了，于是采纳和气清麻吕的建议，在长冈京的艮位（东北方向）修建平安京，并于延历十三年（公元794年）正式迁都于此。

平安京南北约4.7公里，东西约4.5公里，基本架构和平城京很相似，也是北部中央为内里，城中由南北向的朱雀大街相隔为左京和右京，然后由平直的多条横、纵向街道分割为数十个坊。桓武天皇在平安京四周建设了贺茂、松尾、稻荷等神社，东寺、西寺等寺院，却不允许平城京的旧寺社搬迁过来。

这是大和王朝的倒数第二次迁都，从此都城在这里矗立了一千余年，直到明治维新以后再迁江户（东京）。那么，让我们大致梳理一下此前的迁都历程吧，从飞鸟时代开始——

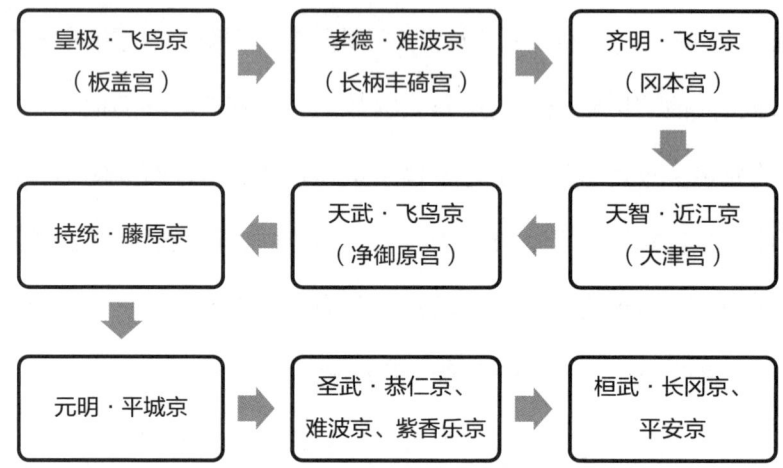

桓武天皇两度修建新都，钱财当然花得如同流水一般。不仅如此，他还三次大规模用兵讨伐虾夷。才因为制度改革而积累起来的一点点财富，就又被尽数抛将出去了。到了延历二十四年（公元805年）十二月，眼看朝廷财政就要崩溃，藤原绪嗣、菅野真道等人上书谏阻造宫和征夷，提出实行所谓"德政"的建议，桓武天皇无奈之下全盘接受了——这恐怕是回光返照吧，因为次年三月，他就呜呼哀哉归了天。

征夷大将军

日本在"唐化"过程中，学习和生搬硬套了很多从中国舶来的概念。

比如中国古代设置过东、南、西、北四征将军和四镇将军，日本人照抄其名，当任命将领镇守九州征讨或安抚隼人族的时候，就定名为"征西将军"或"镇西将军"；当任命将领由太平洋一侧向东北方向进兵，攻略虾夷的时候，就定名为"镇东将军"或"征东将军"。还有"四夷"说，也即把周边势力目为文化水平低一等的蛮夷，称为"东夷、西戎、南蛮、北狄"，为此，当派兵自日本海一侧向东北方向进军的时候，就会设置"征狄将军"或"镇狄将军"，而"征东将军"有时候也会改称"征夷将军"。

在此单说征夷将军，最初名为"陆奥镇东将军"，由元明女帝时代的巨势麻吕出任，和铜二年（公元709年）往征虾夷。"征夷将军"的名号，初见于养老四年（公元720年）九月二十八日，诏命由多治比县守出任，同日任阿倍骏河为镇狄将军。延历三年（公元784年）二月，升格镇守将军大伴家持为"征东将军"。延历七年（公元788年）十二月，任命纪古佐美为"征东大将军"。延历十三年（公元794年）元月一日，赐予征夷大将军大伴弟麻吕节刀——"征夷大将军"的名号，当在此之前正式授予。

总之，受命集结东海道兵马，自太平洋一侧征讨虾夷的将领，要么镇东、征东，要么征夷，权限差不太多，只是名号有异罢了。

那么虾夷族究竟是什么来源呢？最早可以追溯到公元5世纪的时候，倭王武上表宋顺帝，曾说其祖先"东征毛人五十五国，西服众夷六十六国，渡平海北九十五国"，这所谓"毛人"就是虾夷。"毛人"之名，是说这一民族毛发浓密，与大和族不同；"虾夷"，则是说该族男子留着长长的胡子，仿如虾须一般——苏我虾夷在文献中，即有苏我丰浦毛人的异名。据说虾夷族人全都"椎结文身"——头发高高扎起，皮肤上刺有花纹——跟中国古书上记载的邪马台女王国民非常相似，应该是日本列岛的原住民。

虾夷族最早分布于本州岛东部，大和王朝建立以后逐步东征，把他们赶出了关东地区。奈良朝以后，大和军更是不断地向东北方向挺进，于光仁、桓武天皇统治时期达到高锋。

宝龟十一年（公元780年），爆发了"伊治呰麻吕之乱"。伊治呰麻吕本为"夷俘"，也即归化的虾夷人，出仕出羽国府为官，于此年间突然在上治郡（伊治郡）的伊治城掀起反旗。大和朝廷先后任命中纳言藤原继绳和参议藤原小黑麻吕为征东大使，调兵讨伐，就此掀起了新一轮的东征狂潮。

但是伊治呰麻吕的身影就此在史料中消失无踪了，是战死，是被俘，还是逃去无踪，没有人说得清楚。官军所要面对的虾夷族军事首领，很快换成了一个名叫阿弖流为的人，称号为"大墓公"。

这是继藤原小黑麻吕担任征东大使，并于不久后升任征东将军的纪古佐美在奏书中所提到的，他说胆泽地方为"贼帅夷阿弖流为居"。延历八年（公元789年），纪古佐美在桓武天皇的一再催促下，率领四千兵马，向东渡过北上川，朝虾夷族的腹地挺进。很快，他们就遭遇了阿弖流为率领的虾夷兵三百人，以众凌寡，胜利是毫无悬念的——虾夷兵向西败退，官军从后猛追，当追到巢伏村（今天的奥州市水泽区）的时候，形势突然扭转。原来这是一条诱敌深入之计，阿弖流为在巢伏村与本队合流，兵数膨胀到八百，同时还另遣四百人去抄了官军的后路。纪古佐美遭到前后夹击，官军全面崩溃，据说战死者二十五人，逃到河里被淹死的倒有一千多人。

这就是日本历史上著名的"巢伏之战"。败报传入京中，桓武天皇大怒，下令将纪古佐美逮捕法办，而以大伴弟麻吕出任征东大使（后升征夷大将军）。不过，这位大伴弟麻吕可能只是个样子货，实际指挥权掌握在其副将坂上田村麻吕手中。

坂上田村麻吕，据说此人的祖先乃是汉灵帝的子孙，称为阿知使主，因为曹魏篡汉而率七姓十七县人口经朝鲜半岛流亡到了日本（天晓得真假！）。阿知使主的后人曾被赐姓"东汉直"，分为坂上、路、桧前等许多支派，坂上田村麻吕即坂上分家之主坂上苅田麻吕的次男（一说三男）。

延历十六年（公元797年），坂上田村麻吕正式接任征夷大将军。加上担任副将的时候，他前后花了整整十年的时间，才终于击败了阿弖流为，随即在北上川中游修建胆泽城、志波城，设镇守府以统治之。此后坂上田村麻吕的子孙大多出任东北地区的军政长官，家族显赫一时。

根据《日本纪略》所载，延历二十一年（公元802年）四月，大墓公阿弖流为和盘具公母礼率五百余虾夷兵向坂上田村麻吕投降，七月即随之来到平安京。坂上田村麻吕启奏桓武天皇，希望能够释放二酋，以拉拢虾夷的人心，然而公卿贵族们却认为他们"野性兽心，反复不定"，坚决主张将之处决。最终，桓武天皇下令，将阿弖流为和母礼押赴河内国，斩首示众。

杀降斩俘，失去了信义的大和朝廷，从此将在与虾夷的征战中越陷越深……

降籍和赐姓

继桓武天皇后登上宝座的安殿亲王，史称平城天皇。平城天皇是个非常荒淫的家伙，据说他还在当太子的时候，就爱上了藤原种继的女儿药子，以及药子的女儿，把母女两个一齐接入东宫。本来以日本古代的婚姻制度来看，这并不算什么大事，倒霉的是药子的丈夫此时还并没有死，因此桓武天皇勃然大怒，下令把药子驱逐出宫去。

等到老爹去世，自己登上天皇宝座，平城天皇立刻就把药子接了回来，任命她做"尚侍"，又称"勾当内侍"，也就是宫中女官的总管。因为这层关系，药子的哥哥、藤原种继的长子藤原仲成就此平步青云，进入了权力中心。

大概因为生活糜烂而导致身体日虚，无力也无心再管理朝政吧——反正日本也有这种传统，十个天皇里有八个都是退位而非死后传位的——于是宝座才坐了四年，平城天皇就让位给弟弟贺美能亲王，自己跑回平城宫隐居去了。

贺美能亲王就是嵯峨天皇，此君颇有雄心壮志，想要好好干一番事业。可惜平城上皇虽然退位，却不肯真的退出政治舞台，他在奈良发号施令，处处跟兄弟对着干。嵯峨天皇想要跟上皇较量，首先要蔽其耳目，于是就把药子赶出宫去，自己设置"藏人所"来掌管和辅助处理机密文件。药子跑到奈良向上皇哭诉，平城上皇大怒，遂于大同五年（810年）九月宣布把都城从平安京迁回自己所在的平城京。

接到这种荒诞的命令，嵯峨天皇未免哭笑不得，可是上皇退位仅仅一年，余威尚在，他也不好直接跟上皇顶着干，于是就想出了一条缓兵之计——他先任命自己信任的坂上田村麻吕、藤原冬嗣、纪田上三人为"造宫使"，先发平城京，意思是：迁都不是说迁就能迁的，咱先把平城的旧宫修好再说。

消息传播出去，舆论大哗，朝臣们纷纷上书劝谏，反对迁都。嵯峨天皇一瞧，人心在我这边儿嘛，腰杆儿立刻就硬了，当即下诏，逮捕上皇的亲信藤原仲成，同时召回三名造宫使，加官晋爵，委以重任。平城上皇一瞧天皇要来硬的，赶紧带着药子离开平城京，打算前往东方去召集兵马，与官军开战，可惜才刚跑出去没多远，就被坂上田村麻吕给堵回来了。最终藤原仲成被处死，药子自杀，平城上皇也只得剃发出家，表示彻底放弃权力。

——史称"药子之乱"。

药子之乱以后，嵯峨天皇改元"弘仁"，意思是明确地诏告天下：改朝换代了啊，现在的天皇是我，不再是我老哥平城啦。他随即废掉了东宫——平城上皇的儿子高岳皇子，改立异母弟大伴皇子为新东宫，彻底掌握了朝政。

然而嵯峨天皇是位文人气息很重的君主，主张无为而治。朝政拿回来以后，他转手就委任给臣下了，自己则寄情笔墨和山水之间，创作了很多著名的诗歌。其书法修为与空海、橘逸势齐名，并称为"天下三笔"。此公还极度崇敬佛教，崇拜唐风，留唐的名僧最澄和空海受到他的大力栽培，最终创立起日本天台和真言两个宗门来。

然而，嵯峨天皇并非真正清心寡欲之人，他和老爹桓武天皇一样，娶了一大群老婆，养了一大堆儿子（据说他有嫔妃二十八人，子女数超过五十）。皇子太多，竟然导致国库入不敷出，弘仁五年（公元814年）五月，天皇只好把母亲身份较低的三十二名皇子降格为臣下，赐予"朝臣"姓和"源"氏——这些人及其子孙，就被称为"嵯峨源氏"。

先帝这样办了，后世天皇也就群起仿效。天长二年（公元825年），淳和天皇又降格了高栋王（桓武天皇的孙子），赐以"平"氏，是谓"桓武平氏"。再往后，又有清和天皇后裔的"清和源氏"、宇多天皇后裔的"宇多源氏"、村上天皇后裔的"村上源氏"等类似的情况纷纷出现。

其实降籍赐姓这种事儿，古已有之，比方说咱们前面提到过的橘诸兄。再比方说延历元年（公元782年），也就是桓武天皇继位的第二年，有位名叫冰上川继的朝臣密谋反叛，事泄后被流放到伊豆国——这位冰上川继，本是天武大王的曾孙，父亲曾被封为盐烧王，后来降为臣籍，赐姓真人，赐氏为"冰上"，改名冰上盐烧。但是名气最大的，后裔数量也最庞大的，则是上述各类源氏和平氏。

拉回来说嵯峨天皇，他在位十四年后，让位给大伴亲王，是为淳和天皇。淳和天皇在位十年，让位给嵯峨上皇之子正良亲王，是为仁明天皇。

这期间嵯峨上皇一直躲在幕后操控着朝政，弟弟和儿子都只不过是他的傀儡而已，直到仁明天皇承和九年（公元842年）七月他去世为止。

在这一段时期里，班田制在持续崩溃，原本的律令制也逐渐跟不上历史发展的脚步了，被迫要从多方面加以修正。嵯峨天皇就新设了藏人和检非违使这两种职衔，称"令外官"，前者为天皇的秘书机构，后者负责京都的军事、警察和审判诸事。此外，他还发布《弘仁格式》以修正律令——"格"指经过修改的律文，"式"是为律文的应用所撰写的各种细目规定。格式这种补丁，后来大和朝廷还陆续颁发过好多回。

嵯峨天皇追求优雅的生活，说不上腐朽，却着实浮糜，他的生活作风带动了整整一个时代，使平安时代早期达到了辉煌的顶峰。不过老家伙终有亡故的一日，他的权威一旦丧失，原本被此权威压制住的种种朝廷矛盾立刻沉渣泛起。于是，他死后没两天，"承和之变"就爆发了。

承和之变

君主为了加强集权，抑制朝官的权力，经常会在现有官僚体制之外，设置全新的秘书机构。这些新秘书品级并不一定高，资格并不一定老，然而因为接近权力中心而必然逐渐坐大，甚至取代旧有朝官的位置。我国汉代始设尚书台，其后身尚书省在隋唐以后成为朝廷正式行政机构；明初始设大学士，到了明朝中叶，大学士变成了虽无其名却有其实的宰相。

日本也有类似的情况发生，虽然结果并没有如此明显。嵯峨天皇设置《养老令》外机构藏人所，以掌管和辅助处理机密文件，藏人所的长官为藏人头，天皇任命宠臣藤原冬嗣担任此职，冬嗣因此飞黄腾达，最终做到左大臣的高官，可谓人臣之极。可以说，藏人所虽然没有演变成新的行政机构，藏人头也没有演变成真正意义上的宰相，但藤原家族却因藏人所的设置而再度膨胀起来。

藤原冬嗣出自北家，是藤原房前的曾孙。他在就任高官以后，为了加强与皇室的联系，就把女儿顺子嫁给嵯峨天皇之子正良亲王，并且迎娶女婿的姐妹洁姬为次子藤原良房之妻。这位藤原良房也是从藏人做起，一步一步爬上中纳言高位的。

正良亲王后来登基成为仁明天皇，年号承和。仁明天皇本是彻底的傀儡，其父嵯峨上皇和叔父淳和上皇都还没有死，躲在背后指手画脚，这使藤原良房非常不满。因为良房想让妹妹顺子所生的道康亲王正位东宫，可惜两位上皇偏偏吩咐让淳和上皇之子恒贞亲王承嗣大统。藤原良房就任中纳言的那一年，正是承和八年（公元841年），恒贞亲王的两个靠山，淳和上皇已于去年五月间过世，而嵯峨上皇也缠绵病榻，眼看着即将咽气，良房觉得时机成熟了，该准备动手废立东宫了。次年七月，嵯峨上皇去世，同月就爆发了"承和之变"。

"承和之变"的过程是这样的：据说七月十日，恒贞亲王的亲信春宫坊带刀舍人伴健岑秘密走访了阿保亲王，请求共同奉东宫远走东国，以应对即将到来的乱局。阿保亲王乃是平城天皇之子，当年平城、嵯峨两位天皇对立，平城天皇在藤原仲成和药子的煽动下，也曾想前往东国号召兵马，以击败反对势力，阿保亲王很可能也参与了谋划。三十二年一晃眼就过去了，年已五旬的阿保亲王早就没了当年的雄心壮志，于是把伴健岑的阴谋密奏给嵯峨上皇的皇后橘嘉智子，嘉智子皇后随即通知了仁明天皇和藤原良房。

七月十五日，嵯峨上皇驾崩。两天后，伴健岑与东宫的另一名亲信但马权守（"权"为额外派员之意）橘逸势同时因谋反罪而遭到近卫府的逮捕，经过审判后，分别被流放到隐岐和伊豆去了。亲信被捕，主公不能说毫不知情，恒贞亲王匆忙上书请罪，并请求辞去东宫之位。仁明天皇好言安抚，说这事儿跟你没关系啦，不必担惊害怕。

两位上皇既然先后去世，仁明天皇感觉压在肩膀上的大山已经倾垮了，他也一心想立自己的儿子为皇嗣，岂有爱于恒贞亲王？只是好不容易碰上或者说设计了这一谋逆案件，东宫辞位则案件必然终止，若不好好深入挖掘一番，岂不是很可惜吗？

到了二十三日，仁明天皇和藤原良房的挖掘工作终于完成了，于是废黜恒贞亲王的东宫之位，同时将东宫妃的父亲大纳言藤原爱发、中纳言藤原吉野、东宫大夫文室秋津等六十余人全数贬职或流放。藤原爱发是良房的叔父，藤原吉野出自式家，他们都是恒贞亲王派的实力人物，经过此次事件，全被良房一举铲除了。

其实关于伴健岑等人的密谋，除了大保亲王的告密外，并没有足够确实的证据。退一步说，就算证据确凿，那也未必真与恒贞亲王有所牵连。

再退一步说，就算这一切全都经过恒贞亲王首肯，前往东国也似是避祸，而非谋反。但这一切都已经不重要了，重要的是藤原良房利用这个机会，顺利地踢开了重重绊脚石，把自己亲外甥道康亲王扶进了东宫，更给自己铺平了迈向权力中心的道路。当年八月，他因功晋升为正三位大纳言，嘉祥元年（公元848年）又升任右大臣。

嘉祥三年（850年）三月，仁明天皇去世，道康亲王继位，是为文德天皇，立惟仁亲王为东宫。这位惟仁亲王，其实体内有四分之三的藤原氏血统，他的母亲明子就是藤原良房之女。与皇室的亲上加亲，使得良房于天安元年（公元857年）被任命为从一位太政大臣，总揽朝纲。

《养老令》中对于太政大臣这一职位的解释是"师范一人，仪形四海，经邦论道，燮理阴阳，无其人则阙"，也就是说，担任此职之人则如同天皇之师（太师），辅佐天皇统领百官、治理国家，其权力可与东宫相拮抗，故此若无合适之人，宁可空置其位。太政大臣就理论上而言，为太政官也即国家政务官的首脑，故而一旦空置，则往往另设"知太政官事"来代理其职——就好比唐代政府最高首脑为尚书令，也往往空置，实际管事儿的是副官尚书仆射。

所以在《养老令》颁布之前，只有大友王子和高市王子两位东宫担任过太政大臣，《养老令》颁布以后，藤原良房才是第三位——第一位是惠美押胜，第二位是法王道镜。不过前代那两位"先贤"的权势并不稳固，最终不是被杀就是被流放，藤原良房想要将荣华富贵代代相传下去，还有很长的道路要走呐……

诸事皆先关白

文德天皇在位八年，猝然辞世，东宫也就是藤原良房的外孙惟仁亲王继位，是为清和天皇。这位清和天皇被立为东宫的时候才九个月大，登基时也年仅九岁，什么都还不懂呢，朝政完全由外祖父良房说了算。

天皇虽然还小，藤原良房已经在为他物色妻妾了，人选当然都来自于藤原北家。首先，他把弟弟藤原良相之女多美子送入宫中，然后又瞄上了长兄藤原长良的女儿高子。不过这位高子据说已经有了情人，坚持不肯进宫。

高子的情人，乃是号称当时第一风流美男子的在原业平。在原业平是平城天皇之孙，被赐"在原"氏而降为臣格。他擅长做诗，格调高雅，广受平安京内贵族女性的仰慕。据说在原业平曾经带着藤原高子私奔，可是没能跑得了，最终还是被堵了回来。高子随即被送入宫中，在原业平则被远远地流放到东国去了。然而这未必是个哀婉而动人的爱情故事，因为传说在原业平一生中先后与三千三百三十三位女性缔结情缘，是个彻头彻尾的花花公子。

拉回来再说清和天皇，他的年号是贞观，和我国唐太宗的年号相同。贞观八年（公元866年）闰三月十日夜间，太极殿前的应天门突然起火，连两侧的栖凤楼和翔鸾楼也一并被火海吞没。这或许只是一场天火，并没有人为因素存在，不过朝中各派却借着这个因头开始互相攻讦，最终导致了一场大清洗。

当时朝中重臣除藤原良房外，还有其弟右大臣藤原良相，除了藤原北家，还有世代豪门伴氏（弘仁十四年以后，大伴氏避大伴皇子之讳而改称伴氏）、纪氏，以及从皇子降为臣格的源氏兄弟。首先，大纳言伴善男告发纵火犯乃是左大臣源信和中纳言源融，并且与藤原良相商议，调左中将藤原基经前往逮捕源信。

藤原基经本是藤原长良之子，过继给藤原良房做养子，他当然要把此事向良房汇报，听取太政大臣兼老爹的指示。藤原良房偏袒源氏，上奏清和天皇，请他先派干员前往责问源信，源信当然矢口否认，于是这件事就此搁置下来。

然而事情并没有就此结束，到了当年八月三日，备中权史生大宅鹰取突然向朝廷告发，说伴善男、伴中庸父子才是真正的纵火犯。朝中因此攻讦又起，人人自危，清和天皇就于十九日正式任命藤原良房为摄政，命其彻查此事。

藤原良房通过拷问伴善男的家臣生江恒山、伴清绳，而号称掌握了确凿的证据，借此开始大肆排除异己。九月二十二日，判决大纳言伴善男、右卫门佐伴中庸，以及伴善男的家臣纪丰城、伴清绳、伴秋实共五人为纵火主犯，应处斩刑，减罪一等，没收财产后流放到边远地区去，另有十名从犯也陆续被处以流放之刑。

经此事件，累世名门的大伴氏和纪氏都被从朝廷中彻底驱逐出去了，而藤原良相、源氏兄弟的势力也受到了重大打击，藤原良房、基经父子的权势更为稳固。但更重要的是，前此摄政之位只授予皇后或东宫，从此落到了人臣手里。摄政就是"总摄庶政"之意，此后藤原氏的家长在天皇幼年时出任摄政,天皇成年后称为关白(语出《汉书·霍光金日磾传》:"诸事皆先关白光,然后奏御天子。"),逐渐成为不成文的传统。

藤原良房死于贞观十四年(872年)九月,被谥为"忠仁",他的权力由其养子藤原基经继承下来。藤原基经也不是一个善茬儿。贞观十八年(公元876年),清和天皇退位,传位给年仅九岁的东宫贞明亲王,是为阳成天皇。阳成天皇乃是藤原高子所生,基经作为天皇的舅舅,更加权倾朝野。

元庆六年(公元882年),阳成天皇十五岁,举行了元服礼(成人礼)。然而据说这个孩子很不成器,成天飞鹰走马,耽于玩乐,甚至打开装神器的箱子,抽出草薙剑来舞弄。藤原基经屡次劝说,这个外甥就是不肯稍微像点人样儿,于是基经灰心丧气,逼迫天皇写下"朕近身发数病,动多疲顿,社稷事重,神器叵守,所愿速逊此位"的话,于元庆八年(公元884年)二月宣布退位。

藤原基经的这种行为,也颇类似于我国西汉的权臣霍光废黜昌邑王刘贺,可见其权势就算比不上霍光,也相距不远了。至于中国的昌邑王和日本的阳成天皇,所作所为是否真如史料记载的那么不堪,可就完全无从考证了。

此后,藤原基经力排众议,拥立"容止闲雅、谦恭和润"同时也财政状况拮据、到处举债的时康亲王继位。时康亲王是仁明天皇的儿子,史称光孝天皇。光孝天皇在位仅四年就病死了,他没立东宫,还把二十九名子女全部降格,下赐源氏。最终也是在藤原基经的策划下,其第七子源定省立为东宫，基经随即将其扶上天皇宝座，是为宇多天皇。

哀怨的学问之神

宇多天皇一度被降格为臣籍，内心无疑是存在着一定的自卑感的。继位后他曾路过阳成院，被迫退位的阳成上皇竟然羞辱他说："当今圣上，原来曾是我的家奴呀。"在这种心态影响下，宇多天皇当然不敢对扶他上台的藤原基经说半个不字，虽然登基时已经成年，他依旧把政务全部委托给基经，说"万事巨细，百官已总，均关白太政大臣（藤原基经），然后奏上"——这就是关白称号的由来。

然而，如果我们换个角度来观察，宇多天皇此举未必出于完全的心甘情愿。他在继位第二年——仁和四年（公元888年）的六月，下诏请藤原基经"以阿衡之任为卿之任"，把他比作中国古代的贤相伊尹（传说伊尹曾被尊为"阿衡"）。然而藤原基经见了此诏却大为光火，他认为"阿衡"只是一个尊号而已，并无实权，表示说既然天皇心有此意，那我就干脆辞职，什么也不管好了。他这一撂挑子，宇多天皇可吓坏了，赶紧忏悔和解释，但是基经不依不饶，坚持要天皇罢免起草诏书的亲信橘广相。关于"阿衡"是否有权的争论持续了整整半年，藤原基经也就罢工了整整半年。

宽平三年（公元891年），藤原基经去世。宇多天皇立刻重用橘广相，以及当年敢为橘广相辩护的菅原道真，任道真为藏人头，以与藤原基经之子藤原时平分庭抗礼。六年后，宇多天皇让位给年仅十三岁的敦仁亲王，自己出家仁和寺，潜心撰写回忆录《宽平遗诫》——自此以后，天皇退位后出家，就被尊称为"法皇"，宇多法皇是日本历史上第一位法皇。

敦仁亲王登基后，史称醍醐天皇。他年岁还小，难免会受权臣的拨弄，已经升任右大臣的菅原道真就因此遭到藤原时平的诬陷，说道真打算拥立自己的女婿、宇多法皇的第三子齐世皇子为天皇，醍醐天皇于是右迁菅原道真为太宰权帅。作为太宰府的名额外主官，其实这个职位也不算小了，但终究远离京都，远离统治中心，这使得满腔抱负想要做一番轰轰烈烈大事业的菅原道真大为忧愤，遂于两年后（延喜三年，公元903年）客死在九州。

据说宇多法皇在听闻菅原道真被贬之事后，匆忙驱车前往内里，想要劝说醍醐天皇收回成命，然而内里各门都已被藤原时平的亲信守把住了，不放法皇进宫。宇多法皇怅然离去，从此专心研究佛学，再不管尘世之事——藤原氏权势之盛，也由此可见一斑。

菅原道真是日本古代著名的书法家、诗人和学者，他曾跟随遣唐使团西渡，具有相当高的汉学修养。仁和二年（公元886年），他被任命为赞岐守，在偏远的南海道目睹了贫穷百姓的艰难生活，写下很多传诵后世的诗篇。也是在赞岐守任上，他写了《奉昭宣公书》，劝说藤原基经放下执念和恩怨，专心国事。据说藤原基经看了此文后有所悔悟，停止罢工，也不再坚持要宇多天皇严惩橘广相了，延续整整半年的朝廷风波暂时得以平息。

宽平二年（公元890年），菅原道真太守任满，回归都城，从此受到宇多天皇的重用。宽平六年（公元894年），朝议派发新的一轮遣唐使团，以菅原道真为大使——这很可能是政敌想借此机会把他排挤出权力中心——于是道真写下《请令诸公卿议定遣唐使进止状》一文，明确指出唐朝正在发生内乱（指黄巢起义），形势复杂，路途危险，请求暂时停止派发遣唐使团。宇多天皇采纳了他的建议。

应该说从此以后，中日两国间的文化交流虽然并未停顿，但日本人已经不再像奈良时代那样完全彻底地甘当小学生，处处以中国为师了，独具特色的日本本土文化重新抬头，混合和风和唐风的新的文化逐渐成形——这也就是平安时代的日本贵族服饰虽有唐人之形，却兼本土之魂，非如奈良时代那样浑然唐装的重要原因。

菅原道真的权势逐渐扩大，醍醐天皇登基后，他被任命为右大臣，与左大臣藤原时平共执朝纲，这当然会引起藤原家族的警惕和不满。于是藤原时平就造谣进谗，终于迫使菅原道真被赶去九州做太宰权帅。

菅原道真满腔忧愤，两年后（延喜三年，公元903年）就客死在九州。人民一方面怀念他的刚直不阿，另方面反感藤原氏专权，就传说菅原道真化为怨魂，降下种种灾异来惩罚政敌。说也奇怪，此后的几十年间还真是灾祸不断：延喜九年（公元909年），正当壮年的藤原时平病死；延长元年（公元923年），时平的妹妹稳子所生的东宫保明亲王也夭折了；延长三年（公元925年），时平的外孙庆赖王刚被立为东宫就猝然辞世，年仅五岁。此外还有公卿（尤其是藤原家族及其党羽）去世，时疫流行，种种不祥无可胜数……

最可怕的是延长八年（公元930年）六月二十六日，正逢干旱，群臣聚集在清凉殿上商议祈雨的事情，突然从西方爱宕山上飘来一片黑云，笼罩住平安京的上空，随即雷声大作，一道惊雷正巧劈中了殿柱，大纳言、民部卿藤原清贯（南家）当场被雷打死，另有数人重伤。醍醐天皇受此惊吓，一病不起，于九月份匆忙传位给东宫宽明亲王，自己迁出皇宫，然而即便这样做也终究无法挽救性命，没多久他就咽了气，享年仅仅四十六岁。

因为此事，菅原道真在民间传说中又从怨魂升格成了雷神。到了公元11、12世纪前后，他的形象再次转变，从怒目金刚般的雷神变成了慈眉善目的学问之神，也是各届考生的庇护神。他被供奉在北野天满宫中，称为"天满大自在天神"。

武士和武士团

就算菅原道真确实化身为怨魂，索了藤原时平的命去，他也终究无力彻底扳倒整个藤原北家。延长八年（公元930年）九月，年仅八岁的宽明亲王继位，是为朱雀天皇，朝政都把持在他的舅舅、太政大臣藤原忠平和右大臣藤原仲平手中。朱雀天皇在位的时候，各地盗贼纷起，并且爆发了著名的"平将门之乱"和"藤原纯友之乱"。

平将门和藤原纯友，可谓是新崛起的武士势力的代表，说到他们，就不得不先说说什么是武士，什么是武士团。武士乃是班田制崩溃、庄园制成形后的产物——因为各地大大小小庄园的形成，朝廷强要继续实行班田收授也不可得了，天长五年（公元828年）到元庆五年（公元881年）间，有整整五十一年都未曾班过田。

朝廷为了保证国家税收，被迫修改班田制，实行"田堵制"（负名制）。这种制度就是不把国有土地班给适龄公民，而是承包给家底比较殷实的农民，税收等同于租金。租约一年一订，租田者在有实力年年续约的情况下，往往建筑围墙（堵）以保护耕地，故而这种田地称为"田堵"，也称"负名"。这一制度的确立，使得富者益富，贫者更贫，大量无地农民被迫进入田堵和庄园成为农奴。

公元9世纪以后，田堵持有者们经过不懈的斗争，使得对耕地的占有权逐渐稳定下来，他们得以在租约上写上自己的名字，于是产生了"名田"，名田所有者称为"名主"。名田是可以继承和转让的，还能再转租给贫困农民耕种。于是，拥有大量名田者就被称为"大名主"，简称大名，拥有少量名田者被称为"小名主"，简称小名，租种民田的贫困农民则被称为"小百姓"、"作人"、"名子"。

回过头来再说庄园。早期庄园也必须课税，但这些庄园都掌握在大寺社和大贵族手中，他们利用种种借口请得"太政官符"或"民部省符"，得到不纳税的资格，称为"不输"，进而更利用种种借口使得国家官吏不得进入，庄园内部的司法权和警察权都由庄园主把持，称为"不入"。"不输不入"就使得庄园主们变成了真正意义上的封建领主，庄园变成他们的封建领地。

公元10世纪以后，名田和庄园逐渐结合起来，因为很多名主都把自己的土地寄进给庄园，以使庄园的不输不入涵盖面更为广泛。所谓"寄进"，就是指进献，把名田名义上的所有人写成拥有权势的庄园主，每年向庄园主缴纳年贡——这种年贡未必比国家赋税来得轻松，但从此名田也具备了"不入"的权力，逐渐转化为庄园或大庄园的一部分。

中国古代也产生过类似现象，比方说明朝有功名者是可以免税、免役的，于是谁家小子一考中了秀才，附近的小田主就会立刻纷纷把产业投献给他，以求豁免皇粮国税，从而使得朝廷的财政收入每况愈下。

拉回来说，日本就此形成了层级化的庄园机构，最高庄园主称为"本家"，其下为"领家"，再下为"下司职"或"预所职"——到了公元12世纪，封建庄园已占全国土地的半数以上，庄园经济逐渐成为日本社会经济的主体，甚至残存的国有土地也可以视作以朝廷为本家，以国司为领家，由实际拥有土地的名主为庄官的大大小小的庄园。

庄园的实际管理者也即庄官，为了保护庄园，同时行使庄园内的司法权和警察权，必须拥有独立的武装力量。就这样，公元9世纪中期以后，武士这一阶层就逐渐成形了。一般情况下，武士结合成以庄官本族为核心的团体，就是武士团。

前面说过，日本传统的"家"并非真正意义上的家庭，它以血亲为核心，同时也包容了很多非血缘者存在。武士团为了加强凝聚力，也逐渐变成了这种意义上的家和家的联合体，武士团首领同时也是大家长，其本族部下称为"一族"、"家子",非亲属部下称为"郎党"或"郎从"。提到武士团的时候,往往会说某某率其"一族郎党",就是指有血缘或没有血缘的部下们。

小武士团往往按照家的结构结合成为大武士团,那么大武士团就称为"本家",大家长称为"总领",内含的小武士团称为"分家",家长往往称为"庶子"。从这个"庶子"(在日本指嫡长子外的所有儿子)之名就可看出,日本武士和西欧骑士不同——骑士是因契约而效忠于某一领主,相互间的关系比较生疏,联系较为松散,并且"我的附庸的附庸不是我的附庸";而日本武士则按照传统的家的结构来建设武士团,加上日本传统并不很重视血缘关系,无血缘的主从之间大多结成姻亲、干亲或者养亲关系,约为父子,联系相当紧密,战斗力也因此而加强。

平安时代,日本朝廷的军备逐渐废弛,被迫承认武士团的正当性,甚至动用他们行使国家的军事、司法和警察权,各地国司就经常任命武士团首领为"押领使"或"追讨使"。后来甚至连皇宫也由武士团来警卫。

当然,不是随便什么武士团都有资格警卫皇宫,这些武士团的首领往往既是以朝廷为本家的国有土地的庄官,也是拥有正式官位的朝廷新贵。这些新贵中势力最为庞大的,就是拥有天皇血统,被降为臣籍赐以"源"、"平"等氏的家族——执其牛耳者为桓武平氏,根据地在关东地区,以及清和源氏,根据地在畿内的摄津、河内等国。

而前面提过那位跳出来作乱的平将门,正是桓武平氏高望流的始祖高望王的孙子。

番外篇

古代日本人的名号

中国古代士人皆有名有字，日常交往中，为示尊敬，多不称呼对方之名，而要呼之以字。比方说，当面称呼"曹操"、"操"非常无礼，而必须称之为"曹孟德"、"孟德"。日本古代亦有类似的风俗，讳言人名（实名），而习惯上使用"通称"，也即不那么正式的俗名。

通称的来源很多，最早是贵族之间以官名相称，则官名即其通称；后来武士家族以排行作为通称，比方说太郎、次郎、三郎等等。进入镰仓时代以后，武士也往往模拟官名作为通称，如某某卫门、某某兵卫、某某之介；而原本的排行，也逐渐成为名实并不相符的幼名，进而成为通称，比如织田信长通称（幼名）三郎，其实他是次男，远山景元通称（幼名）金四郎，其实他是长男。

通称因地位、情势而经常更换，比如织田信长最早的通称为织田三郎，后其父信秀为他向朝廷进贡，求得了上总介的官职，即称织田上总介，就任右大臣后，又称织田右府。此外，部分人出家而有法名、院号，部分人仰慕汉学而有表字，这些东西也往往成为通称，或者为示尊敬而随着苗字、通称、实名一起带出来，形成长长的一串儿。再加上改名、"一字拜领"等各种变化，很容易把读者搞得一头雾水。

比如武田信玄，幼名太郎，实名晴信，官至大膳大夫，后来剃发入道（在家修行），法号为德荣轩信玄。故此他的通称即为太郎、大膳大夫、德荣轩、信玄等，要是跟苗字和实名都一起摆出来，则习惯称为"武田大膳大夫晴信入道信玄"。他去世以后，人们习惯以戒名相称，为"法性院机山信玄"。

再如上杉谦信，本名长尾平三（幼名、通称）景虎（实名），后受赐上杉苗字，以及"政"、"辉"等偏讳，最终的名号可以全称为"上杉近卫少将（官名、通称）辉虎（实名）入道谦信（法号为不识庵谦信）"，去世后戒名则为"不识院真光谦信"。

在辨识古代日本人姓名的时候，还有两点需要注意。一是很多称呼往往简省成两个字，如前田又左（又左卫门）、武田典厩（左马助这一官位的相对应唐朝官称）、马场美浓（美浓守）、织田上总（上总介）、高阪弹正（弹正忠）等等。这最后两个，省略一字就正副不分，好比现在咱们见了不是正职的领导，也最好把"副"字省了，肯定皆大欢喜。再比如，丰臣秀吉曾名羽柴筑前守（官名、通称）秀吉（实名），他在签名的时候就往往写作"羽筑"或"羽筑秀吉"。

第二点要注意的，是日本人对汉字不像咱们用得这么严谨，许多意思和发音，从中国找了两个甚至更多的字去对应。因此很多人名发音相同，却往往有数种写法——千万别以为那是不同的两个人。比如山本勘介（或写作勘助）、本多（或写作本田）忠胜、森兰丸（或写作乱丸）等等。倒霉的是，还要和被赐以苗字或者因为各种理由改名的家伙区分开来，实在是累死人了……

年表：

时代及年份	年号	具体年份	事件
奈良（平城）时代（710年至794年）	延历	784年	开始营造长冈京；迁都长冈京
		785年	藤原种继遭到暗杀；废黜东宫早良亲王，改立安殿亲王为东宫
		789年	巢伏之战，官军为阿弖流为所破

续表

时代及年份	年号	具体年份	事件
平安时代初期（9世纪）	延历	794年	坂上田村麻吕开始参与征讨虾夷；迁都平安京
		797年	菅野真道完成《续日本纪》
		802年	坂上田村麻吕修筑胆泽城（翌年筑志波城）；阿弖流为降伏，旋被斩首
		804年	最澄、空海等随遣唐使航来中国
		805年	藤原绪嗣、菅野真道提议德政，乃罢造宫和征夷
	大同	806年	桓武天皇殁，安殿亲王继位，是为平城天皇
		809年	平城天皇让位贺美能亲王，即嵯峨天皇
	弘仁	810年	药子之变
		814年	赐姓源氏（嵯峨源氏）
		816年	初设检非违使；空海在高野山建立道场，获批准
		819年	最澄申请在比睿山设立戒坛
		822年	最澄申请戒坛获批准，旋殁
		823年	初设加贺国；嵯峨天皇让位大伴亲王，即淳和天皇
	天长	825年	赐姓平氏（桓武平氏）
		830年	完成《弘仁格式》
		833年	完成《令义解》；淳和天皇让位正良亲王，即仁明天皇
	承和	834年	施行《令义解》
		835年	空海殁
		840年	平安京内盗贼横行；淳和上皇殁
		841年	藤原绪嗣完成《日本后纪》
		842年	嵯峨上皇殁；承和之变；废太子恒贞亲王
		848年	上总国俘囚叛乱
	嘉祥	850年	仁明天皇殁，道康亲王继位，即文德天皇
		853年	天花大流行
	仁寿	854年	陆奥百姓困穷，动乱征兆频发，乃出兵镇压

续表

时代及年份	年号	具体年份	事件
平安时代初期（9世纪）	齐衡	857年	废止大衍历，采用五纪历；藤原良房就任太政大臣
	天安	858年	文德天皇殁，惟仁亲王继位，即清和天皇
		866年	藤原良房就任摄政；应天门之变
	贞观	868年	施行《贞观交替式》
		869年	完成并施行《贞观格》；完成《续日本后纪》
		871年	完成并施行《贞观式》
		872年	藤原良房殁
		876年	清和天皇让位于贞明亲王，即阳成天皇
		878年	出羽国俘囚叛乱，乃向出羽国增派援军
	元庆	883年	上总国俘囚叛乱；备前国盗贼蜂起
		884年	阳成天皇让位于时康亲王，即光孝天皇
		887年	光孝天皇殁，源定省继位，即宇多天皇；藤原经基出任关白
	仁和	888年	阿衡事件
		892年	菅原道真完成《类聚国史》
	宽平	898年	宇多天皇让位于敦仁亲王，即醍醐天皇
	昌泰	901年	菅原道真被贬为太宰权帅
平安时代中期（10世纪）	延喜	903年	菅原道真殁
		905年	纪贯之完成《古今和歌集》
		908年	颁布《延喜格》
		912年	藤原忠平催促完成《延喜式》
		921年	完成《内外官交替式》（延喜交替式）
		923年	恢复菅原道真右大臣之职，并追赠正二位
	延长	930年	醍醐天皇让位宽明亲王，即朱雀天皇；藤原忠平担任摄政

五章　摄关政治和院政

随着庄园制的产生，武士阶层逐渐迈上历史舞台，藤原氏的摄关政治和退位天皇的院政，不过是朝廷权柄的回光返照而已。

关东的新皇

天长二年（公元825年），桓武天皇的孙子高栋王被降籍为臣，赐以平氏，是为平高栋，开创桓武平氏高栋流。到了宽平元年（公元889年），高栋王的侄子高望王（高见王之子）也被降籍赐氏，是为平高望，开创桓武平氏高望流。当时平高望被任命为从五位下上总介，离开繁华的京都，来到广袤的关东平原就职。

日本古代的行政区划"国"，又称为"州"，共分四个等级，即大国、上国、中国和下国。大国的太守按规定要由亲王兼领，所以并不常设，太守的佐官"介"才是真正意义上的地方长官——上总国正是如此。故而平高望既已降为臣籍，只能担任上总介，而不能就任上总守，但却是上总国内实际上的最高军政长官。

桓武平氏就此在关东诸国开枝散叶，组建和兼并各地武士团，逐渐膨胀起来。平高望的长子平国香出任常陆大掾，主要势力在常陆国内；次子平良兼继承了上总介之职，主要势力在上总国内；三子平良将则控制了下总国丰田、猿岛二郡，而他的儿子，就是后来鼎鼎大名的"叛贼"平将门。

平将门的母亲，传说名为县犬养春枝女，家族控制上总国相马郡，按照古老的访妻婚传统，将门是在母亲的抚育下成长起来的，故而也指地自称，为"相马小二郎"。相马郡内适合放牧，当地武士从很早以前就开始捕捉野马、改良配种，后来此处更是直接成为朝廷的养马地，因而平将门自小就弓马娴熟，并且逐渐训练出一支战斗力相当顽强的骑马武士军团来。

日本古代，战马缺乏，马种低劣，很难说曾经有过真正意义上的骑兵军团，一般情况下都是由核心的骑马武士加上步行跟随的郎党组建为军队，各种史料上记载多少多少骑，往往连这些步行郎党都一并计算在内——骑兵独立成军是近代的事情。不过正因为如此，平将门所部战马数量最多，质量最好，虽然谈不上是真正意义上的骑兵军团，也足以傲视天下了。

当时朝廷权威未堕，地方势力当然不可能在不和中央权贵打交道的情况下就称霸一方。平氏也是如此。平良将曾把儿子平将门送上京都，去服侍时任左大臣的藤原忠平，几乎同时，将门的竞争对手、平国香之子平贞盛也投到了右大臣藤原定方（也是北家，忠平的堂兄弟）门下。

平良将去世后，平将门回到了关东地区，他不断扩充领地，甚至不惜和亲伯父平国香、平良兼刀兵相见。承平五年（公元935年）二月，战争正式爆发，史称"平将门之乱"。

那么，平将门究竟为什么向伯父们举刀相向呢？说法有很多，其中一种是说随着长子继承制度的逐步确立，身为长男的平国香独断专行地分配兄弟们的领地，引发侄儿将门的不满。另一说，平将门与常陆国真壁郡豪族源护产生领土纠纷，而源护的三个女儿分别嫁给了平国香、平良兼，以及将门的另一位叔父平良正，结果在裁断纠纷中，叔伯们不帮侄子，反而帮老丈人，使得将门怒火中烧。总而言之，一切矛盾皆因土地而生。

首先，平将门与源护之子源扶、源隆、源繁发生武装冲突，平国香亲率兵马来救舅子们，结果大败，两家庄园都被烧毁，哥儿四个全都身首异处。源护又是悲痛，又是恼怒，煽动另一个女婿平良正发兵攻击其侄平将门，却又再遭败绩。平良正被迫搬出了次兄平良兼和侄儿平贞盛（平国香之子），可是就连三人联手，也根本打不过平将门。

平将门为啥会这么强呢？其本人武艺超群固然是一个方面，从相马郡带出来的强悍的骑马武士的功用也不可忽视——当时的战斗还是以身披大铠的少量武士为主体的半野蛮时代的小集团战，那些装备简陋、步行从征的小卒即便数量再多，也无法真正影响战争的胜负。据说在对敌平良兼、平良正、平贞盛的战役中，一开始平将门只率百骑冲阵（这百骑，应该是指真正的一百名骑马武士了），就遏阻住了敌军的前进之势，随即他的主力到来，乃将两位叔父、一位堂兄弟杀至丢盔卸甲、狼狈逃窜。

且说平良兼、源护等人奈何平将门不得，只好各自上奏，可怜巴巴地向朝廷告状。当时各地武士团时有纷争，朝廷实在懒得搭理，再加上大一些的武士团背后往往有公卿显贵撑腰，所以朝廷能做的，也不过是把纠纷双方全都召入京城对质，以定曲直而已。诏命发到关东，平将门不敢违命，只好忐忑不安地去了，一入京，就去找"恩主"藤原忠平哭诉。这时候藤原忠平已经升任太政大臣，实际掌控朝政，于是在他的暗示下，此案久拖不决。承平七年（公元937年）四月，朱雀天皇元服，颁布了大赦令，于是平将门竟然得以毫发无伤地又返回了关东。

大概就是经过这一番化险为夷的经历后，平将门彻底看穿了朝廷的孱弱和公卿的无能，他胸中不禁燃起了熊熊的野心之火。

据说平将门在返回关东的途中，遭到平良兼和平贞盛所部阻击，好不容易才逃出生天。随即良兼、贞盛再次聚集大军，浩浩荡荡杀向将门的根据地——下总国丰田郡。平良兼下令在阵前高举起将门祖父平高望和父亲平良将的画像，使得将门军士气低落，人心涣散，因而获得大胜，还俘虏了将门的妻、子。然而平将门的势力并未因此失败而崩溃，他整顿兵马，不久后就在弓袋岭之战中挽回了败局。

这种耗时长久的拉锯战，使丰沃的关东地区处处燃起战火，百姓流离失散。可笑的是，面对如此乱局，京都那些饱食终日、腐朽透顶的公卿们根本就懒得搭理。直到平贞盛看清短期内无法取胜的时局，他轻骑上京，才终于在当年十一月请得了讨伐平将门的"官符"。

但是也有一种说法，即朝廷所颁"官符"，并非是讨伐平将门的，而是将门的后台老板藤原忠平授意，下令讨伐平良兼的。

不管究竟是讨伐谁人的"官符"，总之朝廷也就是表个态而已，并没有调动兵马，更未实际参与关东的动乱。动乱就此愈燃愈炽，不久后，平将门又掺和进了武藏国权守兴世王和武藏介源经基（清和源氏之祖）之间，以及常陆介藤原维几和常陆国住人（地方豪族）藤原玄明之间的纷争，就此逐渐将势力扩散至整个关东地区。天庆二年（公元939年）十二月，日益骄狂的平将门竟听信巫女所言，公然在下总国的猿岛郡内掀起反旗，自称"新皇"，宣布关东八国从此独立。

平将门还分派亲族、亲信出任八国军政首脑：任其弟平将赖为下野守、平将文为相模守、平将武为伊豆守、平将为为下总守，任兴世王为上总介、多治经明为上野守、藤原玄茂为常陆介、文屋好立为安房守。

承平、天庆之乱

平将门之乱所以会闹出如此的轩然大波，并非偶然事件。一方面，新兴武士势力希望能够提高自己的社会地位，从那些他们所看不起的只知游玩、吟诗却无实际本领，腐朽到了极点的公卿手中，把政权抢夺过来；另一方面，百姓们也不满平安朝日益衰弱的统治，想要使社会结构有所变革。平将门部分顺应了这一时势，加上他自己武力过人，英勇善战，这才纵横关东，屡屡取胜。

其实从奈良时代起，日本就开始了造神运动，说天皇家族乃是天照大神的传人，是所谓"天孙后裔"，天皇是神，普通人是不能觊觎全日本君王的宝座的。不过巧在平将门也是天皇的后裔，所以他才自以为名正言顺地僭号建国，自己也来过一把天皇瘾。

乡下武士自相残杀，腐朽的平安朝廷起初并不在意，然而平将门竟然自称"新皇"，这使得一直认为自己高高在上无人可以撼动的中央贵族大惊失色。朱雀天皇匆忙召集七大名寺的僧人祈福攘灾，然后任命藤原忠文为征东大将军，率兵进剿。

可是这边藤原忠文还没出发呢，突然又一声晴天霹雳，传来了藤原纯友在关西造反的消息。

藤原纯友本是从七位下伊豫国掾（军政副官，低于守、介），受命征讨出没于濑户内海的海贼。然而海贼的产生并非偶然现象，本来就是地方豪族反对朝廷横征暴敛的自发行动，藤原纯友为了剿灭海贼，自然必须依靠这些地方豪族，不得不跟贼人商量捉贼，捉着捉着，也就上了贼船了。

正巧这个时候，传来了平将门造反的消息，平安京内乱作一团。藤原纯友抓住这个大好机会，突然统率千艘战船发动叛乱，袭击淡路、赞岐两国的国司衙门。朝廷下旨讨伐，他向西退却，进入九州的筑前国，袭击并占据了太宰府官厅。

平将门之乱和藤原纯友之乱统称"承平、天庆之乱"。据说两次叛乱本是互相呼应的，两人曾秘密约定，一东一西扩展势力，然后同时向京城进军，成功后平分日本。不管这种传说是真是假，对于平安朝廷来说，这可真是前后夹击，危机频现。

拉回来再说那位征东的将军藤原忠文，他手里根本没有多少兵马，于是只得求助于地方豪族，召来了平将门的死对头、堂兄弟、常陆大掾平贞盛和下野押领使藤原秀乡。

这时候的"新皇"平将门，势力不进反退——他虽然基本占据关东八州的土地，但统治并不稳固，到处叛乱，烽烟滚滚，使得他忙于平叛，根本无力继续扩张领土，更别说杀上京都彻底取代天皇朝廷了。天庆三年（公元940年）二月，平贞盛和藤原秀乡拉起了四千大军，突袭平将门的老巢，而此刻大军四散在外，将门身边剩下才不过千余人而已。

平将门初战失利，退到下总国幸岛郡北山上。平贞盛等人紧追猛打，于二月十四日赶上将门，双方展开最后的决战。平将门勇猛无比，他麾下的骑马武士更是以一当十，虽然面对近十倍于己的敌人，依旧悍斗不退，贞盛军一度处在崩溃的边缘。

然而战场上刀枪无眼，任何一个小小的疏忽都会要了将领的性命，平将门也是如此，他正冲杀在第一线，眼看就要逼到平贞盛面前的时候，突然身中流矢，从马背上栽了下来，就此魂归极乐——年仅三十九岁。

这决定性的一箭来源不明，一说是平贞盛所射，一说是藤原秀乡之子藤原千常所射。总之，平将门既死，士卒星散，战局就此底定，"新皇"的党羽陆续伏诛，"新皇"的首级也被砍了下来，送到京城示众。

东方的叛乱平息了，平安朝廷缓出手来，再派大军讨伐西方的藤原纯友。翌年，官军在博多登陆，杀入九州，藤原纯友逃往老巢日振岛，被伊予国警固使橘远保所杀。至此，持续整整六年的"承平、天庆之乱"才算是终于平息了。

这场叛乱沉重打击了旧贵族的势力，使地方武士集团的力量得到加强。大乱虽然平息，各地小乱依旧不断，比如天历九年（公元955年）骏河介橘忠干被领民所杀，安和元年（公元968年）藤原千常在信浓国闹事等等，平安朝廷就在这些大大小小的乱子中逐渐走向末日。其实藤原氏的"摄关政治"对于平安朝来说，只是一段可怜的回光返照而已。

白狐公子

且说朱雀天皇本是醍醐天皇与藤原经基的女儿稳子所生，据说因为害怕再被菅原道真的怨魂索了命去——有保明皇子和庆赖王的先例在那里摆着呢——从一生下来就被圈在拉门和帐幔中，直到三岁时才第一次出来见人。这样养大的孩子身体当然不会好，他登基以后基本上无力治国，朝政一直掌握在舅舅藤原忠平手中。到了天庆九年（公元946年），也就是藤原纯友被斩首后的第五年，眼看二十一岁的天皇仅生了一个皇女，并且很难再生皇子了，其母藤原稳子就勒令他退位，把宝座传给弟弟成明皇子，即村上天皇。

村上天皇颇想有一番作为，于是在舅舅藤原忠平和母后稳子先后辞世后，他不再任命关白，想将权力重新抓回到皇族手中。同时，他还实行一系列改革措施，想要挽救衰败的朝局。后世称醍醐天皇和村上天皇统治的时期为"延喜、天历之治"，然而我们一定要搞清楚，所谓的改革收效甚微，那根本就不能算是一段太平盛世。

村上天皇集权的努力收效甚微。皇后安子本是藤原忠平的孙女、右大臣藤原师辅的女儿，性格刚烈，经常插手朝政。虽然就日本传统来说，皇后干政并不算多稀奇的事情，然而这位皇后背后还矗立着庞大的藤原北家呢，村上天皇纵容安子所为，等于开门揖盗，让藤原北家的势力得以卷土重来。

趁着这个机会，藤原南家也颇想分一杯羹，大纳言藤原元方四处活动，想让村上天皇立广平皇子为东宫，因为广平皇子正是自己的女儿祐姬所生。然而在安子皇后的干涉下，最终村上天皇立安子所生的宪平亲王为东宫——此时这位亲王才刚呱呱落地两个月。

藤原元方在失望中病逝了，其后不久，广平皇子和祐姬皇妃也相继死去。因为这个缘故，那段时间内皇宫中发生的所有不幸事件，都被看作是元方母女祖孙的怨魂在作祟。尤其是天德四年（公元960年）内里大火，烧了整整一夜，宫室化为灰烬，世代传承的珍宝大多被毁（甚至连三神器也可能在这场大火中被烧毁了，又换成了新一代的西贝货）——平安朝真是个鬼怪多、怨魂多的朝代。

前面说过，大和王朝是由日本各地的古老氏族结合而成的松散国家，各氏族都有自己的原始信仰，有一大堆各种氏神，后因统一的需要，这些神全都被纳入了官方承认的神灵体系，故此才有了所谓的"八百万诸神"。其实中国上古时代的情况也很近似，但周朝以礼治国，重人事而轻鬼神，政权的迷信色彩才逐渐淡化。日本不同，没有经过长时间的积淀，在学习了大陆文化后瞬间华丽转身，留下了太多的古代糟粕，迷信思想始终浓厚，各路神仙鬼怪那是层出不穷啊。

就此，王朝除保留了负责祭祀的神祇官外，在行政体系太政官署中，也成立起专门负责鬼神事物的衙门——中务省辖下阴阳寮。阴阳寮的主官为阴阳头，副官为阴阳助、阴阳允，下辖大属、小属、博士、生等职，都可以通称为阴阳师。理论上，阴阳寮的职责有点儿类似于我国古代的司天监，负责天文历法、吉凶测算、相地堪舆、时辰计掌，但实际上，还管各类诅咒、占卜、驱鬼、避邪——说白了，这其实就是个官方迷信机构。

因为平安朝的"怨灵"一拨跟着一拨，所以阴阳寮的权限也日益增强。阴阳头本为从五位下，按规矩是不能上殿奏事的，自平安中期以后却获特准上殿——拥有这种特权的官员，俗称"地下官人"。

日本历史上最著名的阴阳师，就是在村上天皇时代进入阴阳寮，成为天文得业生的安倍晴明。

关于安倍晴明的出身，各种传说很多，有说他是阿倍仲麻吕的后裔，有说他其实是平将门之子平将国，还有的干脆说他是白狐之子，故此世称为"白狐公子"。他曾拜在著名阴阳师贺茂忠行、保宪父子门下，融会贯通天文（偏于咒术）、阴阳（偏于占卜）二道，四十岁才始出仕，五十多岁成为阴阳博士，并在师父贺茂保宪去世后继任为阴阳头。

其实安倍晴明本身的事迹并不突出，大多来自后世附会。那么为什么不附会到别人身上，却都附会到他身上去呢？这要归功于他"学阀"的身份，他的后裔也即安倍氏土御门家族，从公元13世纪到19世纪，整整六百年间，一直牢牢地把持着阴阳寮的实权。

拉回来再说大和朝廷。在安子皇后和村上天皇先后咽气后，东宫宪平亲王终于即位，史称冷泉天皇。这位天皇据说还在备位东宫的时候，就有诸多怪诞举动，甚至在给父亲的信件中画上一具男根——这大概是近亲结婚所产生的恶果吧。不过当时的人们却宁愿相信那是藤原元方的怨魂在作祟，然而百般求神拜佛，东宫的病却总不见好。这样的东宫摇身一变成为天皇，当然无法治理国家，于是藤原忠平的长子藤原实赖就登上了关白宝座，并于安和二年（公元969年）利用"安和之变"，借口牵涉谋反案件，把政敌源高明排挤去了九州，从此独掌朝纲。

摄关政治，就此复兴。

藤氏长者

藤原忠平殁于天历三年（公元949年）。如前所述，村上天皇不再设置关白，但也不可能一脚就踢开藤原北家，因此就任命忠平长子藤原实赖为左大臣、次子藤原师辅（安子皇后之父，村上天皇的老丈人）为右大臣，协理朝政。

村上天皇之后是冷泉天皇，藤原实赖趁机复兴了摄关政治，就任关白。"安和之变"后不久，冷泉天皇就退了位，以他的精神状态来看，应该不是主动退位的。其弟守平亲王登上宝座，是为圆融天皇。圆融天皇元服前，担任摄政一职执掌朝纲的乃是藤原实赖以及其侄藤原伊尹（藤原师辅的长子），等到天皇成年以后，恰巧实赖兄弟和伊尹都陆续辞世了，关白一职就落到了藤原师辅的次子藤原兼通手中。

当时藤原北家最有资格出任关白的是藤原兼通及其三弟兼家，两人争斗得相当激烈。然而兼通抢先一步，据说他搞到了已故安子太后（是他的妹妹）的手谕，要求本家兄弟继承关白之位必须按照长幼顺序。于是圆融天皇就封藤原兼通为太政大臣、关白，朝政悉以委之。

藤原兼家吃了个哑巴亏，只好暂时隐忍，等待哥哥去世或者失势的一天。然而藤原兼通似乎恨透了敢和自己争权的弟弟，他在贞元二年（公元977年）去世，临终前竟然找个借口把弟弟兼家从右近卫大将（从三位）的高位上扯了下来，左迁为治部卿（正四位下），同时把关白的位置让给了堂兄藤原赖忠（藤原实赖的次子）。

藤原兼家虽然遭到暗算，可是并不气馁，因为他手中还紧捏着一张王牌呢。兼通兄弟几人，包括赖忠在内，都先后把女儿送进宫里做圆融天皇的嫔妃，可是只有兼家的女儿诠子生下男孩，封为怀仁亲王。于是藤原兼通一死，藤原兼家立刻卷土重来，很快升任右大臣。后来圆融天皇让位给东宫师贞亲王，也就是花山天皇，花山天皇在位仅两年，就在藤原兼家的谋划下被骗出宫去落发为僧，传位给兼家的外孙怀仁亲王。怀仁亲王即一条天皇，继位时年仅七岁，于是藤原兼家终于一偿多年夙愿，以天皇外祖父的身份，堂而皇之登上了摄政的宝座。

且说前一代花山天皇继位时也不过才十七岁而已，此君素与在原业平并称，都是世所罕见的好色之徒，据说他在登基大典上，都迫不及待地把女侍扯到御座后去行那云雨之事。不过自古以来在权臣当道的时候，君主尤其是被废黜或被逼退位的君主，其种种相传的失德之处恐怕都是权臣擅政的借口，未必确实，不可轻信。

藤原兼家当然没把宝都押在圆融天皇一人身上，对于那位神经兮兮的冷泉天皇，他也送了个女儿超子过去，生下了居贞亲王，也就是花山天皇的弟弟。一条天皇才登基，他就立居贞亲王为东宫，同时还把另外一个女儿绥子送去做了东宫妃。绥子既是东宫的正妻，也是东宫的姑母……反正日本人不在乎辈分，当然藤原兼家更不在乎，他要的只是和皇室亲上加亲，使其外戚、摄政的权力更为稳固而已。

藤原氏既然权倾天下，地方豪族莫不想拉其为靠山，纷纷"寄进"庄园，于是藤原家族变成了最大的庄园主，到了公元11世纪，藤原家族名下的庄园面积已达全日本土地的十几分之一。藤原兼家可以说是藤原氏摄关政治进入鼎盛时期的关键人物，他的私人机关"政所"成为事实上的政权中心，甚至政所颁发的命令（政所下文、殿下御教书）比天皇诏旨和太政官符、官牒更为有效。

就这样，天皇彻底被架空了，皇室威信日堕，据说宫殿朽败无人修缮，妖狐肆虐无计禳除，盗贼劫掠也无法捕拿……宽弘二年（公元1005年），内里再次发生大火，神镜也被烧损，朝廷只得改铸一个，并派遣使臣前往伊势神宫谢罪。

藤原兼家死后，其子藤原道隆就任摄政和关白，道隆死后，换上了他的弟弟道兼。一条天皇在位二十六年，诸事都不关心，"垂拱而治"，竟被赞誉为是"宽弘之圣主"——其实他的处境和张居正执政时期的万历皇帝差相仿佛，只不过没有当俘虏的糟糕下场而已。宽弘八年（公元1011年），一条天皇退位，居贞亲王继任为三条天皇，立一条天皇之子敦成亲王为东宫。

敦成亲王本是藤原兼家之子、道兼之弟藤原道长的外孙，道长为了登上摄政之位，多次逼迫三条天皇退位。正好三条天皇患有严重的眼疾，几近失明，于是在位仅五年就下了台，敦成亲王继位，史称后一条天皇。后一条天皇年仅九岁，外祖父藤原道长名正言顺地登上摄政宝座。

当然，藤原道长所以能够进位摄政，成为藤原氏摄关政治的代表人物，不仅仅因为他是后一条天皇的外祖父，更因为他乃"藤氏长者"。

所谓"长者"，是指整个氏族的大家长、最高代表，而"藤氏长者"即藤原氏的大家长。我们在此简单地排列一下从藤原忠平到藤原道长这近百年来藤氏长者的序列——

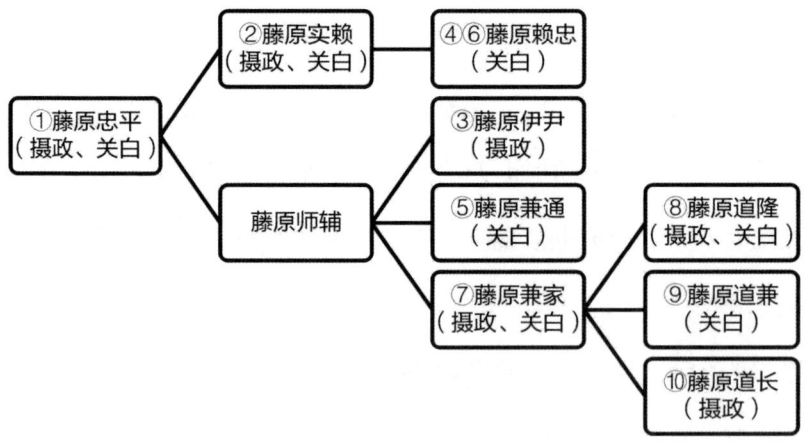

一家立三后

长和五年（公元1016年）三月，年仅八岁的后一条天皇继位，外祖父、藤氏长者藤原道长因而登上了摄政的宝座。道长乃是藤原师辅的孙子、藤原兼家的第五个儿子——咱们前面说过，师辅是藤原忠平的次子，藤氏长者的位置，原本应该归于其兄实赖系，但是他女儿安子是村上天皇之后，先后生下冷泉、圆融二位后任天皇，因此子以母贵，舅舅家也跟着沾光，师辅的九条流就跃居实赖的小野宫流之上，成为藤原北家的嫡流。

再下一代，情况也与此相同，老三藤原兼家的女儿超子为冷泉天皇女御（高级嫔妃），生下三条天皇，另一个女儿诠子为圆融天皇女御，生下一条天皇，于是兼家历经坎坷之后，终于抢到了藤氏长者之位，把嫡流揽到了自己这一系，转手就交给了儿子们。

由此可见，藤原北家能够利用摄政、关白之位掌控朝政，很大的一个要素是与天皇通婚，摄关政治从某种意义上来说，就是外戚掌权。只不过中国历朝历代的外戚，家家更易，而在日本，天皇要么族内婚，娶同族之女为后，要么就娶藤原氏之女为后，例外的情况非常之少，所以藤原北家连做了一千多年的外戚，除非改朝换代，否则谁也扳不倒他们吧。

藤原兼家死后，传位长子藤原道隆，道隆之女定子为一条天皇皇后，为此，一条天皇自然宠信自家大舅子、道隆长子伊周。长德元年（公元995年）四月，平安京流传起了一种名为"赤斑疮"的传染病，大群公卿染病去世，其中也包括关白、国丈藤原道隆。道隆临终前，向天皇推举伊周继任关白之职，然而朝中反对伊周之人实在太多，一条天皇无奈之下，只好暂且任命道隆三弟道兼为关白。

可是道兼就任才几天的工夫，也突然死掉了——史称"七日关白"。藤原伊周心说总该轮到我了吧，赶紧通过妹妹定子传报，连夜跑进宫去向天皇讨要。据说一条天皇已经点头了，谁想伊周的五叔道长气势汹汹站出来表示反对，声称侄儿德行不足，难以就任藤氏长者和关白之位。更要命的是，一条天皇的母后藤原诠子素来宝爱这位五弟，竟悍然插手政务，逼着天皇把藤氏长者之位交给了道长。

藤原道长和藤原伊周，这叔侄两个就此势不两立，见天儿相互攻讦，甚至于最后还闹起了武装纠纷——伊周胞弟隆家的从人跟道长的从人竟公开在平安京街道上杀作一团。

这位藤原隆家就是一个成事不足败事有余的纨绔小子。且说藤原伊周跟故太政大臣藤原为光（藤原师辅的九男）的第三个女儿苟且私通——在理论上，她算是他的堂姑姑——而花山法皇则跟为光的第四个女儿不清不楚。某次伊周夜访情人，见到了法皇的御驾，怀疑是情人瞒着自己又找了别的男人（姐妹二人共居一宅），气哼哼地回了家，就跟兄弟隆家抱怨。藤原隆家心说这又是谁啊？除了五叔，还有谁敢跟咱们兄弟作对啊？哥哥你把这事儿交给我来解决吧！转身就命人去袭击法皇御驾，打斗过程中，一支羽箭无巧不巧，射穿了花山法皇的袖子。

这件事儿本来不大，但是史称"长德之变"，因为法皇就是前任天皇啊，敢向前任天皇张弓射箭，简直形同谋反，大逆不道！藤原道长听说此事，大喜若狂，立刻下令亲信、检非为使别当藤原实资（小野宫流）搜检伊周兄弟的府邸，造成大狱。最终伊周贬为太宰权帅，隆家贬为出云权守，全都被赶出都城，出镇外州，其实跟流放也没多大区别。

定子皇后正当孕期，闻讯大惊，为表抗议，竟然落发出家去了。虽说一条天皇好说歹说，终于把她给接回宫来，但最终也没有赦免她两个哥哥的罪过，而且天皇转过头去，就又宠幸起了藤原道长之女、女御彰子，甚至称彰子为"中宫"，跟"皇后宫"定子两宫并重——等于一帝二后。于是靠着姐姐诠子和闺女彰子相助，藤原道长的权势愈加显赫。数年后定子去世，彰子独后，宣告了藤原伊周、隆家兄弟的政治生命彻底结束。

如前所述，一条天皇驾崩后，传位东宫居贞亲王，即三条天皇；三条天皇在位五年，传给东宫敦成亲王，即后一条天皇。请大家注意一下，村上天皇以后的天皇世系是这样的：村上子冷泉、村上子圆融、冷泉子花山、圆融子一条、冷泉子三条、一条子后一条——也就是说，政权在冷泉和圆融两位天皇的后裔中轮替，这逐渐形成了一种传统。

于是后一条天皇登基后，就按照习惯，立三条上皇的儿子敦明亲王为东宫。然而敦明亲王没有藤原道长的血统，这使道长感觉隐含着危机，于是千方百计地逼迫敦明亲王，终于使其辞去东宫之位，改立敦良亲王为东宫。敦良亲王是后一条天皇的同母兄弟，也就是说，他们的母亲同为藤原道长的女儿彰子——惯例被打破了，冷泉天皇的后裔就此被排除在皇统之外。

后一条天皇在位二十一年，藤原道长及其子藤原赖通先后执政。道长的三个女儿——彰子、妍子、威子——先后成为一条天皇、三条天皇、后一条天皇的中宫，所谓"一家立三后，乃从未有过之事"，因而权势熏天。时人都说道长的尊贵与帝王无异，"摄政即天子"、"唯道长之心系天下之兴亡"。藤原道长也志得意满，甚至吟出"此世即吾世，如月满无缺"的诗句，骄横之态，可见一斑。不过此公确实有骄傲的资本，他担任朝廷柱石整整三十年，直到万寿四年（公元1027年）十二月去世，享年六十二岁。

天下三不如意

后一条天皇去世后，传位于东宫敦良亲王，也就是藤原道长的外孙，是为后朱雀天皇。后朱雀天皇在位十年，让位给东宫亲仁亲王，就是后冷泉天皇。后冷泉天皇立尊仁亲王为东宫。

这一接班人选，让执政的藤原道长之子赖通、教通非常不满。因为赖通兄弟都曾把女儿送给后冷泉天皇为妃，却都没能生下龙子，尊仁亲王乃是天皇与祯子内亲王同族婚配所生之子。储君怎能不是藤原氏嫡亲的外甥或者外孙呢？因此赖通兄弟想方设法要搞掉尊仁亲王。然而所谓藤原氏嫡亲的外甥或外孙根本还不存在，就算废黜东宫，又该由谁来接替呢？

时光如同流水，眨眼间后冷泉天皇登基已经二十四年了，藤原一族还没拿出应对方法来，天皇就先驾了崩。尊仁亲王顺理成章登上天皇宝座，即后三条天皇。藤原赖通灰心丧气之下，就把关白之位让给兄弟教通，自己退居二线。

从宇多天皇开始，足足一百七十多年中，后三条天皇是唯一没有藤原氏外戚的天皇，加上他登基时已经三十五岁了，年富力强，精神旺盛，当下觉得天地是无比的广阔啊，就想一脚踢开藤原北家，自行其是。后三条天皇采取了一系列改革措施，比如发布《延久庄园整顿令》，在中央设立"记录庄园券契所"，管理和整顿各地的庄园，统一计量标准——当然，他主要拿藤原氏名下的大小庄园开刀，这就一定会引发藤原氏群臣的集体反对。眼看改革阻碍重重，后三条天皇心生一计：如果从皇室中逐渐排除掉藤原氏的血统，我看你们还有什么资格再霸占朝堂！

延久四年（公元1072年），后三条天皇退位，在位仅仅四年。他传位给夫人（天皇妃，高于女御）藤原茂子所生的贞仁亲王，即白河天皇。白河天皇的中宫，乃是藤原家族的贤子，但贤子并未生男，后三条上皇就指定天皇异母弟、自己与女御源基子所生的实仁亲王为东宫，并且约定等实仁亲王继位后，再立其同母弟辅仁亲王为储君。在上皇的如意算盘里，经过一个很短时间的过渡，就会有接连两代天皇都跟藤原氏没有关系啦。

安排好这一切后，后三条上皇终于安心地咽了气，年仅四十岁。再说白河天皇上台后不久，藤原赖通、教通兄弟就相继去世了，由赖通的长子藤原师实出任关白。不过后三条上皇的梦想也落了空，藤原贤子竟然冷不防地生下了一个儿子，是为善仁亲王，而与其相对，东宫实仁亲王却因病辞世。于是在永保三年（公元1084年），白河天皇退位，他一脚踢开异母兄弟辅仁亲王，把年仅八岁的亲儿子善仁亲王扶上了宝座，是为堀河天皇。

不过若因此说后三条上皇架空藤原氏的努力完全没能产生效果，也是不对的，在他的时代，天皇终究收回了一部分权力，藤原氏摄关政治有所萎缩，这一点又深刻地影响了其后的白河朝——"院政"便由此发端。

所谓"院政"，这个"院"是指退位天皇（上皇或法皇）所居之处，那么院政的意思，就是政出退位天皇。我们知道，大和王朝历代，让位的天皇非常多，产生了巨量的上皇或者法皇，而按照律令，退位天皇与在位天皇拥有同样高的地位和同样强的权力。在这一前提下，当天皇年幼不能理事，必须由人监护的时候，退位天皇就天然可以监护人的身份掌握权柄。

按照这个定义，那么其实院政在持统、元正、圣武朝就已经产生过了，只是尚无其名而已。其后随着藤原氏的权力日渐增强，年幼天皇的监护人从父系转向母系，就此产生了摄关政治。有人认为，后三条上皇实开院政之基，但又有人提出，他从退位到去世，仅有五个月的时间，而且一直苦于糖尿病，白河天皇的真正监护人，其实还是藤原家的师实。要等白河天皇三十四岁壮年退位后，才真正开创了院政。因为白河上皇设置了专门的政务机构——"院厅"，起用身份较低而有能力的人担任"别当"、"年预"等官职，执行政务，极大地分夺了藤原氏的权柄。

不过院政之于摄关政治，只是换汤不换药而已，它可以解决藤原氏擅权的问题，却根本无法解决当时日益严重的种种社会矛盾。此后"院"也就是把持朝政的上皇或法皇代替藤原氏成为日本最大的庄园主，对百姓的剥削却一如既往，毫无缓和迹象。

白河上皇权柄之盛，从他的一句名言中即可看出端倪——"贺茂川之水、双六之赛、山法师，这都是我不能够随心所欲的啊。"后世归结此三事为"天下三不如意"。

贺茂川之水，属于淀川水系，流经平安京东门外，这条河流见天儿泛滥，一不小心，连整个京城都要给泡成了泽国，腐朽的朝廷竟然拿这近在咫尺的水患一点儿招都没有。双六就是从中国传入的棋类游戏"双陆"，据说白河上皇喜欢双六，可是运气不好，屡战屡败。"山法师"主要指的是比睿山延历寺中那些强横凶顽的和尚，他们动不动就把附近日吉山王社的神像抬出来（当时神道、佛教已部分合流），扛上平安京去向朝廷提起强诉，朝廷每每不敢不允。

有人说这"天下三不如意"，乃是白河上皇的自嘲，但其实正好相反，不是自嘲，反是炫耀。贺茂川的水患，指的是天灾；双六之赛，指的是运数；强诉的山法师，指的是神意。白河上皇的意思是，只有天灾、运数和神意我控制不了，其余人事，则尽在本人的掌握之中！

道长四天王

院政之与摄关政治的不同,仅仅表现在对武士集团的拉拢上,这也直接造成了其后武家政权的建立。

武士阶层在公元9世纪中期产生时,存在着高、低两端:低端为地方庄园的庄官及庄官集结起来的战斗集团;高端武士就是源、平等军事贵族,他们本身拥有庄园,并且多次受朝廷诏令平定边远地区的叛乱,或者远征虾夷,实力逐渐膨胀。最终这高、低两端结合为一,形成了自己独特的组织结构(家族形式的层级武士团),以及与公卿之腐朽奢靡不同的节俭、武勇的风尚。当时社会上可以说形成了四个大的权力集团,即在中央有正冉冉上升的院、逐渐江河日下的藤原氏,在地方上有以源氏或平氏为其实际领袖或精神领袖的武士集团。

平氏由高望王担任上总介开始,在关东扩张势力,经过"平将门之乱"以及长元元年(公元1028年)爆发的"平忠常之乱",其在关东的势力逐渐被源氏所取代,而平贞盛因为平定将门之乱有功受到嘉奖,其子维衡把根据地转移到伊贺、伊势等地,称为"伊势平氏",逐渐在近畿站稳了脚跟。

源氏原本是服侍摄关家的"京侍",后来清和源氏的源赖信平定"平忠常之乱",趁机攫取了平氏在关东的势力,继而还妄图利用"前九年之役"和"后三年之役",把影响力进一步扩展到东北地区。就这样,源、平两氏的势力来了个大掉个儿。

这两个最高贵的武士家族,其发展方向是截然不同的。回归京都的平氏开始与院政相结合，成为院用来对抗摄关家的强有力武器。白河院就从伊势平氏中选拔武士守卫自己的御所，因为这些武士主要驻扎在御所北侧，故称"北面武士"。而源氏则在地方上尤其是关东地区扩展势力，大量关东地区的名主把土地从寄进给藤原氏转为寄进给源氏，这种风潮盛极一时，乃至朝廷曾一度明诏禁止。

就这样，院政促进了武士集团的膨胀和相互对抗，新的时代正在孕育，大乱也即将到来……

我们先从"平忠常之乱"（又名"长元之乱"）说起。平忠常的祖父，乃是桓武平氏始祖之一平高望的第五个儿子平良文，也就是说，乃"新皇"平将门的五叔是也，根据地在下总国相马郡内。到了平忠常的时代，这一支族势力逐渐扩张，最终在长元元年六月，为了逃避向朝廷纳税、服役的义务，而与安房、上总国司爆发了武装冲突。

关东地区这些大大小小的武士团里，人人心中都充满着对朝廷的怨气——我们辛辛苦苦从庄园中收上税来，结果被公卿们拿去花天酒地；我们在地方上也是一呼百应的人物，可是在公卿们看来，却只是他们的看门狗而已。因而一见素有威名的平忠常跟国司怼上了，周边大小武士团莫不欢欣鼓舞，纷纷倒戈来投，忠常因此很快就控制住了上总、下总、安房三国。

地方武士团见天儿打来打去的，就算攻击国衙、抢掠赋税，那也是常见的事情，公卿们只要还有口饭吃，就根本懒得管。可是这回事情闹大了，上总介县犬养为政的妻儿千里迢迢跑到平安京来告了御状，朝廷终于下定决心，派兵讨伐——得找只大老虎打一下，震慑满日本的苍蝇，省得哪天真闹出什么大乱子来。

那么，派谁担任"追讨使"，率军讨伐呢？右大臣藤原实资推荐常陆介源赖信，关白藤原赖通却推荐检非违使、右卫门少尉平直方。藤原赖通的推荐不为无理，因为平直方乃昔年讨伐平将门的大功臣平贞盛之重孙，是桓武平氏的大家长，而且跟分家常陆平氏关系很好，常陆平氏与平忠常的下总平氏向来矛盾重重——一句话，既然是平家人作乱，那就让平家人自己去解决好了。

最终，后一条天皇任命了两位追讨使，一个是平直方，另一个是检非违使、左卫门少志中原成道——源赖信暂且给挂起来不用。二将选择吉日，誓师出征，上上下下，总共两百来人——由此可见，朝廷实在拿不出什么武力来了，这兵嘛，都得一路上现招各地武士团从征。

平直方一路急进，势如风火，可是不知道什么原因，中原成道却拖拖拉拉，才刚跑到美浓国，就以母亲患病为由，停下不走了。平直方孤木难支，一连跟平忠常见了好几仗都未能取胜，引得朝中嘘声一片。

于是到了长元三年（公元1030年）九月，朝廷终于采纳了藤原实资的建议，召回平直方，把源赖信给撒了出去。

这位源赖信，祖父便是清和源氏的始祖、六孙王源经基，其父源满仲，根据地在摄津国内。源赖信为满仲三男，受领河内国石川郡，为河内源氏的初祖。理论上来说，他是捡了个大便宜，因为经过长年战乱，房总三国已经满目焦土，平忠常的军力亦疲惫得再难一战了，所以源赖信势如破竹，很快就迫使平忠常出家、降伏。

翌年，平忠常在进京请罪途中病死，源赖信割下他的首级，返京交令。经过此战，关东地区大大小小的武士团纷纷倒戈转向，从依附平忠常改为依附源赖信，使得源氏逐渐在东方站稳了脚跟。

当然，还不得不说，源赖信背后有座大靠山，那也是他势力膨胀、家族繁盛的重要原因——他的恩主，本为"七日关白"藤原道兼，道兼死后，他转投"摄政即天子"的藤原道长。藤原道长麾下有四位勇猛善战的武士团首领，即源赖信、平维衡（平贞盛三子）、平致赖（平良兼之孙）和藤原保昌（藤原南家巨势磨流），世称"道长四天王"。

前九年之役

源氏从源赖信开始，在关东地区站稳了脚跟之后，随即又汹涌地朝向东北地区扩张，其契机，就是前面提到过的"前九年之役"和"后三年之役"。

且说大和王朝经过与虾夷族的长期战争，逐步控制了整个本州岛，并在最后征服的东北地区设置陆奥、出羽两国。大批虾夷人被迫臣服于大和朝廷，被集团性迁徙到包括九州在内的日本各地，通称为"俘囚"。俘囚与公民是不同的，他们大多仍然保留着狩猎的习惯，崇尚武力，就成为王朝征兵的主要来源。但是政治上的歧视和经济上的压榨，也使得各地俘囚时常掀起叛乱，搞得朝廷焦头烂额。

大和王朝委任各地国司管理俘囚，国司则往往任命俘囚长（或名俘囚首）一职来实际负责。其中陆奥国中俘囚数量最多，委派了多名俘囚长，势力最大的是安倍赖良——关于这位安倍赖良是何出身，甚至是和人还是虾夷人，历来都歧说很多，无法深究——反正理论上跟安倍晴明应该没有关系。总之，安倍家族管理着大批武勇善战的俘囚，军事力量日益增强，同族姻亲遍布陆奥国"奥六郡"（胆泽、江刺、和贺、紫波、稗贯、岩手），几乎形成了一个独立王国。

安倍氏随着势力膨胀，对于朝廷的贡赋日益懈怠、拖欠，国司对此自然不能不闻不问。于是永承六年（公元1051年），陆奥守藤原登任亲率数千兵马挺进奥六郡，打算惩戒安倍氏——战争便由此而爆发。最终双方在一个名叫"鬼切部"的地方展开激战，藤原登任大败，仓皇逃归京城。

为了收拾奥州（陆奥国的简称）的乱局，朝廷起用威名素著的河内源氏大家长、源赖信之子源赖义继任陆奥守，于翌年抵达东北。对于源赖义的到来，安倍赖良心怀警惧，但表面上却显得极为恭顺，他甚至因为自己的名字与赖义读音相同（yoriyoshi），而特意改名为安倍赖时——这只大老虎咱惹不起，还是顺着捋捋他的毛，安安稳稳等他任满离去再说吧。

就这么的，太太平平来到了天喜四年（公元1056年），眼瞧着源赖义任期将满，可是就在这年二月，突然发生了谜一般的"阿久利川事件"——源赖义出行宿营于阿久利川侧畔的时候，突然得到禀报，其部下藤原光贞、元贞兄弟遭人夜袭，人员损伤很大。于是赖义召来藤原兄弟询问，藤原光贞一口咬定说："从前安倍贞任（安倍赖时的嫡子，日本所谓嫡子，单指嫡出的长子）曾经想娶我的妹妹为妻，我因其为卑贱之族而拒绝了，这回一定是贞任的报复！"

源赖义闻言，大为恼怒，就此上奏说安倍氏谋反，从而请得了讨伐的敕旨——这很可能是赖义想要真正控制东北地区的借口，虽然有藤原说贞（光贞、元贞之父）等反安倍氏官员的阴谋说，但从赖义根本不接受安倍氏的解释来看，他的立场和用心就已经很明确了。

总之，战争就此爆发，源赖义首先拿自己的部下开刀——他麾下的平永衡本是安倍赖时的女婿，赖义怀疑他内通岳丈，将其斩首。可是赖义疏忽了另一名部下、同为安倍赖时女婿的藤原经清，经清看到连襟无罪被戮，不禁恶向胆边生，转身就真去投了安倍氏。善战的藤原经清之倒戈，给了源赖义相当沉重的打击。

到了天喜五年（公元1057年）七月，安倍赖时遭到被源赖义策反的同族安倍富忠的袭击，中箭殒命，他的两个儿子安倍贞任和安倍宗任代掌其兵，继续与官军相抗衡。源赖义乘胜追击，结果在"黄海之战"中以两千对四千，吃了个大败仗，最终仅与长男义家等七骑落荒而逃。无奈之下，源赖义一方面召集关东、东海、畿内各地的源氏族人北上增援，一方面就近向出羽国仙北郡的俘囚长清原光赖求救。

清原光赖也是一方土豪，久有染指奥州之心，得到源赖义的来信大喜，即派其弟清原武则率师增援。就这样，官军兵力很快膨胀到了一万余人，安倍氏寡不敌众，节节败退，终于在康平五年（公元1062年）九月战败。据说安倍贞任身材魁梧、相貌堂堂,他在身负重伤以后被官军所擒,被人用大盾牌抬着来到源赖义的面前。赖义即刻下令将其处死,割下首级来向朝廷报捷。

"前九年之役"就此落下帷幕——其实从源赖义就任陆奥守,直到安倍贞任被杀,前后经过了整整十二年。原本史书上的称呼便是"奥州十二年合战",后来《保元物语》《太平记》等书中却写作"前九年之役",逐渐成为通称。

安倍氏就此覆灭,然而最大的赢家既不是朝廷,也不是河内源氏,却是匆忙赶来助战,并最终底定胜局的清原氏。战后,源赖义转任伊豫守,离开了东北,清原武则却被朝廷补任为从五位下镇守府将军,还把原本安倍氏控制的奥六郡交给他管理。就此,清原氏成为雄踞奥、羽两国的庞大势力,为新一轮战事埋下了伏笔……

后三年之役

在"前九年之役"中,源赖义因为准备得不充分,想要在陆奥国内扩展势力,却最终失败了,白白便宜了出羽的清原家,想必他心中是很不甘的吧。不过机会还多得是,一眨眼就到了永保三年(公元1083年),源赖义之子、人称"八幡太郎"的源义家被任命为陆奥守,再次来到东北地区,正好赶上清原氏的内乱。

且说当年清原武则协助源赖义平定奥六郡,战至最后,于战场上擒获了那位阵前倒戈的藤原经清，押到赖义面前。赖义恨透了藤原经清——要不是你当年倒向安倍氏，或许我早就平定奥州之乱了，何必再向清原氏求取援军！于是下令将藤原经清以锯割头，酷刑处死。

咱们前面说过，藤原经清乃是安倍赖时之婿，也就是说，他娶了安倍之女为妻，生下一子，此时已经七岁了。经清被杀后，其妻为清原武则之子武贞所得，武贞见其貌美，干脆娶之为妇，并且把藤原经清的遗子收为养子，改名为清原清衡。

朝廷随即把奥六郡赐给了清原武则，武则就此跃居其兄光赖之上，很快成为一族之长。清原家督乃从光赖系转移到武则系，武则去世后，即传给嫡子武贞，武贞再传嫡子真衡。武贞、真衡两代利用联姻之策，使得清原氏很快便地跨奥、羽两国，势力如日中天。

那他们是怎么联姻的呢？首先当然是武贞迎娶安倍氏之女，并于数年后生下一子，起名为清原家衡——这孩子同时具有清原氏和安倍氏的血脉，靠着他，清原氏得以在奥六郡中站稳了脚跟。而下一代的清原真衡并无嫡子，特意绕过几个兄弟，迎入一位名叫"海道小太郎"的武士为养子，改名清原成衡，欲以家业相付。据考，这位清原成衡出身于陆奥国南部的海道四郡（石城、楢叶、磐前、菊多），很可能是桓武平氏的庶流。随即真衡做主，为养子迎娶了源赖义的庶女为妻。

也就是说，清原氏同时傍上了源、平两家，而且似乎通过养子之事，准备把势力向南方延展。真衡自以为得计——内收安倍而外联源、平，并可觊觎海道四郡，我清原氏的势力还有谁可拮抗啊？

然而他料想不到的是，最终祸起萧墙——据说源起家中长老吉彦秀武和清原成衡之间的偶然冲突，清原真衡为此发兵讨伐吉彦秀武，秀武就向清原清衡、家衡两位公子密使请援。清衡、家衡乃是同母兄弟，都有安倍氏的血脉，原本想着主家并无嫡子，那就应该兄终弟及，这族长之位得是家衡的呀，谁料清原真衡竟然从外族招收养子来继承家业，就此心生不满，乃与吉彦秀武一拍即合。

就此战乱爆发，一直持续到源义家赴任奥州。义家之妹为清原成衡之妻，他自然相助真衡、成衡一方，源氏的兵马武勇善战，很快便将清衡、家衡击败，二人被迫归降于源义家的军门之前。可是随即生变，清原真衡就在出征羽州吉彦秀武的时候，突得急病死了。

照理说，真衡既死，就该传位给养子成衡，然而奇怪的是，清原成衡就此消失在了历史的舞台上——一说他在其后不久也战死了，另一说，是被妻兄源义家"保护"了起来。总之，居心叵测的源义家主持了清原氏在奥州的家业（奥六郡）分割，把富饶的南三郡封给根本没有清原氏血脉的清衡，寒冷的北三郡封给清原嫡派的家衡，刻意引发两人之间的矛盾。

此后的事态完全按照源义家的计划发展，清原清衡和清原家衡刀兵相见，因为家衡方得到了叔父（清原武贞之弟）武衡的助力，最终杀得清衡大败亏输，妻儿皆被杀死。就在这个紧要关头，源义家不失时机地站了出来，协助弱势者，攻打优势者。

战至宽治元年（公元1087年），源义家、清原清衡联军终于获胜，清原家衡战死阵中，清原武衡被俘后遭到刑处——这就是所谓的"后三年之役"。

然而可怜的是，源氏虽然战胜，想要彻底控制东北的企图却再次落败——朝廷认为清原家衡并无反叛的行为，此乃源义家的私斗，不肯予以赏赐，不久后更解除其陆奥守的职务，清原清衡得以彻底占据了奥六郡。此后，清衡恢复藤原旧姓，开创了延续一百多年的半独立的奥州藤原氏王国。源义家表面上看起来是偷鸡不成还蚀把米，寸土未得，还被迫要倾尽家财，赏赐前来助阵的关东武士，然而有所失必有所得，经此一役，他武名大盛，并因赏赐而更加收拢了关东武士之心。

顺便提一句，源义家的弟弟新罗三郎义光本在京城担任左兵卫尉之职，听说哥哥在奥州一度陷入苦战，就抛官弃职前往相助——义光就是此后威名赫赫的甲斐武田氏的始祖。

吾兄必来夜袭

东北地区打生打死，京城之中则是醉生梦死——白河院一直不肯放下权柄，历经堀河、鸟羽、崇德三朝，院政时间竟然长达四十一年之久。到了大治四年（公元1129年），白河院终于咽气，鸟羽上皇立刻也跳出来行使院权。然而院政时代中，藤原氏摄政、关白的势力并没有被彻底架空，他们保着天皇，虽然略矮一头，也基本上和院行使着双头政治，因而导致局势更为混乱。

一方面，无论是院还是摄关家，其腐化奢靡的生活不但丝毫不见收敛，反而日益猖狂，归于其名下的庄园也日益增多。畿内百姓遭受沉重的贡赋压迫，请愿无日停息，"盗贼"也因此纷起不休。另方面，为了制衡摄关家的势力，院更为倚靠"北面武士"，最终酿成了保元元年（公元1156年）的"保元之乱"。

久寿二年（公元1155年），体弱多病的近卫天皇（鸟羽之子，崇德之弟）病殁，年仅十七岁。鸟羽院指定由崇德上皇的同母兄弟雅仁亲王继位，就是后来被源赖朝咒骂为"日本第一大天狗"的后白河天皇。且说崇德上皇是被鸟羽院逼迫退位的，无时无刻不想着卷土重来，到了翌年也即保元元年，鸟羽院驾崩了，崇德上皇趁机与左大臣藤原赖长（藤原师实的曾孙）密谋，打算复辟——一时间，"上皇、左府同心发军，欲取朝廷社稷"的传言甚嚣尘上。

当然啦，无论崇德上皇还是藤原赖长，手头都没什么武力，流言的重点是"发军"，也就是必须取得武士们的支持。要说崇德上皇准备得还是挺充分的，他先后把河内源氏的栋梁（一族总领）源为义和伊势平氏的栋梁平忠正全都扯下了水，开会商讨，打算发动军事政变，夺取权柄，新开院政。

商议之中，突然站起一员骁将来，建议说，咱们必须以迅雷不及掩耳之势突击内里，方可获胜，若其不然——"吾兄必来夜袭也！"藤原赖长一瞧，此人非他，原来是源为义之子，人称"镇西八郎"的源为朝。

那么源为朝所言将来夜袭的"吾兄"又是谁呢？指的正是源为义的

嫡男源义朝。且说鸟羽院在驾崩之前，便已对崇德上皇的野心有所察觉，因此从北面武士之中召来十名骁将，要他们立下誓约，共扶天子（后白河天皇），这十人中便包括了源义朝，还有平氏前任栋梁平忠盛嫡子、现任栋梁平忠正之侄平清盛。因此源义朝跟父亲、兄弟背道而驰，他是站在天皇一方的，唯关白藤原忠通之命是听。

顺便，为与上文完美衔接，我们先来开列一下这近百年间藤原、源、平三家的基本传承——

藤原北家：

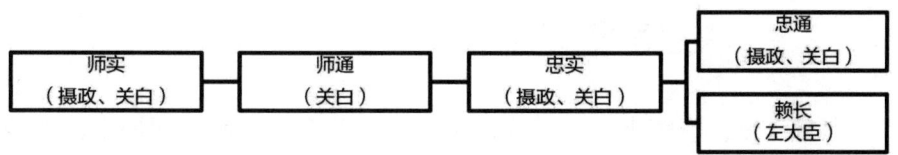

河内源氏：

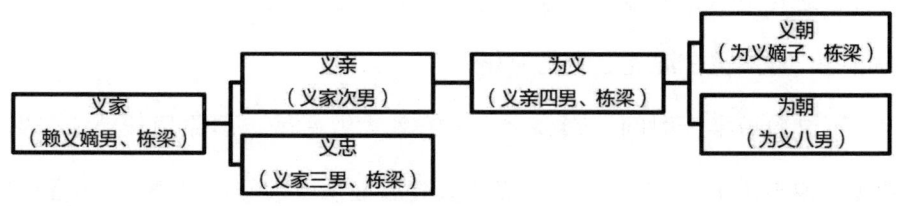

伊势平氏：

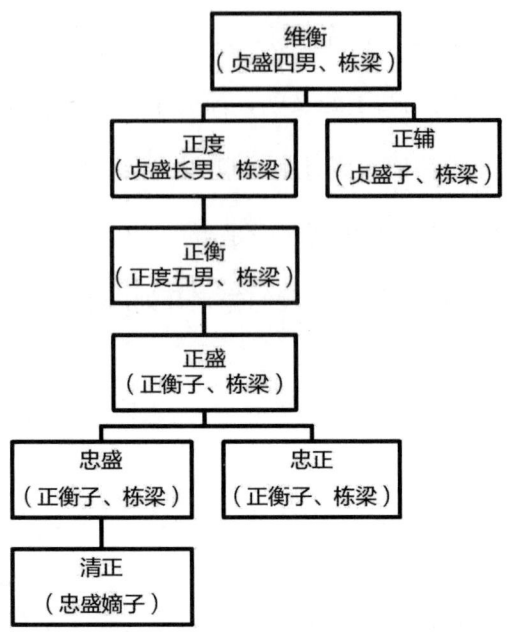

七月十日，崇德上皇一党在白河北殿召开会议，源为朝提出，为警惕夜袭，必须先下手为强，但是被昏悖大意的藤原赖长给否决了。另一方面，源义朝、平清盛等人都是少壮派武士，行事果决，说动手就动手，果然在次日凌晨汹涌杀来，包围了尚在喋喋不休争论进退之策的上皇一党，将宫苑一把火烧了个干净。乱兵觉得不过瘾，随即又点燃了赖长、为义、忠正等人的宅邸——也该着中纳言藤原家成倒霉，只因为宅子离得近些，竟然也在混乱之中化为灰烬。

不过短短半天时间，崇德上皇一方就大败亏输，藤原赖长被流矢射死（一说自杀），平忠正、源为义等人先后被杀或被俘。崇德上皇逃到仁和寺躲避，被天皇方搜出来，远远地流放到四国的赞岐去了。此次事件，史称"保元之乱",它标志着新兴武士阶层不但在地方上耀武扬威,甚至已经把势力延伸到了朝廷内部,公开插手皇室纠纷。公家执政的时代就要结束,武家掌权的时代即将到来。

顺便再提一下日后威名赫赫的平清盛,其实他跟上皇方面关系匪浅。清盛之父平忠盛妻妾成群,清盛本人的生母不明,但应该是忠盛正室,亡故后,忠盛又迎娶了藤原北家九条流的宗子为妻——此女后来夫死出家,法号"池禅尼"。池禅尼乃是崇德上皇第一皇子重仁亲王的乳母,也就是说,清盛和重仁亲王勉强可以算是奶兄弟。于是上皇就利用这一关系,命重仁亲王前去劝说清盛倒戈。

然而,池禅尼一眼就瞧出来上皇方不足成事,因而暗中提醒清盛,还派自己的亲儿子平赖盛前去协助同父异母哥哥清盛。因此清盛在"保元之乱"中立场坚定,作战英勇,战后被晋升为播磨守、太宰大贰,迈出了走向朝臣巅峰的第一步。

日本第一糊涂蛋

击败崇德上皇以后,雄心勃勃的后白河天皇立刻开始了"保元新政",发布《庄园整理令》,妄图将全国的庄园、公领全部置于天皇统治之下。从历史发展的角度来看,这是彻头彻尾的开倒车,但若站在大和朝廷的立场而言,想在维持皇权的前提下挽救国势,却也没有别的道路可走了。

其实在将近一个世纪之前,后三条天皇就已经做过类似的努力了,他重用反摄关派的朝臣源经长、学者大江匡房等人,颁布《庄园整理令》,

设置记录所（全称"记录庄园契券所"）实际负责此事，意图夺回经济大权。如今后白河天皇照猫画虎，重开记录所，由大纳言三条公教担任长官，负责调查、整顿各地庄园，并裁断庄园间的纠纷、诉讼。然而，三条公教不过是个挂名的长官罢了，真正实权都掌握在信西手中。

信西是个和尚的法名，本出藤原氏南家贞嗣流，名为藤原通宪，他是后白河天皇施行新政的左膀右臂、最大功臣。然而地方豪强的庄园好整理，京内权贵的庄园却如同刺猬一般，一摸就会扎人，很快，天皇和信西就遇到了新政最大的阻力——美福门院。

美福门院即藤原得子，乃是鸟羽院的皇后、近卫天皇之母，收了现任东宫守仁亲王（后白河天皇之子）为养子。鸟羽院驾崩后，名下庄园全都传给了守仁亲王——这信西哪儿敢去整理啊？就此，以美福门院为中心，不满新政的权贵们逐渐聚拢到了一起，后白河天皇被迫向他们妥协，传位给守仁亲王——即二条天皇——自己退到幕后去搞院政。

就此，朝廷中形成了"后白河院政派"和"二条亲政派"两大敌对集团。

本来后白河院牢牢掌控住了北面武士，论实力要远远凌驾于亲政派之上，但可惜院政派并非铁板一块，后白河院的另一名宠臣藤原信赖与信西不睦，就此引发了"平治之乱"——说白了，就是院政派的内讧。

藤原信赖本出藤原北家经辅流，在后白河院的关照下，如同乘坐直升机一般，短短两年时间即从武藏守的外官被拔擢为权中纳言、检非违使别当。为了对抗信西，他竭力拉拢源氏栋梁义朝。话说"保元之乱"以后，平氏一门多获重赏，源氏却得不到后白河院的重用，义朝为此心生忌恨，于是信赖、义朝很快就组成了反信西的同盟军，亲政派乐见其成，当然也要来掺和一脚。

可是想要打倒信西，最大的阻力就是在北面武士中势力最为强横的平清盛。当时清盛担任播磨守，其弟经盛为常陆介，教盛为淡路守，赖盛为安艺守，次男基盛为大和守，一家而掌五国，武力之盛，无人可比。清盛是后白河院新政的保驾护航者，而且他还把两个女儿分别嫁给了信西之子成宪和信赖的嫡子信亲，在院政派中绝对中立——藤原信赖想要除掉信西，清盛是绝对不会答应的。

可是矛盾积累到一定程度总会爆发，到了平治元年（公元1159年）十二月，平清盛一时离开京城，前往熊野参拜，就此给了反信西派一个大好机会。九日深夜，藤原信赖和源义朝率军突袭三条殿，先控制住了后白河院和二条天皇，然后即发布追讨信西一门的敕旨。信西诸子（包括平清盛的女婿藤原成宪）全都被捕，信西在逃亡过程中无奈自杀，其首级为亲政派的源光保所得，运回京中示众。

事后，藤原信赖掌控了朝政，大肆加封源氏一门。源义朝的长男，人称"镰仓恶源太"的源义平提出，应当派兵埋伏在平清盛的归路上，将其斩杀，但被信赖给拒绝了——信赖跟清盛也是亲家，他希望亲家可以看清形势，放弃已经灭亡的信西一门，一心一意扶保自己。

听闻京都变乱消息的时候，平清盛还在西南方的纪伊国内，他赶紧召集纪伊、伊贺、伊势等国的平家武士，于十七日返回京城。此时藤原信赖大权独揽，肆行无忌，已经引发了绝大多数朝臣的反感，于是院政派三条公教从中牵线，使得清盛和亲政派接上了头。清盛一方面跟信赖虚与委蛇，拖延时间，一方面在自己位于京都六波罗的官邸集结重兵，以待时机。

在亲政派干将藤原经宗和藤原惟方（二条天皇之舅和乳兄弟）的谋划下，二十五日夜，后白河院逃出了仁和寺，翌日午前，二条天皇也逃出内里，前往平清盛的六波罗府——据说这爷儿俩都是男扮女装混出软禁地的。随即包括前关白藤原忠通、现关白藤原基实父子在内，大批公卿也加入清盛阵营，即于当日下达了对藤原信赖和源义朝的讨伐令。

藤原信赖真是太疏忽大意了，据说源义朝听闻此讯，破口大骂他是"日本第一糊涂蛋（不觉人）"。

双方就此展开激战。藤原信赖是个光杆司令，全靠着源义朝挥军奋战，可是源氏的基本盘是在遥远的关东地区，进入京城的源氏武士数量很少，根本不能跟平氏大军相提并论，加上其阵营中的亲政派纷纷倒戈，不管义朝、义平父子再如何英勇善战，也难求回天之力。最终藤元信赖被捕杀，源义朝狼狈逃出京都，身旁武士越杀越少，自己丢了马、光着脚，一个人逃到尾张国，寄身于部下镰田政亲的舅舅长田忠致家中。谁想长田忠致、景致父子贪图平家的赏赐，竟然骗源义朝入浴，然后一刀割取了首级——享年三十八岁。

至于那位"恶源太"，他本想返回关东召兵复仇，途中听闻父亲遇害的消息，竟然孤身潜回京城，想要刺杀平清盛，结果失机被擒，同样掉了脑袋。

经过此乱，后白河院政派四根台柱倒了三根——信西、藤原信赖、源义朝——光剩下一个平清盛，等于覆灭了。二条亲政派还想趁机抬头，但在后白河院的授意下，清盛很快便逮捕了藤原经宗、藤原惟方等人，流放远国。源氏势力几乎被一扫而空，平家获得恩赏，领国从五国扩展为七国。

平清盛本人，作为一名武士，却得授从三位参议的朝廷高官，这在过去几乎是不可想象的事情。日本人喜欢将自己的官位对应唐朝的官位，很多官职都有唐名，参议的唐名是宰相或相国，从此清盛就被人尊称为"平相国"。两次平乱全都有份，平清盛功劳显赫，威风八面，后白河院一开始更为宠信清盛，继续利用他来巩固自己的院政，后来感觉不对，想要收手，却已经来不及了……

摄关和院，就此走到了他们的终点，新的武士的时代揭开了序幕。

番外篇

日本佛教的兴衰

佛教于公元6世纪时传入日本，经过崇佛、排佛两派的殊死拼斗，最终在这座岛国上站稳了脚跟。逐渐地，再也没有什么"国神"和"蕃神"的区别，神佛紧密地合为了一体。为了便于统治，日本朝廷一直宣扬天皇乃是天孙后裔，具有神性，原始的诸神崇拜在社会政治生活中占有很重要的地位，正因为如此，与诸神崇拜结合为一的佛教，也无可避免地要对社会政治生活产生重大影响。因此日本有学者认为奈良朝的佛教乃是现世佛教，是政治佛教。

从天武朝开始，朝廷就将《金光明经》等佛经颁发各地，教臣民诵读，后来更在各地修建丈六的释迦牟尼佛像和七层宝塔。到了天平十三年（公元741年）三月，圣武天皇下诏，要各国都建造"国分寺"和"国分尼寺"，也就是朝廷明令在各行政区域内建造官修寺院。统辖各地国分寺的总寺院是东大寺，统辖各地国分尼寺的总寺院是大和法华寺，都在都城附近。

最早传入日本的是三论宗和成实宗，其后为法相宗、俱舍宗和华严宗，唐僧鉴真还传来了戒律宗。到了平安时代，政权逐渐转移到藤原氏的手中，佛教势力略有下降。在这个时代兴盛起来的，主要是传教大师最澄的天台宗和弘法大师空海的真言宗，前者以平安京东寺为中心，后者以比睿山延历寺为中心（俗称"北岭"），与被称为"南都佛教"的旧奈良诸宗派相对立。

最后在日本兴盛起来的，是净土宗、禅宗、日莲宗等宗派，那已经是公元12世纪以后的事情，公家政权即将让位于武家政权了。

年表：

天皇	年号	具体年份	事件
朱雀	承平	935年	平将门之乱开始
		936年	藤原纯友之乱开始
	天庆	939年	平将门割据关东，自称"新皇"
		940年	藤原秀乡、平贞盛受命讨伐平将门
		941年	橘远保诛杀藤原纯友
村上	康保	967年	颁发《延喜式》
冷泉	安和	969年	安和之变
圆融	贞元	977年	藤原兼通左迁其弟兼家，将关白之位让与藤原赖忠
花山	宽和	985年	僧侣源信撰成《往生要集》
		986年	藤原兼家用计使花山天皇退位，出家花山寺
一条	正历	993年	追赠菅原道真为太政大臣
	长德	996年	长德之变，藤原伊周被贬
	长保	1000年	以藤原遵子为皇太后、藤原定子为皇后，藤原彰子为中宫
三条	长和	1015年	藤原道长担任摄政
后一条	万寿	1027年	藤原道长殁
	长元	1028年	平忠常之乱
		1031年	源赖信平定忠常之乱

续表

天皇	年号	具体年份	事件
后朱雀	长久	1042年	延历寺僧徒因园城寺设立戒坛事，攻焚园城寺圆满院
	宽德	1044年	颁布《庄园整理令》
后冷泉	永承	1051年	鬼切部之战，前九年之役开始
	天喜	1054年	源赖义借口部下遭到攻击，进讨安倍赖时
		1055年	再颁《庄园整理令》
		1057年	安倍赖时战死，其子贞任等代领其兵
		1062年	安倍贞任被俘杀，前九年之役结束
	治历	1065年	再颁《庄园整理令》
后三条	延久	1069年	再颁《庄园整理令》
		1072年	制定新的度量衡，史称"延久的宣旨枡"
白河	应德	1085年	奥州清原氏一族内讧，后三年之役开始
堀河		1086年	白河上皇在院厅听政，院政开始
	宽治	1087年	源义家讨平藤原家衡，后三年之役结束
	康和	1099年	再颁《庄园整理令》
鸟羽	天永	1111年	设置记录庄园券契所
崇德	大治	1127年	再颁《庄园整理令》
		1129年	平忠盛追剿山阳道、南海道的海贼
近卫	久安	1146年	平清盛就任正四位下安艺守
后白河	保元	1156年	保元之乱
二条	平治	1159年	平治之乱
		1160年	平治之乱结束，源义朝被杀，源赖朝被流放伊豆国

中世

镰仓幕府与室町幕府的两度兴衰

六章 源平争乱
- 非此一门皆非人也
- 平家的秃童
- 最胜亲王
- 从石桥山到富士川
- 红旗和白旗
- 俱利迦罗谷的晚钟
- 九郎判官
- 最后的坛之浦

七章 镰仓幕府和北条氏
- 烈火衣川之馆
- 公武两重政权
- 北条执权的诞生
- 上皇反乱
- 宫骚动

八章 元军来袭和幕府落日
- 以致用兵
- 文永之役
- 弘安之役和战后的危局
- 内管领赖纲
- 二统迭立
- 天皇御谋反

九章 太平记
- 金刚山上
- 足利与新田
- 建武中兴
- 巨大的牢笼
- 七生报国灭朝敌
- 吉野王朝

十章 纷乱南北朝
- 显家奋迅
- 藤氏一揆
- 院驾还是犬驾
- 一天二帝重现
- 中华禅伯
- 惊天大阴谋
- 三管和四职

十一章 室町幕府的兴衰
- 日本国王源道义
- 幕府的毒瘤
- 明日勘合贸易
- 从应永之变到结城合战
- 嘉吉之乱及其余波
- 畠山争乱和土一揆
- 乱世的开端

十二章 战国风雨
- 下克上
- 窃国之大盗
- 领国一元
- 尾张之虎
- 「大傻瓜」的历程
- 人间五十年
- 悲风桶狭间
- 天下布武

六章　源平争乱

摄关家和院的争斗，让旧体制的腐朽日益暴露在人前，新兴的武士阶层遂开始蠢蠢欲动。伊势平氏为武家政权之滥觞，但真正的武士们的天下，还必须由河内源氏来创建……

非此一门皆非人也

以武士之身开创政权的第一人平清盛，乃是伊势平氏栋梁平忠盛之子。据说白河院曾将宠爱的祇园女御下赐给忠盛，关照说："如生女儿就是我的，生儿子就是你的。"其后不久，祇园女御就生下了平清盛……

当然，清盛为白河院的私生子，这不过是传说罢了。清盛是忠盛的嫡子，生母当为忠盛正室，其名不传，有可能是祇园女御之妹，故此祇园女御待清盛有如己出。或许正因为有这一层关系在，他的仕途几乎一帆风顺：十二岁即叙从五位下，任左兵卫佐；十八岁时因为跟随父亲忠盛讨伐海贼有功，进为从四位下；十九岁任中务大辅；二十岁兼任肥后守，二十九岁叙正四位下，就任安艺守。"保元·平治之乱"期间和其后，他又先后担任过播磨守、太宰大贰、参议、右卫门督等职，并最终爬上了太政大臣的高位——武士而担任朝臣的领袖，这是前无古人的壮举。

且说两次动乱之后，在平清盛的领导下，伊势平家很快便发展成为半独立于摄关家和院之外的第三股势力。清盛一开始居中平衡，双方讨好：其继室平时子（桓武平氏高栋流）本为二条天皇的乳母，因而他便以乳父的身份担任检非违使别当、中纳言，掌控了相当一部分朝政；同时他还领着第二份工资，在院厅中担任别当，深得后白河院的宠信。

但是到了应保元年（公元1161年），时局开始动荡，原因是后白河院与女御建春门院（即平滋子，桓武平氏高望流，为清盛继室平时子的姐妹）新得一子，后来封为宪仁亲王。因为宪仁亲王拥有平氏的血脉，故而清盛异母弟平教盛、妻舅平时忠便暗中谋划，打算拥戴这个外甥皇子为东宫。此事引发了二条天皇的极大不满，当即下诏，解除教盛、时忠等人的官职，并且要求停止院政。

出乎众人意料之外，在此次事件中，平清盛竟然旗帜鲜明地站在了天皇一边，并于此后不久，把女儿平盛子嫁给了关白近卫（藤原）基实，拉近了与摄关家的关系。以后事推论，清盛此举似乎是想一举铲除院政，收权于天皇朝廷，然后他即以武士和朝臣的双重身份把持国政。

然而可惜的是，二条天皇很快就驾崩了，死前不久即退位，传给亲儿子顺仁亲王——史称六条天皇。六条天皇继位的时候还不满周岁，后白河院趁机召回平时忠等人，妄想卷土重来。出于对院政的反感，清盛加快了揽权的行动，很快就趁着藤氏长者近卫基实去世的机会，一举控制了摄关家在各地的庄园领。仁安二年（公元1167年）二月，他竟悍然打破藤原氏把持高级朝官的惯例，荣升为从一位太政大臣。

当时平氏拥有强大的政治力，十六人位列公卿，殿上人三十余名，党羽遍布全国，国守六十余人中竟有半数乃平氏一门。平氏也拥有强大的经济实力，占据了全日本五百多所庄园，并且利用日本和宋朝之间的海上贸易，积聚了巨额财富。

仁安三年（公元1168年），后白河院迫不及待地逼迫年仅五岁（虚岁）的六条天皇逊位，终于得偿所愿，让自己的亲儿子、八岁的宪仁亲王继位——史称高仓天皇。但是高仓天皇之登基，并没能恢复院的权力，反而把实权源源不断地输向平氏——平清盛一跃而成为天皇的外祖父，进而又把女儿德子嫁给天皇，亲上加亲，从此势力如日中天，炙手可热。平时忠以拥戴之功，进位大纳言，他甚至曾经狂妄地宣称："非此一门（平氏）者，皆非人也！"

表面上来看，平氏政权比摄关政权和院厅政权要稳固得多。一方面，清盛自己手里就有兵有粮，不需要依靠别的什么武士集团；另一方面，他不但重视掌握中央政权，还着力加强对地方的控制，平氏一门握住了全日本将近半数的国司衙门，并且不仅在自己领地内，还在豪门贵族、国衙领地内都派驻地头，以此作为平氏六波罗政权的支柱。

然而平氏虽为武家，平清盛却缺乏足够的阶层觉悟，甚至于从某种意义上来说，背叛了自己出身的武士阶层，其六波罗政权并非真正意义上的武家政权，而只是摄关和院等贵族政权的变种罢了。这也是平氏子弟日益腐朽公卿化，很快便坐拥大军却不知运用，最终被真正代表武家利益的源氏所击败的重要原因。

平家的秃童

平氏政权并不打算彻底推翻旧有的制度,而是想要利用新兴武士阶层的力量,以朝臣之姿替代摄关家和院来执政,举措貌似和缓,但依然会遭到各种旧势力的疯狂反扑。首先对平氏掀起反旗的,便是以旧贵族为靠山的寺社势力——永万元年(公元1165年)七月二十七日,就在二条上皇驾崩之际,南都和北岭的矛盾激化,酿成了一场轩然大波。

所谓南都,就是奈良的兴福寺,所谓北岭,就是比睿山的延历寺。这两寺都是日本国内势力最为雄厚的佛教寺院,不但拥有大批的僧兵和广阔的领地,还经常参与政治和皇室家事,在贵族中很有影响力。换个角度来看,这些所谓佛寺,和封建庄园其实毫无两样。

二条上皇下葬的时候,兴福寺和延历寺为在上皇墓前立匾一事发生争执,甚至引发僧兵们的武装械斗。平清盛认为这是一桩小事,非但没有加以有效的调停,反而指叱双方为"大逆不道",派兵镇压,从而引起两寺的愤怒。就此南都、北岭与平氏政权,以及平氏设立的地方政府频繁发生冲突,并最终和不满清盛所为的公家势力结合起来。须知这些和尚们与手无缚鸡之力的公卿们不同,虽然缺乏政治智慧,却有刀有枪。公家的诡计加上僧兵的武器,平氏天下,从此再无宁日可言了。

仁安二年(公元1167年)五月,平清盛以生病为由,辞去仅仅担任了三个月的太政大臣之职。半年以后,他受戒出家,法名为清莲,以后又改名净海——俗称为"入道相国"。这位入道相国如同院政时期的上皇、法皇们一般,虽然交卸了名义上的官职,剃了光头,斋戒礼佛,却丝毫不肯放弃俗世的权力。他离开京都，前往摄津国的福原地区，在这里建构新的城池和庞大的港口，一方面利用对宋贸易积累财富，另一方面也打算把这里当作全日本的新的统治中心。

这个时候，后白河院也早已是出家之身，他的院权逐渐被清盛架空，自然大感不满。尤其是，安元二年（公元1176年）建春门院的去世，使得院与平氏之间最重要的纽带和调停者丧失了，双方关系骤然恶化。于是，那位非常喜欢开小会的法皇便将藤原成亲、西光、俊宽等亲信秘密召至京都东山的鹿之谷山庄，进行了一次有关讨灭平氏的秘密会议（即"鹿谷的阴谋"）。会议的内容不必去深究，总之结果是因为与会人员太杂，秘密很快为摄津源氏的多田行纲所侦知，他急忙跑去福原禀报清盛。

清盛闻报，力施雷霆辣手，于是西光、俊宽这俩和尚都掉了脑袋，藤原成亲因为是清盛嫡子宗盛的连襟而得到宽大处分，后白河院指天为誓，保证再也不插手政务，这才勉强逃过一劫。

然而后白河院后来被源赖朝称为"日本第一大天狗"（天狗为日本传说中居住在深山中的怪物，红脸、高鼻，具有神力而自负，经常引发纷争），其名无虚，那是绝不肯向逆境低头的。誓言尚在世人耳畔回响之际，他便又与摄关家勾结起来，打算造清盛的反。于是治承三年（公元1179年）十一月，清盛亲率数千大军自福原汹涌入京，逼迫关白松殿（藤原）基房退位，将关白和藤氏长者的地位让给侄子近卫（藤原）基通，就此一扫摄关家中的反抗势力。他随即还将首谋闹事的后白河院软禁起来——史称"治承三年的政变"。

平安京为大和王朝的数百年旧都，都内的守旧势力非常强大，而平清盛肆意妄为，为了夺取权柄不惜动用武力搞大清洗，不但未能彻底涤尽污浊，反而暗潮涌动，危机频现。为此清盛在京中如坐针毡，于是为了确定自家的世代统治地位，力驳众议，决定将国都迁到平氏根基牢固的福原地区去。迁都的工作从治承四年（公元1180年）五月开始，耗费了巨大的人力和物力，但因为受到重重阻碍，甚至平氏内部也有多人反对，到了这年年末的时候，又莫名其妙地迁回了平安京。

这次折腾使平清盛的威望下降，而平氏也彻底丧失了人心。当初桓武天皇把都城从奈良平城京迁到山城平安京，削弱旧贵族势力，开创了一个崭新的时代，或许清盛也想照此仿效吧，但他准备不够充分，闹出了一个绝大的笑话，最终把自己逼到了悬崖绝路。

可以说，平清盛这个时候已经老朽了，他连出昏招，最终毁掉了自己的天下。比如说，为了加强统治，他专门设立了名为"秃童"的特务组织，这个组织的人员共有三百人，全都是十四岁至十六岁的少年，一律齐耳短发，身着红衣。他们的任务就是在京都的各条街道上走动，只要听到有人说起有关平氏的坏话，立刻上报，即将该人扭送六波罗治罪。这种防民之口的做法，其实带来的只有坏影响，而丝毫也没有好效果。

清盛本是高望流坂东平氏之庶流的伊势平氏出身，伊势盛产瓶子，但质量粗劣，只可盛醋，而伊势平氏本身是暴发户，原本没有资格上殿参政，于是百姓们便取谐音（在日语中，瓶子和平氏为谐音），戏称平氏的六波罗政权为"醋瓶子朝廷"。

这个"醋瓶子朝廷",院打不倒,摄关家也打不倒,就连南都北岭的和尚们也只能挖点儿小墙角而已——因为院和摄关家都没有兵,和尚们的兵力勉强自保,却无出击之力。但是,继僧侣、院和摄关家之后掀起反旗的源氏武士集团,却将彻底葬送这个本阶层的叛逆者——"源平合战"就此拉开序幕。

最胜亲王

所谓的"源平合战",就是源、平两大武士集团抢夺原本属于摄关和院的执政权,从而引发的一场大规模内战。不过在内战当中,我们可以看到,源氏阵营中也有很多平家之人,平氏阵营中也有源家武士——这是因为,源、平两大赐姓来源和分支很多,都不可一概而论也。

世有所谓源氏"二十一流"的说法,是说源氏的来源很多,因其所继天皇之血缘,可分为二十一个系统,比如嵯峨源氏、仁明源氏、文德源氏等等,其中最有名的是清和源氏。当初清和天皇曾经将皇子四人、皇孙十二人全都降为臣籍,赐以源氏,其中第六皇子贞纯亲王之子源经基,人称"六孙王",子孙最为繁盛。列表见下:

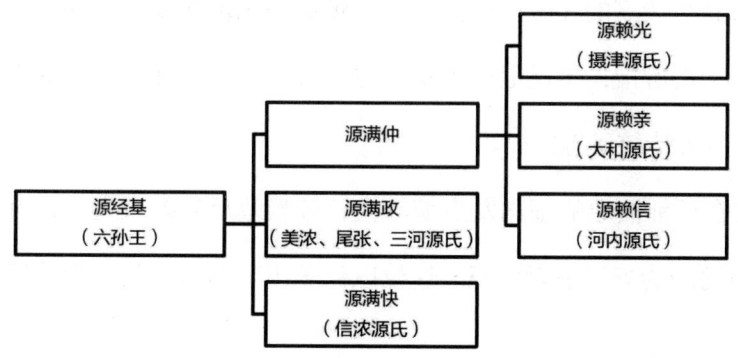

曾经跑去福原向清盛告密的多田行纲，即摄津源氏嫡流，后来著名的土岐氏为其同族。在"平治之乱"中与平清盛敌对的源义朝，则为河内源氏嫡流，从中又衍化出新田、足利、佐竹、武田等名门来。

平氏的来源相对较少，仅分桓武、仁明、文德、光孝四支而已，其中最著名的是桓武平氏——桓武天皇赐封了一大堆孙子、重孙子为平氏，就中其孙高栋王、重孙高望王（高见王之子、高栋王之侄）两支最为繁盛。平时忠、建春门院平滋子、清盛继室平时子，即为高栋流的嫡传。如前所述，高望王之子平国香等迁居关东地区，俗称"坂东平氏"，"坂东平氏"的庶流、平国香之孙平维衡又迁居伊势，即平清盛出身的伊势平氏。其后站在源氏一边，与伊势平氏相敌对的大名鼎鼎的北条氏，则是平维衡之兄平维将的后裔。

所以说，两大阵营的首脑分别为伊势平氏和河内源氏，至于其他的平氏和源氏，则依据地域和利益各靠山头，不可一概而论也。

其实源氏之中，首先向平清盛举起长剑的并非河内源氏，而是摄津源氏的源赖政，论辈分，算咱们前面提到过的那位多田行纲的叔祖父。"保元·平治之乱"当中，赖政每回都站对了阵营，不但官职节节攀升，并且得到平清盛的礼敬。然而，如今眼见平氏擅作妄为，甚至幽禁后白河院，千夫所指，年已七十七岁的源赖政终于憋不住了，乃欲以有限的生命，为旧传统尽忠效死。

就在迁都福原的闹剧发生前不久，源赖政反复筹谋之后，首先去联络后白河院的第三子以仁王。这位以仁王出身高贵（其母为藤原北家闲院流的成子)、学问渊博,曾经是竞争东宫的最强有力人选,谁料突然被平氏血脉的小孩子宪仁亲王横刀夺去,继而在"治承三年的政变"当中,他名下的城兴寺领又被平氏没收,他内心对平氏的怨恨之情可想而知。于是二人一拍即合,以仁王当即颁下讨伐平氏的令旨,自称"最胜亲王",打算举兵倒平。

可惜机事不密,这位"最胜亲王"很快便遭逮捕,被剥夺皇籍,赐名"源以光",流放土佐国。治承四年(公元1180年)五月十六日,源以光在流放途中逃入园城寺,随即源赖政亲率一门郎党入寺会合,公开掀起了反旗。

源以光和源赖政所部兵马非常有限,于是为了对抗平氏,他们就打起了南都北岭的主意,派人前去联络。然而平氏耍尽手段,导致延历寺中立,迫使二人南向逃往兴福寺,途中为平氏追兵赶上,源赖政父子一门全都战死,源以光横刀自刎。

这次政变虽然失败了,但熊熊烈火就此燃起,很快变成了燎原之势。当年十月,奈良兴福、般若等寺的僧兵七千人挖断道路,构筑工事城郭以对抗平氏。平清盛派儿子三位中将平重衡率步骑四万,兵分两路杀去,很快就踏平了僧兵们的工事,并将寺院烧毁。

名为持斋念佛,实则舞刀弄枪,贪财好色的那些南都和尚们,当然不会是平家武士的对手。然而,源赖政在战死之前,曾遣多名部下手持所谓的"以仁王令旨"东下,前往东国去游说源氏一族,寻求帮手,于是那些"保元·平治之乱"中被击垮的河内源氏残党们就此蠢蠢欲动起来，并且很快在平氏统治力相对薄弱的东方燃起烽烟——第一个动手的，就是源义朝的遗子源赖朝，日后的镰仓幕府开创者、征夷大将军。

从石桥山到富士川

源赖朝本为源义朝的三男，小名"鬼武丸"。如前所述，其父义朝在"平治之乱"失败后，逃亡关东，在尾张国为长田父子所杀。包括赖朝在内，几个儿子全都跟随在义朝身边，结果长子"恶源太"源义平途中潜回京都，谋刺平清盛失败后被处刑，次子"松田冠者"源朝长则在逃亡途中遭"落武者狩"（专门抢掠落魄武士的农民、山贼等）袭击，重伤而死。那年赖朝年仅十三岁，被平氏追兵赶上擒获，绳捆索绑押回六波罗治罪。

本来按道理来说，源赖朝也难逃这项上一刀，然而也不知道怎么一来，他竟然对了平清盛继母池禅尼的眼了，池禅尼见此小儿狼狈凄惨，顿起恻隐之心，于是央告清盛，饶下赖朝一条小命。赖朝随即被流放到遥远荒僻的伊豆国蛭小岛，身旁只跟随着乳母比企尼的弟弟比企祐范、女婿安达盛长，以及落魄家臣佐佐木定纲等数人而已。

赖朝在蛭小岛上安居、狩猎，虽不复旧日的衣食无忧、一呼百诺，倒也自在逍遥。但他一刻都没有忘记过杀父之仇，而且并不安于这种半流放、半隐居的生活，关照比企尼之甥三善康信等人搜集京中情势，定期向他汇报。

而且赖朝很快就抱上了一条粗腿——也不知道怎么的，他受到附近领主北条时政的青睐，时政还把长女政子嫁与赖朝为妻。这位北条时政，本是桓武平氏高望流的平直方的后裔（也有说是假冒的），是以伊豆国田方郡北条地方为据点的豪族，因此指地为氏。此人武勇过人且智谋深沉，得到周边豪族的一致拥戴，被称为"当国（伊豆）之豪杰"。

到了治承四年（公元1180年），源赖朝已经三十三岁了，某日正在闲居无事，突然有客来访，自称乃其叔父源义盛——"平治之乱"中，义盛亦响应兄长义朝起兵，战败后逃往熊野，蛰伏了整整二十年。当源赖政向平氏掀起反旗之际，这位源义盛难耐寂寞，前往投效，被任命为藏人，要他带着"以仁王令旨"巡行东国，招募友党。义盛为怕平氏追捕，改名为源行家，这跑着跑着，就来到了伊豆国，面会侄儿源赖朝。

源赖朝一开始并不想轻举妄动，可是随即又有消息传来，说平氏打算派发大军东征，把河内源氏的残党一举扫平，免除后患，这才大感惶急，赶紧去央告老丈人北条时政。于是丈人、女婿合起伙来，召聚党羽，首先攻灭了伊豆国目代（国司不亲临时所设置的代理官）山木兼隆，控制伊豆一国，随即浩浩荡荡杀向北方的相模国。

就在相模国内，"石桥山合战"爆发了，赖朝以三百骑（武士）对战依附平氏的大庭景亲等豪族联军三千余众，几乎全军覆没，他匆忙逃入山中才勉强活了下来。然而赖朝并不因此气馁，他南下安房国，重新整顿兵马，逐渐收拢周边豪族力量，很快就卷土重来。为了消灭这颗毒瘤，当年八月，清盛派长孙维盛、儿子知盛等人统率两万大军前往讨伐。

这支东征部队于路搜聚兵马，在到达骏河国清见关时，据说兵力已达七万（这一数字的水分自然很大）。当年十月，源、平两军在富士川列阵对峙，源赖朝派大将武田信义率一支奇袭部队趁夜包抄敌后，武田军在通过富士沼泽时，惊动了聚集在沼泽中栖息的水鸭，一时间群鸭惊飞，鸣叫不止。可笑的是，平氏大军士气低落，听到鸭叫，不但没有产生警惕之心，反而误以为敌军已从背后袭来，竟然一哄而散，落荒奔逃。

平维盛等人就此狼狈逃回京都，京都百姓作歌传唱，嘲笑他们说："富士河穿岩奔腾的水啊，赶不上伊势平家的腿。"然而源赖朝并未乘胜追击，他的目光远大，看到了自己即将面对的不仅仅是仇敌平氏，更是群雄并起的混乱局面，只有趁着平氏大军退去，加紧巩固自己的关东根据地，才能在即将到来的争霸战中脱颖而出。于是赖朝退回老巢——相模的镰仓，开始着手构建崭新的武家政治系统。

首先，赖朝设置了"侍所"，任命亲信和田义盛为长官"别当"，他把收拢来的豪族改编为直接从属于自己的家臣——御家人，由侍所别当统一管辖和训练，战时别当即以"军奉行"的身份指挥军队。寿永三年（公元1184年），他又设置了行政机关"公文所"和司法机关"问注所"，由从京都请来的政治家大江广元、法律专家三善康信担任这两个机构的"别当"。可以说，就在各地势力厮杀不休的时候，只有源赖朝稳居关东，一方面扎实地扩展领土，一方面创建了与平安朝廷完全不同的以武士为主体的崭新国家体制。

红旗和白旗

散匿各处的河内源氏残党人数众多，当然不仅源赖朝和源行家二人而已。源行家手捧"以仁王令旨"，先近后远，在前往伊豆之前，还曾经拜访过信浓国的木曾谷，因为他听说在此地还隐藏着一位堂侄——源义仲。

说起源义仲的出身，就不得不上溯到"保元之乱"以前，当时源为义为了制约嫡子源义朝在东方的势力扩张，乃派次子、身为东宫带刀的源义贤远赴关东，居于武藏国的大藏馆。久寿二年（公元1155年），也即"保元之乱"的前一年，爆发了河内源氏内讧的"大藏合战"，"恶源太"源义平率军突袭大藏馆，杀死了叔父源义贤。

源义仲即为源义贤之子，幼名"驹王丸"，父亲遇害的时候年仅两岁，在家臣的保护下突围而出，逃到信浓国木曾谷中，交给乳父中原兼远抚养长大。据说义仲自小就拉得强弓，骑得劣马，勇猛过人。在接到"以仁王令旨"以后，他当即在中原等豪族的拥戴下起兵倒平——其实话说回来，他家跟平清盛没什么仇怨，跟源赖朝倒是仇深似海，不过为了出人头地，进而抢夺政权，家名的号召是第一位的，家族仇怨只好暂时往后放放啦。

源义仲指地为氏，又名木曾义仲，在他麾下，据说有弓马娴熟、能征惯战的"四天王"——今井兼平、樋口兼光（此二人皆为中原兼远之子）、楯亲忠和根井行亲，以及中原兼远之女、日本历史上罕见的女武士——巴御前（御前为对贵人侍妾的尊称）。木曾义仲的正妻应该是中原兼远的另一个女儿（一说是侄女），后来生下继承人木曾义高，而传说中与义仲恩爱无双的巴，其实最多只是他的侍妾而已，甚至两人可能根本就没有婚姻关系。

且说木曾义仲很快便占据了整个信浓国，兵势极盛，受其鼓舞，四国伊予的河野氏、九州肥后的菊池氏等地方豪族亦纷纷举兵，周边的近江源氏、甲斐源氏、美浓源氏、尾张源氏（大将即那位源行家）更是陆续来合，平家武士一败再败，险隘尽失。于是在此内交外困之中，平清盛惊怒成疾，终于在治承五年（公元1181年）四月间咽了气，继承平家一门总领位置的是其次子平宗盛（嫡子平重盛先父病殁），一个普遍认为是无能二世祖的家伙。

寿永元年（公元1182年）三月十日，三万平家军在左兵卫督平知盛的率领下，于尾张河西岸歼灭大意渡河的源氏部队三千人，小胜一仗。于是平家气势复振，于当年九月下令新上任的越后守城四郎长茂讨伐木曾义仲。

城长茂的兄长城助长就是死在越后守任上的，因此长茂感觉此次出兵大为不吉，暗自叫苦。然而平氏既然已经下达了命令，也不容他犹豫退缩，他只好拼凑了四万人马，南下杀向信浓国。此时木曾义仲正驻扎在信浓的依田城，城中只有三千兵马，按常理完全无法阻挡十倍于己的讨伐军。于是义仲聚集诸将商议，看是不是要弃城而退，结果部将井上光盛献上了一条妙计。

源平两氏争斗时，为了区别敌我势力，习惯高举不同颜色的旗帜，源氏的旗帜尚白，而平氏的旗帜尚红。井上光盛的计策是：连夜将部队分成七支，各带平氏的红旗和源氏的白旗，在横田河原附近的山上设下埋伏。

第二日，平氏大军到达横田河原，城长茂见到漫山遍野的平氏红旗，心中大喜，以为这是信浓各地支持平家的豪族赶来支援，于是精神为之一振，大声疾呼着拥兵向前。就在此时，满山红旗在一声吆喝之后突然全都变成了源氏的白旗，并且在震耳欲聋的呼喝声中直向长茂扑来。这种心理落差是城长茂所无法承受的，他大吃一惊后拨马就走，于是战斗以木曾义仲的完胜而告终。

木曾义仲由此威名大震，正在关东剿灭平氏残余势力而独自坐大的源赖朝却因此感到了危机。于是翌年三月上旬，赖朝兴兵十万，寻了个不相干的罪名前来征讨信浓。眼看源氏内部失和，骨肉相残的战斗一触即发，义仲只得以大局为重，把儿子义高送去镰仓做人质。赖朝也不是傻瓜，知道做事要点到为止，见好就收，立即就退了兵。然而赖朝和义仲这两大河内源氏势力新仇而加旧恨，刀兵相见已经是必然的结果了。

后方局势暂时稳定了，木曾义仲遂自北陆道大举西进，浩浩荡荡杀向京都。平氏匆忙从关西调集兵马，于寿永二年（公元1183年）四月，派"小松中将"平维盛、越前守平通盛（平清盛弟教盛之子）、但马守平经正（平清盛弟经盛之子）、萨摩守平忠度（平清盛弟）、三河守平知度（平清盛子）、淡路守平清房（平清盛子）等六人为总大将，部将三百四十余名，统兵十余万，浩浩荡荡向北国挺进，以迎战木曾的军队。

——以当时日本全国的人口和武士团的组织力来看，所谓十余万兵马肯定注满了水分，估计也就武士三百四十名，统领步卒数千上万而已。此后各场战役中的数字，也都可如此看待。

木曾义仲闻讯，丝毫不敢怠慢，立遣六千人马在越前燧城布置作战。燧城是通往越前腹地的门户所在，城池坚固，地势险峻。为了阻碍敌人进攻，木曾军在适当的河流交汇点筑起堤坝，使燧城之前出现了一个庞大的人工湖。平氏大军未曾料到面前会出现茫茫一片汪洋，没有准备船只，只好驻扎在高阜之处，大眼瞪小眼地干发愁。

负责防守燧城的斋明威仪师是个骑墙派，看见平氏势大，就写了封信捆在箭上射入敌营，告知此人工湖的水坝位置，并表示愿为官军内应。平维盛见信大喜，于是暗派精细士卒掘开水坝，排干湖水，在威仪师的接应下攻破了城池。木曾残兵向加贺方向撤退，平氏大军顺势攻破林城和富樫城。平维盛就此看到了战争和自己功名利禄的光辉前景，立即写了一封夸大战绩的书信快马送入京中。一时间，平宗盛以下平氏一门无不欢欣鼓舞，以为天下行将太平。

然而平氏大军因胜而骄，在越前耽搁了太长时间，使木曾义仲得以及时将散布在四方的部队聚集起来，分成七路朝黑坂方向挺进。据说木曾军总势五万，于是平维盛调派了七万精锐部队，准备翻越砥浪山与义仲决战。

义仲识破了维盛以优势兵力在开阔地带进行主力决战的计划，决定避其锋芒，在无法排布大军的俱利迦罗谷交锋。他先命机动部队趁黑夜赶在两军之前冲上黑坂的坡头，在上面插了三十面军旗，使维盛疑惑不已，不敢轻易在夜间爬过黑坂，木曾军遂争取时间布下了埋伏。直到第二天，维盛的部队才翻过黑坂，出现在他面前的，是盔明甲亮的两万木曾军……

俱利迦罗谷的晚钟

日本平安时代的战争模式非常刻板，装备也很简陋。一般情况下，军队由大批骑马或步行的武士为中坚，这些武士身披华丽的大铠或相对粗糙的胴丸，手持短柄的太刀或长柄的小长刀、薙刀等武器，先以弓箭对射，然后再冲突交锋。跟随在武士身边的是他们的家来，以及从领地上临时调集来的少量农民，都是步卒，身穿只能防护前胸的简陋的铠甲，光着脚，跟随着主人冲锋陷阵。

上级武士穿着大铠，工艺复杂，甲上缀满了各色丝线，头盔上还高高竖立着名为"锹形"的装饰物，显得非常华丽，下级武士则只穿得起简单的胴丸。但不管是大铠还是胴丸，基本原材料都是竹木和皮革，因为日本铁质粗劣，所以很少用金属加固和防护。与此相对，日本的武士刀因为材料质劣，历代都精工打造，代代相传，却是相当锋利的。以如此锋利的武器，对抗如此薄弱的铠甲，个人武艺是否高强，就是决定战争胜负的重要因素了。

连武士的铠甲都如此薄弱，那么普通步卒的铠甲就更为低劣无用了，而这些步卒也用不起昂贵精良的武器，扛的恐怕都是竹枪。在这种背景下，当时日本根本无法发展出步兵集群作战，战斗模式还停留在野蛮时代的重视个人武力的小规模对决上面。

当然，即便如此，士气的高低和智谋的运用，仍是决定战争最终结局的决定性因素。且说源平两军在俱利迦罗谷附近交锋，木曾义仲不断地派遣小队武士进行挑战，险峻的峡谷不允许平家大军发动压倒性的冲锋，而且在义仲胸有成竹的挑动下，平家的年轻武士们愤然而起，一个个纵马出阵同前来单挑的源氏武士厮杀。就这样，一对一的角力进行了整整一天，当天色昏暗时，义仲早已埋伏下来的部队趁着夜色悄悄绕到了平家军的背后。

见到义仲发出的信号后，四万源氏军兵一起敲打着箭筒高声呐喊起来，吼叫声在山谷中产生回音，如同有数十万人在同时喊叫一般。平家的武士们万分惊恐，以为遭到了强大敌军的合围，于是四散奔逃。七万部队相互拥挤，许多人都被挤入了俱利迦罗谷，剩余的更因为天色黑暗而无法辨认道路，以为前面落下谷底的人是找到了一条通往谷外的道路，于是也一队队地在大将带领下朝谷底跳去。源氏武士步步紧逼，俱利迦罗谷附近一片惨状，凄楚的叫喊声响彻山谷，如同人间地狱一般。到了早上，七万平家武士几乎全部摔死，骨肉糜烂，溪水变赤，平家的许多名将都死在了谷底，只有维盛和通盛以下两千人侥幸逃得性命。

此时，在志保山率领一万士兵阻挡平氏后续部队的，乃是那位传旨的藏人源行家，他派人前来，请求木曾义仲迅速救援。义仲闻报后，立刻在四万士兵中挑选出两万人朝志保山方向疾驰。大概是真的有神灵在佑护义仲，当大军到达日比渡口时，连平日湍急的河水都变得又浅又平缓，使部队得以安然渡过。志保山方向，行家的军团正在苦苦承受三万平家部队的猛攻，义仲见状，立即带着尚未从俱利迦罗谷的大胜中平静下来的两万大军冲入敌阵。已经恶战一天的平家部队遭到这阿修罗般的部队猛烈冲击，全线崩溃，连统军大将平知度也战死在了乱军之中。

从各个方向败退下来的平家部队聚集起来，在加贺国的筱原扎下了营垒。追赶而来的义仲军在五月二十一日辰时赶到筱原，发起了猛烈攻击。源氏军队在一开始就占尽了优势，而平家军虽然已经完全处于下风，将领们也知道是必败无疑，但连连的失败却唤起了他们非凡的勇气，打了一场在这次战争中真正值得称道的战役。恶战中，藤原实盛等许多有名的武士都奋勇当先，直至战死，部下士兵也都纷纷战至最后一人。战争结束后，连身为敌人的义仲也不禁为平家武士的勇气所感动，从而潸然泪下。

最后能够活着回到京都的平家士兵只剩两万余人，平安京中家家戴孝，孤儿孀妇盈街，寻夫揽子的哭号震天动地。平氏一门更是悲伤到了极点，因为他们知道，自己再也拿不出像样的军队来了……

七月二十四日夜半，木曾义仲的大部队袭近京都，附近各大寺院也一起响应。平氏在派出攻打各大寺院僧兵的部队后，几乎连用来防守京都门户宇治川的人马都拿不出来。内大臣平宗盛一狠心，索性集中所有可以调集的平家部队，拥着只有六岁的安德天皇和三种神器向九州逃去。

——这位安德天皇,乃是高仓天皇与平德子(清盛之女,其实算是天皇的阿姨)所生,治承四年(1180年)二月,受父禅位登基。

二十八日,义仲进京,解放了后白河院。后白河院欣喜若狂,立刻封义仲为朝日将军(或称"旭将军"),食邑备后(后来在义仲的授意下改成了伊予),其手下将领们也都得到了丰厚的赏赐。一个月后,后白河院决定不再承认平氏所立的安德天皇,改立尚在京中的第四子为后鸟羽天皇。

然而,后白河院想要重开院政,面前却横着大山一般的木曾义仲,义仲彻底掌控了京中的权力,后白河院依旧难逃傀儡的命运。掌握了皇室的义仲骄横异常,部下也纪律败坏,加上粮草无继,所以在京都烧杀抢掠无所不为,群众基础非常之差。另一方面,上了台的义仲既没有给在朝的公卿们什么好处,也未曾让各地的豪族们得到任何实惠,结果使得朝野上下都对他侧目而视。

出身微贱的义仲在礼仪方面也是一窍不通,说话、行事皆粗俗无礼。据说他在招待公卿们吃饭的时候,居然使用乡下人吃饭的大盖碗,然后将饭盛得高高的,再在上面铺上菜,好像招待从家乡来的穷亲戚一般,这使得平日以风雅自居的公卿们极不高兴,心中连番骂他:乡巴佬!

当然,最要命的还是义仲在进入京都后并没有乘胜追击,这给了平家以喘息的机会。平氏一门逃到九州,逐步削平与之为敌的地方豪族,重新控制了九州、四国以及一部分的关西地区。闰十月一日,平家展开反攻,并在水岛等几次战役中,利用水军的优势大败木曾义仲的部队。

义仲闻报大怒，一面命令驻防部队死守，一面率领主力离开京都，前往迎击。

木曾义仲出击关西后，早就不满其所作所为的公卿们在后白河院的唆使下，立即控制了京都的驻防部队，并且颁发院宣，宣布义仲为朝敌。得知后方大乱，身在关西的义仲立率一支偏师返京，平息了这场贵族复辟的闹剧。在动乱中，法皇和天皇全都逃离京都，正在气头上的义仲索性打算自己称帝。但是，传说这傻瓜以为法皇要剃光头，天皇要留茅盖（最近几代天皇都还是孩子，所以才要剃这种发型），因此最终还是放弃了，自作聪明地当了个不伦不类的法皇厩舍别当（为法皇养马的马夫头，义仲见有"法皇"二字，以为是很大的官）。

——传说固然无稽，由此也可见贵族们对义仲粗鲁、无文之蔑视了。

听说义仲在京都肆意妄为的源赖朝大喜过望，立刻点集兵马，于第二年的正月十一日出兵十余万，以讨伐朝敌的名义向京都杀来。义仲万万没有想到这么快就大难临头，只好硬着头皮将手上仅有的五万部队撒开在宇治川岸，准备进行主力决战。

九郎判官

源赖朝的大军一路势如破竹，在不满木曾义仲专权的旧贵族的引领下，很快便攻到了京都附近的宇治川畔。大军分为两路，主力由总大将、赖朝异母弟"蒲将军"源范赖统率，侧翼兵马则由副将、赖朝另一位异母弟源义经指挥。

这位源义经，通称"九郎判官"，乃是此时期全日本一等一的战术名家，而且其生平也非常具有戏剧性和传奇色彩，受到万世的传扬和讴歌。义经之母名叫常盘御前，据说乃是天下知名的美人，当源义朝在"平治之乱"中被杀以后，常盘御前就领着三个年幼的孩子——今若、乙若和牛若，逃往去了大和国，但最终还是被平家军给搜了出来。

母子四人被押回京都，据说常盘御前的美貌使清盛都下不去狠手，于是将其改嫁给公卿一条长成。至于那三个小崽子，今若、乙若都被勒令出家，牛若因为尚在襁褓之中，因而准其暂且留在母亲身边。

这位牛若（或称牛若丸），便是源义朝第九子源义经，他在十一岁的时候也被送去京都附近的鞍马寺带发修行，改名为"遮那王"。平氏万万没有料到，他们的这种处置，竟然为河内源氏一族培养起一位无与伦比的军事天才、奇袭战术的大师来。

传说，遮那王在鞍马寺中，偶遇妖神鞍马天狗，授予他兵法和武艺——这当然无可取信。还有一说，他遇见的乃是鞍马流兵法及剑术家鬼一法眼。总之，这位源氏遗孤就这样成长起来了，十五岁左右的时候，他大概是听说了自家的血海深仇，或者只是为了逃避落发而已，于是逃离鞍马寺，云游四方，研修兵法武艺，寻机复仇。传说其人身材娇小，皮肤白皙，相貌如同漂亮的女孩一般美丽，在京都五条大桥上，他扮成美女，击败了拦阻旅客、为收集千把名刀而战的恶僧武藏坊弁庆。弁庆以及其他很多在"平治之乱"后失去主家和财产的源氏残党，比如伊势三郎义盛等人，就此纷纷聚拢在他的身边。

当然，这不过是传说而已，当时的史料记载则说，后来取名源义经的这位将领身短面白，还龇着板牙。

源义经后来流浪到了陆奥的平泉。此时统治日本东北广袤领土的乃是藤原秀衡，是藤原清衡的后代，他依靠新开发的金山扩充财力，在源平两家中左右摇摆，不肯明确站队。义经到了陆奥后，据说藤原秀衡对他热情款待，还把世代重臣佐藤兄弟（三郎兵卫继信和四郎兵卫忠信）都送给了他。

听到兄长赖朝在伊豆举兵的消息，远在平泉的义经再也坐不住了，年轻人的内心仿佛有热血在沸腾。于是他辞别了藤原秀衡，带着自己的十余名家臣，历经种种艰险，终于和赖朝在黄濑川会面——这次会面成了后世津津乐道的盛事。

拉回来再说宇治川岸边的对战。虽说当日河流涨水，波涛汹涌，却挡不住士气高涨的东国武士，源义经麾下的关东名将佐佐木高纲和梶原景季率先纵名马"摺墨"、"生食"跳入冰冷刺骨的河水中。源氏大军受此鼓舞，也纷纷纵入激流，冒着如雨的箭矢，拼命向河对岸冲去。一时间，宇治川里涌动着各种颜色的铠甲，好像花朵争奇斗艳的春天提前到来了。

面对士气如此高昂的敌军，在对岸防守的木曾军很快就被击溃了。经过恶战，木曾义仲率残兵退出京都，义经等六骑直奔内里，为皇室压惊。见到如此英姿飒爽（？）的义经，崇尚腐朽美学的皇室成员和公卿们都无比陶醉，尤其在承受过大老粗义仲的压迫后，他们对这名符合贵族审美观念的青年充满了好感。义经万万没有想到，这却使他日后死无葬身之地……

而从京都撤出的木曾义仲在遭到敌人反复围攻后，身边只剩下了巴御前、今井兼平在内的主从五骑。传说中，望着满身血污的巴，义仲的心软了，不忍心让她也战死在这里，于是便声色俱厉地命令她自行突围。巴泪流满面地说道："那就让我再为您战上一场吧！"于是，她顺手战败迎面冲来的武藏名将土御师重，一刀切下脑袋，然后突围而去——从此这位奇女子便从历史上和传说中消失了踪影。

又杀了一阵，义仲手下的三骑从骑全部战死，只剩下了今井兼平一人。两个人背靠着背继续作战，终于精疲力竭。义仲最后决定自尽，于是在今井兼平的掩护下进入了旁边的栗津松林。今井兼平守护在外，大显神威，摸出八支羽箭一连射倒八名敌军武士，敌人见到这位如同雄狮般威风凛凛的大将，谁也不敢再向前一步。然而在栗津松林中的义仲却非常倒霉地连人带马陷进了泥潭，结果被绕过今井兼平杀来的敌将石田为久射翻，割下了首级。还在外面力战的兼平见到主公首级，万念俱灰，于是也含恨自尽。

至此，叱咤一时，仿佛项羽般勇猛，也仿佛项羽般以悲剧收场的"朝日将军"木曾义仲，就消失在了历史的尘埃中，散布各地的义仲军也都作鸟兽散，源赖朝的势力正式控制了京都。

最后的坛之浦

源范赖和源义经战败木曾义仲进入京都，然而当时的形势却并不足乐观，因为螳螂捕蝉，黄雀在后，在关西的平氏重整旗鼓，数万雄师已经浩浩荡荡地杀了过来。源范赖受命领兵征伐，在播磨与丹波交汇点的三草山遭遇平资盛、平忠房、平有盛和平师盛等人率领的三千平氏先头部队。范赖见敌人屯兵待战，于是也扎下营垒，准备第二天与之交锋。义经却利用敌方轻敌的机会，在当夜挥兵劫营，歼敌五百余，严重挫伤了对方的锐气，使之从此退入一之谷要塞，再也不敢出来了。

一之谷地势险峻，面朝大海，背靠悬崖，海面上还有平家的无敌舟师巡弋。面对这构筑坚固，有四万平家部队防守的要塞，身为一军统帅的源范赖居然大脑一片空白，只好求助于副将义经。

在义经的策划下，统帅范赖领着六万大军放出声势，假意要从正面强攻一之谷，吸引敌军的注意，而义经自己却领着五百轻骑，进入丹波国的群山峻岭之中，在当地人指引下，找到了一条长达三百余里的艰险山道，直插一之谷后方——然而，这却并非义经奇策的全部。

行军中，来到一处名叫鹎越的地方，义经命多田行纲率主力部队继续向一之谷挺进，自己却领着数十骑兵马直接驰向南方，在二月七日的黎明时分，到达了一之谷要塞的后方山崖。

望着长满青苔的十余丈的高崖，惯于在山野中驰骋的佐原义连首先跟着已经毫不犹豫从山坡往下滑的义经冲了下去，剩下的战士们也都紧随其后。一时间，四下喊杀声震天动地，正在忙着抵御东西两面汹涌杀来的源氏大军的平家武士，突然遭到拦腰攻击，士气瞬间崩溃，纷纷向停靠在海边的船只涌去。平家的忠度、知章、敦盛、重衡等将或者战死，或者淹死，或者被俘。总之，自以为牢不可破的一之谷要塞就这样完蛋了。

日本当时的筑城技术终究是非常低劣的，所谓要塞，多靠地势之险峻，正经的人工防御设施很少，土木作业也并不牢固。那么，当险峻地形遭敌突破以后，所能倚仗的，便也就只有人力了——然而平家军中多为纨绔子弟，欠缺浴血奋战的勇气，又岂有不临阵崩溃之理？

捷报传来，源赖朝自然又是大喜，带着枭下的平家将领首级和俘虏们在京都游行了一圈，炫耀军威。但同时，赖朝又嫉妒义经在这次战役中的赫赫军功，于是便削去他的兵权，将其调往别处，只留下"蒲将军"源范赖继续进军，以三万士兵在藤户布下阵势。相对地，平家也聚集败卒，率五百兵船在备前的儿岛隔海布防。

二十六日，探察到一片只没到胸部的浅滩的佐佐木盛纲带着没有战船的源氏士兵暗泅过海，在儿岛登陆，一举击退了平家军，将其逼入水军要塞屋岛。源氏的部队因为缺乏船只，更欠缺水战之卒，只得望洋兴叹。不久后，平家的游击部队抄到源范赖背后，切断了他的补给线，西征军进退维谷，士气低落。

眼看西征大业即将功败垂成，源赖朝没有办法，只好又去求助于坐冷板凳的源义经。源义经倒是不计前嫌，二话没说便带上一百五十骑奔赴前线。

元历二年（公元1185年）二月初，义经抵达前线。经过周密的筹划，在一个风疾雨骤的夜晚，他亲率三百名勇士，乘坐五艘战船，顶着风雨在四国的胜浦登陆，直插屋岛。在天色微明的时分，义经在大雾中竖起了源氏的白色军旗，呐喊着杀入敌营。平家武士根本没料到敌人会在这样一个风险浪恶的日子里渡海进击，仓皇间自相践踏，纷纷夺船逃命——实际上，发动攻击的部队只有义经所部三百人而已，计划中协同作战的另外二百余条兵船则被风浪卷到了阿波，没能赶上作战。

平家一败再败，只得打算利用水军的绝对优势作鱼死网破的最后一搏。而义经一方面训练水军，另方面派人联络远征九州的源范赖，准备两面夹击平氏残党。可惜范赖正被独立性很强的九州豪族们打得像狗一样乱窜，根本没有余力支援义经。

为了试探敌军的水上作战力量，二月十八日，一队平家武士乘船来到源氏部队阵前。在这些战舰当中有条小船，船上站着一位十七八岁的美女，将一面绘着金色太阳的折扇插在了船的板棚上。义经军中的神射手那须与一抢步上前，一箭射落了插在上下晃动的船上的那面折扇，随即抬手又射倒了一名平家将领，于是两军发生冲突。

传说在冲突中发生了一件很有趣的事情，义经在临阵指挥时，不慎将所带的竹弓落入了水中，他发觉后大惊，没命地用手去捞。部下们都觉得很奇怪，大将军为何如此珍惜这张弓？后来还是义经自己红着脸道出了真相："我这张弓甚软，如果被敌人捡到的话一定会笑话我。"其实当时日本的弓箭多为弯竹所制，并且不是真正意义上的复合弓，就算再硬，射程和强度也都无法与大陆的弓弩相提并论。

且说经过这场战斗，平家再也不敢小觑源氏的水军力量了。不久后两军在赞岐的志贺浦又小战一场，平家再次大败，屋岛附近的残余部队基本全军覆没。附近的割据势力、熊野别当湛增见平家大势已去，在用七只红鸡和七只白鸡互斗占卜后，决定归顺源氏。四国豪族们看到湛增投降，也都纷纷背叛平氏。于是，平家彻底失去了在陆地上的落脚点，只得流浪海上。

到了当年的三月二十四日，源平两军在门司和赤间之间的坛之浦海面（即今天关门海峡附近）展开最终的决战。当日海面上西边红旗招展，东边白帜飘扬，两军的战船纵横交错，箭支四处横飞。平家武士们知道这是决定生死的最后一战，抵抗得极为顽强。午前时分，潮水忽然从西向东涌动，源氏的船只被冲得七零八落，平氏却趁机奋勇向前。义经镇定自若，亲自把舵，鼓励部下奋勇作战。到了下午，潮水转而向西涌动，平家船只大乱，源氏得手，占有了战争的主动权。

一战下来，平家武士几乎全部慷慨战死，不能作战的妇孺大都跳海自尽，就连幼小的安德天皇也被乳母抱着，带着三种神器中的剑和玺葬身海底。就这样，平氏连同锦绣一般的平安朝都一同灭亡了，日本历史迈入了长达七百年的幕政时代。

番外篇

敦盛的传说

日本古代有一部著名的长篇战争小说，名为《平家物语》，其主要内容是讲述平氏的衰亡和源氏的兴起。这部小说作者不详，遣词行文具有很浓厚的说唱文学味道，估计是根据"琵琶法师"（一种盲僧艺人，以弹奏琵琶配合说唱）的唱本所整理改编而成的。

《平家物语》在讲到一之谷大战时，提到了这样一则故事：源氏阵中，有一猛将名为熊谷次郎直实，大战前的夜晚，他突然听到敌阵中响起一阵优美的笛声，凝神细听后不禁拍案叫绝："不想平氏阵中有如此风雅之人，大战将发，坦然吹笛，而笛声清澈动人，没有丝毫浑浊紊乱的迹象。"

到了第二日大战爆发，源义经亲率数十骑冲下悬崖，杀入平氏阵中，导致平家武士士气低落，纷纷跃到海里，向停靠在海边的战船逃去。熊谷直实策马追赶，远远看到海中有一骑武士，装束华丽，料想是名大将，于是高喊："临阵脱逃，不感到羞耻吗？何不回头与我对战！"那武士闻言，果然拨马回到岸上，舞刀来战，但却被熊谷直实轻易地就击落马下了。

直实跳下马去，按住败将，正想割取对方首级，但掀开头盔来，却发觉对方只是个少年而已，相貌极其秀丽，稚气未脱。直实不忍下手，喝问姓名，对方却回答说："你砍了我的首级回去，自会有人认识。"直实想："此人年龄仿佛我子小次郎，小次郎若受轻伤，我心中定会难受，假如杀了这孩子，他父母该会如何悲伤呀！反正杀此一人，该败的仗也胜不了，该胜的仗也败不了，不如放他去吧。"

可是就这么一耽搁，回头望去，己方兵马已然汹涌而至。直实含泪说道："本想饶你性命，可是我军业已杀到，你肯定会死在他人手中，不如还是由我来杀你，以后给你祭祀供奉吧。"虽然割下少年首级，自己却忍不住哀伤哭泣。检查尸体的时候，他发现少年腰间挂着一个锦囊，内盛一支笛子，于是就想，莫非昨晚吹笛的便是他吗？——"想我东国军兵数万，阵中带着笛子的一个都没有，这少年确是个风雅之人呀，实在可怜。"

事后他才知道，此少年乃是修理大夫平经盛之子，名叫敦盛，年仅十七岁。而那笛子，据说是因为其祖父忠盛擅长吹笛，得鸟羽天皇御赐的，名为"小枝"。少年俊彦，顷刻化作离魂，果然人事无常，宛如幻梦，生老病死，痛苦实多。熊谷直实想到这些，不禁万念俱灰，就此落发出家去也，法号莲生。

从此，敦盛殉难，直实出家之事，就传为民间凄绝的故事，到处传唱。日本人甚至将一种兰花也命名为"敦盛草"，称之为"梦幻中的梦幻之花"。敦盛草有各种颜色，品种也很繁多，包括布袋敦盛、姬敦盛、釜无敦盛、白花敦盛、黄花敦盛、礼文敦盛等许多种。敦盛草是逐渐稀少的保护植物，和它形状相近的还有熊谷草和小敦盛草，据说是因为其形状像平敦盛和熊谷直实二人随风飘舞的母衣（类似披风，四角都系在铠甲上，迎风鼓起如球，据称能辟箭矢）而得名。

虽然在正式的历史记载中，熊谷直实是在建久三年（公元1192年），也即一之谷合战结束后的第七年，才因为就领地问题与久下直光打官司失败，愤而出家，拜在高僧法然门下的。但是后人宁可相信传说，相信他纯粹是悲悯平敦盛之死，就此勘破了红尘。历代的人们都把满腔同情和怜惜，放诸敦盛这位千古难得的翩翩佳公子身上。

年表：

天皇	年号	具体年份	事件
二条	应保	1161年	平教盛、平时忠欲立宪仁亲王为东宫，被解职
六条	永万	1165年	二条上皇葬仪，延历寺、兴福寺争夺座次
	仁安	1167年	平清盛就任太政大臣，旋辞去
高仓	嘉应	1170年	后白河上皇在东大寺受戒
	承安	1173年	南都十五寺的庄园被没收
	治承	1177年	藤原成亲等谋划打倒平氏（鹿之谷阴谋）
		1179年	平清盛率兵入京，幽禁后白河院，将其亲信尽数解职
		1180年	"以仁王令旨"传布各地，木曾义仲、源赖朝等起兵；一度迁都福原；富士川之战
安德	养和	1181年	平清盛病逝；木曾义仲攻灭城长茂，进入越后国
		1183年	俱梨伽罗谷之战；木曾义仲、源行家攻入京都，接受后白河院讨伐平氏的院宣
后鸟羽	元历	1184年	源范赖、源义经率军进京，木曾义仲败死；源赖朝设置公文所和问注所；一之谷之战
	文治	1185年	坛之浦海战，伊势平氏灭亡

七章　镰仓幕府和北条氏

日本第一个真正意义上的武家（武士阶层）政权，终于在腥风血雨中诞生了，然而天皇朝廷并不是立刻便成为傀儡的，在相当长一段时间内，公、武双方仍在互相协作、互相竞争，时而妥协，时而敌对。

烈火衣川之馆

高仓天皇治承四年（公元1180年），出师未捷身先死的源以光发下"以仁王令旨"，就此掀起了反抗伊势平氏的汹涌怒涛，中经安德天皇养和、寿永两个年号，直到后鸟羽天皇元历元年（公元1184年），平氏一门在坛之浦尽数覆灭，结束了长达四年的全国性动乱——这就是俗称的"源平合战"，史称"治承·寿永之乱"。

曾经辉煌一时的伊势平家，至此灰飞烟灭。平清盛的两个兄弟——教盛、经盛，儿子平知盛，还有大群孙儿、侄孙，全都跟着女眷和安德天皇一起跳了海，然而一门总领的平宗盛却竟然贪生怕死，迟迟不肯入水，最终当了俘虏——总大将是这般德行，仗又怎么可能打得赢呢？

据说平宗盛被押赴镰仓，他在源赖朝面前哀告求活，极其卑躬屈膝，赖朝觉得这般货色活在世上也无益处，当即下令将其处死。平宗盛之弟平重衡也未蹈海死难，因为他曾经领兵攻打过兴福寺，因而南都僧众要求引渡，遂即将其在木津川畔斩首。

伊势平家最后只剩下了一个平赖盛，此人早就与后白河院暗中勾搭，根本就没有跟随族人迁往西国，而是留在了京都，战后出家为族人乞求冥福，法号重莲。可以说，伊势平氏除赖盛一支外，尽皆覆灭，几无孑遗。

至此，源赖朝先后殄灭了伊势平氏和信浓源氏（木曾义仲）两大军事集团，成为全日本武士名义上的共主。为什么说是名义上的呢？因为当两个兄弟统领大军在外征战之时，赖朝本人不过窝在镰仓老巢搞内政而已，恐怕如今军中只知有"蒲将军"和"九郎判官"，而不知有他这个源氏栋梁了——于是乎，赖朝的黑手便向老弟们伸去。

源范赖听到风声，吓个半死，整天躲在家里不敢出来，就知道求神拜佛，加上一封又一封给兄长写效忠书。赖朝也知道他是草包，可是草包手握重兵（哪怕是曾经手握重兵）一样很危险，最终还是找了个借口把可怜的范赖干掉了。

下一个目标，当然是九郎义经。正好后白河院为了制约赖朝，大力拉拢警卫京都的义经，封官赏爵，毫不吝惜，这就更加引发了赖朝的猜忌。于是在重臣梶原景时的进言下，赖朝发布了讨伐逆贼源义经的命令——据说在"烈风逆橹，强登屋岛"的时候，景时与义经两人便已结下深仇。

所谓"烈风逆橹，强登屋岛"，指的就是元历二年（公元1185年）二月，源义经接替源范赖指挥兵马，攻打盘踞在屋岛的平家残党。他搜集了一些船只，不顾狂风急浪，便欲横渡海峡。

军监梶原景时建议说："应该在船上安装逆橹。"

义经询问："何谓逆橹？"

景时答道："要战马驰骋，必须上下左右回转自如，行船也是如此。船只能够快速后退是非常重要的，所以要在船首船尾都安上橹，船的两侧安上舵，这样便能进退自如了。"

义经闻言笑道："话虽如此，但尚未接战便想到后退，恐怕不太好吧。"

景时耐心地解释道："为大将者，要宜进则进，宜退则退，如同野猪一般只知一味向前猛冲，是无法率领全军取得胜利的。"

然而义经不但不肯听劝，反而嘲笑景时胆怯，说："什么野猪、野鹿，战而能胜才是最重要的。你的船上什么顺橹、逆橹，想安一千张、一万张，随便你了，我的船上是定然不需要的！"

两人为此大吵了一架，随即义经竟然赌气，就在当晚风势最盛的时候，并不知会梶原景时，就单独率领麾下一百五十骑乘船向西进发了——就此奇袭屋岛，获得大胜。据说梶原景时正是从此时开始，极度地厌恶和嫉恨义经。

民间传说中的源义经，淳朴善良，不愿与兄长作战，更不愿让好不容易安定下来的国家再起纷争，于是主动退出京都，率领臣子、家眷逃往陆奥。不过拨开历史的重重迷雾，按常理推断，就算他想不战而逃，后白河院也是不会轻易答应的吧？事实上，表面上最先挑起纷争的正是义经本人——平氏覆灭的当年八月十四日，朝廷改元"平治"，随即就应义经之请发布了赖朝讨伐令。

究其根由，乃是以后白河院为首的旧贵族害怕源赖朝变成第二个平清盛，因此竭力拉拢义经，而义经的那位叔父源行家，也因与赖朝不睦而从旁撺掇。义经本人在战阵上奇计百出，无人能敌，在政治上却稚嫩得有如孩童一般，就此上了他们的圈套，于是高举朝廷之"大义"，悍然向兄长树起反旗。

源赖朝自从定居镰仓以后，基本上就没挪过窝，此番听说兄弟在京都谋叛，被迫亲率大军西上。源义经看老哥来势汹汹，知道无力抵御，这才被迫化妆亡命，前往曾经受过庇护的奥州藤原秀衡门下避难。赖朝闻报后，派老丈人北条时政统率千骑入京以稳定局势，自己安然退回了镰仓。

至于那位源行家，也在同时期仓皇逃出了京都，不过他这回再没当年那般一藏数十年的好运气了，短短数月后即被捕获，满门皆遭处斩。

藤原秀衡是个老狐狸，虽然与赖朝一向关系不错，但平氏既灭，然后四国、九州平定，他心里咯噔一下，知道自己的领地也危险了，于是高兴地收留了义经，为异日与赖朝兵戎相见预布棋子。然而秀衡不久后便去世了，家督（一门总领）之位传给了儿子泰衡。藤原泰衡能力不如老爹，源赖朝一威吓，他就怕得要死，遂于文治五年（公元1189年）闰四月，秘密派兵包围了源义经的住处衣川之馆。

三十一岁的义经知道大势已去，于是和妻（三十二岁）、女（四岁）自焚而死，家臣武藏坊弁庆、鹫尾经春等人则恶战到最后一口气……

顺便说说义经有位名叫静的爱妾，据说本是京都的白拍子（一种女性着男装的舞蹈艺术），色艺双绝，性格温柔。义经逃出京都后便与已经怀有身孕的静御前失散了，静御前随即被源赖朝所捕，并在囚禁中产下一个男孩。源赖朝本着斩草除根的原则，下令将此男婴处死。静御前悲痛欲绝，不久又听说了爱人义经自杀的消息，于是出家为尼，郁郁而终。

源义经与静御前的爱情悲剧，成为日本文艺作品中经久不衰的主题，仿佛我国的楚霸王项羽和虞姬一般。

然而源义经的被杀，并不能阻遏汹涌而来的镰仓大军。当年八月，源赖朝攻克平泉，灭亡了自毁长城的奥州藤原氏，就此真正统一了天下。

其实，用最终结果来倒推，义经对赖朝功莫大焉，他使得赖朝有借口压制或消灭可能成为隐患的两大势力，一个是奥州藤原氏，另一个就是京都的旧公卿们。北条时政趁着奉命入京戡乱的机会，大肆打压亲义经派公卿，后白河院出面说情，时政就此提出两个苛刻的条件：其一，请朝廷允许镰仓政权在各国派驻守护职以执掌军事权和警察权；其二，允许镰仓政权在朝廷、公卿们的庄园中派驻地头，参与管理。在时政的要挟和逼迫下，后白河院只得忍气吞声地答应了。

建久三年（1192年）三月，随着新时代的来临，旧时代的代表人物后白河院终于咽下了最后一口气，时年六十六岁。后白河院毕生都在为复兴天皇朝廷、把政权收归皇族而努力，他先是借平氏之手重创摄关家，随即又借源氏之手消灭平氏，在义仲、义经、赖朝三人间不断地挑起矛盾和纷争。然而历史潮流是不以个人意志为转移的，后白河院引发了无数战乱，最终迎来的却是皇族政治的最顽强的掘墓人源赖朝，以及赖朝的代表北条时政。因此，后白河院原本的亲信信西曾评价他为"和汉史上最大的昏君"，无疑是以偏概全，而源赖朝说他是"日本第一号大天狗"，专事搅局，从某种意义上来说，却非常接近事实。

公武两重政权

建久三年七月，源赖朝受封为征夷大将军，正式开幕，史称源氏幕府或镰仓幕府。镰仓幕府具有相对独立的统治机构，以镰仓为中心，触角几乎延伸到日本社会的每个角落，与平氏六波罗政权不同，乃是真正意义上的武家政权。

在武家政权的中央也即镰仓，设置有负责行政的"公文所"，负责司法的"问注所"和负责军警权力的"侍所"，都直接从属于幕府将军。而在地方上，各国都设置守护职，从朝廷派驻的国司手中褫夺了军警大权。这些守护平时维持治安，监督御家人轮流戍守京都和镰仓（称京都大番役和镰仓大番役），战时则统率国内的御家人出征。

——平安时代，侍奉贵族或者武家栋梁的武士被称为"家人"。镰仓幕府成立后，那些与幕府将军结为主从关系的武士，为表对主家的敬意，在相关主家事物的词汇上往往多加一个"御"字，"御家人"的称呼即因此而来。

幕府的经济基础来源于"关东御成败地"，在这里"成败"是"处分"的意思，指幕府将军有权管理、可随意处分的领地。这些领地包括三个部分：一，"关东御领"，即朝廷赏赐给源赖朝个人的五百多处庄园；二，"关东御分国"，指朝廷把伊豆、相模、上总、信浓、越后、骏河、武藏、下总八国的国司任免权下发给赖朝，可由幕府推荐御家人担任，并可由幕府直接解职；三，"关东进止所领"，即北条时政争取来的，幕府有可在很多庄园和公领中设置地头的权力。顺便提一句，各国守护没有俸禄，一般也都兼任地头，从土地上获得报酬。

既然得到了全国的军警大权和强盛的经济基础，那么政治权力也就等于是幕府将军的囊中之物了。为了加强对京都及边远地区的控制，源赖朝还额外设置了京都守护、镇西奉行和奥州总奉行等官职，完善了所谓的"幕政"。其实"幕府"一词正和"将军"一词相似，都来源于中国，不过中国的将军们开幕建府，一旦攫取了天下的权力，很快就会改朝换代，从未出现过朝廷仍在，实权却连续许多代都掌握在幕府手中的事情，因此中国虽有幕府，却没有幕政。

源赖朝之所以能够获得成功，有两大因素是不可或缺的：一是占据了开发较晚，被公卿们目为边鄙偏域，但逐渐成长为大粮仓的关东地区，而这一地区大小武士团林立，只要将之统合起来，武力足以雄踞全日本；二是向全国的武士们展示，真正代表武士阶层的政权应当是何种形态，于是包括俗称"坂东八平氏"的三浦、土肥、秩父、畠山等家族在内，全都陆续聚拢到了他的身边。

然而武家政权终究是新生事物，草创之初是很不完善的，因此为了尽快稳定局面，源赖朝对旧势力作了相当大的妥协，朝廷仍能利用国司等官职行使部分权力，当时的日本，被称为是"公武两重政权"。既然没有一棒子把朝廷打趴下，那么朝廷和幕府之间的斗争也就难以避免……

仅以京都来说，当时存在着三股大的势力，相互斗争也相互制约。一是幕府将军派驻的京都守护，二是关白九条兼实，三是后白河院的残党丹后局和源（土御门）通亲。一开始，九条兼实为了制约院权，主动向源赖朝靠拢，征夷大将军的头衔，就是他为赖朝争取来的。然而在后白河院去世以后，赖朝却和实力渐弱的院的残党结合起来，准备向妄图独霸朝廷的摄关家开刀了。

丹后局本名高阶荣子，乃是后白河院的亲信平业房之妻，"治承三年的政变"中，平业房遭到流放，荣子留在京都，主动接近已被平清盛架空了的后白河院，随即就被后白河院收为妾侍。她和源通亲并为后白河院的心腹，据说院的很多导致变乱的政策，都出自这二人之手。

当时正是后鸟羽天皇在位，九条兼实和源通亲都把女儿嫁给了天皇。兼实的女儿任子虽然位居中宫，却只产下一名皇女，而通亲的养女虽为侧室，却生下了皇子为仁。于是，在幕府的支持下，建久七年（公元1196年）十一月，任子被赶出中宫，随即九条兼实被迫辞去关白之位——这被称为"建久七年的政变"。

两年后，后鸟羽天皇传位给年仅三岁的为仁亲王，是为土御门天皇，源通亲以天皇外祖父的身份执掌朝政。建仁二年（公元1202年）十月，源通亲去世，后鸟羽上皇趁机夺回了权力，重开院政。又过了八年，后鸟羽院以两度出现彗星为由，勒令还未成年的土御门天皇退位，扶自己另外一个儿子、十二岁的守成亲王登基,称为顺德天皇。当时有两位上皇,就有两位院,后鸟羽院称"本院",土御门院称"新院",天皇和新院都得看本院的脸色行事。

京都朝廷风云动荡,镰仓幕府的境况只有更为混乱。就在土御门天皇登基的当年年底,征夷大将军源赖朝在从相模川桥回来的路上失足落马,就此病倒,挨到次年元月,终于咽了气,享年五十三岁,传位给长子源赖家。

源赖朝在世的时候,集权稳固,诸事尚可独断专行。赖朝一死,幕府和御家人,以及御家人彼此之间的重重矛盾就暴露了出来。为了缓解这种种矛盾,赖朝的遗孀北条政子就以儿子年纪尚幼为借口,取消了赖家将军的独裁权力,代之以重臣合议制。最初参与合议的武士共十三人,包括:政子的父亲北条时政和兄弟北条义时,公文、问注、侍三所的长官大江广元、三善康信和和田义盛,此外还有中原亲能、比企能员、藤原行政、三浦义澄、八田知家、足立远元和梶原景时等。

镰仓幕府早期的政治斗争,就在上述这些人内部展开,朝廷亦趁此机会反攻倒算,欲图一举夺回政治、经济大权……

北条执权的诞生

镰仓幕府早期的政治斗争,若化繁复为简单,其基本的脉络是:北条一族击败将军源赖家,拥立其弟千幡继位;随即北条政子和义时兄弟又打败了老子北条时政，完全把镰仓幕府变成北条氏一家独大的局面。

先说第一步，据说二代将军源赖家很不成器，却又执着地想要摆脱母亲北条政子的控制，重掌幕权，他最倚重的臣子是梶原景时。梶原氏世居相模国镰仓郡梶原乡，先祖曾自称镰仓氏，梶原景时作为梶原一族的家督，在源赖朝初起兵的时候还是站在平氏一方的，曾跟随大庭景亲在石桥山大败赖朝。据说景时虽然获胜，却大为赖朝的勇武所感动，于是故意放赖朝逃生，把追兵引领向错误的方向。其后赖朝卷土重来，梶原景时前往投靠，赖朝记得活命之恩，给予重用，对他非常信赖，言听计从。幕府建立后，梶原景时一度接替和田义盛作为侍所别当，可谓是权势熏天。

民间传说中的梶原景时是一副奸臣嘴脸，这大概因为他曾经进言赖朝，让他讨伐自己的两个兄弟范赖和义经吧。在老百姓的观感中，既然范赖是老实头，义经是大英雄，那么说他们二人坏话的梶原景时自然就是白脸奸佞了。不过平心而论，景时的所作所为，不管动机何出，对于幕府政权的巩固还是大有益处的。

十三位合议重臣中，梶原景时首先丧命，这或许和他时常献计排除异己，不管是自己的异己还是幕府的异己，而不得人心有关。关于他的灭亡，史料上有两种完全不同的记载：一说是景时向将军赖家进言，陷害重臣结城朝光，此事为朝光所知后，就和六十五人联名上奏，请求将景时流放；另一说是景时察觉到御家人中有推翻将军赖家，拥立源赖朝次子千幡的动向，他向赖家进言，但因查无实据而反遭流放。

不管怎样，总之梶原景时是被流放了，但他并不甘于就此没落，先是退回自己的领地筑城固守，然后又率领族人上京去，打算向后鸟羽上皇申诉。幕府内部权力斗争，偏要捅到朝廷去，这不是自己找死吗？于是上京途中，梶原一族遭到幕府武士的追杀，尽数覆灭。

梶原景时之死，给将军源赖家敲响了警钟，他仿佛从景时的尸体后面看到了母亲北条政子的身影，于是决定扶持比企氏以制约北条氏。比企氏的家督比企能员本是源赖朝乳母比企尼之侄，在赖朝被流放伊豆以后，比企尼多次派人给自己的乳儿送衣送食，赖朝待她如同自己亲生母亲一般尊敬，比企能员也就因为这层关系得到重用。后来能员的妻子又做了源赖家的乳母，而其女若狭局也嫁给了赖家，并且生下儿子一幡。

因此缘故，源赖家想要对抗母族的势力，就不得不依靠妻族，镰仓幕府两代外戚就此展开了殊死搏斗。一开始是比企氏略占上风，但到了建仁三年（公元1203年）八月，身体一向不好的源赖家突然得了重病，他自知将不久于人世，害怕死后北条一党拥立弟弟千幡，杀害自己儿子一幡，就下令封千幡为关西三十八国的总地头，而封一幡为关东二十八国的总地头。

在赖家想来，我给千幡偌大赏赐，母亲大人您总该满意了吧，而我同时也给儿子二十八国地头职，他有地盘在手，你们也就无法动他。然而这种举动分明是分裂幕府，别说北条氏不答应，就连比企氏也感到无法接受。比企能员来向赖家进谏，赖家对他讲出了自己心中的忧虑，比企能员就说："如果担心北条氏胡为，不如趁此机会流放他们，怎能因此自乱阵脚,使天下二分呢?"

这个还没有具体执行步骤的计划却被北条政子探知了,政子大惊失色,决定先下手为强,于是以举行药师如来供养仪式为赖家祛病为借口,招来比企能员,当场将其处斩。能员死后,其子比企宗员率一族郎党固守将军嫡子一幡所住的小御所,没想到北条氏根本不管一幡死活,派兵猛攻,最终小御所在大火中化为灰烬,比企一族和年仅六岁的一幡全被烧死。

斗垮政敌以后,北条氏立刻逼迫已经万念俱灰的源赖家出家隐居,把将军之位传给其弟千幡,也就是源氏的第三代将军源实朝。次年七月,被幽禁在伊豆修禅寺的源赖家惨遭杀害。

就这样,幕府权力被彻底掌握在了北条氏手中,然而其后不久,北条氏内部也开始了争权夺利的斗争。

且说当年北条时政跟随女婿源赖朝起兵,初战即在石桥山被党从平氏的大庭景亲杀得大败亏输。当时时政带着儿子宗时和义时奋战断后,宗时英勇战死,直到确定赖朝已经逃得无影无踪以后,时政和义时才始转身逃亡。

等到丈人、女婿、小舅子重新会合在一起,时政向赖朝建议说,不如渡海前往安房国,号召当地的三浦、和田、千叶等豪族一起举兵,那时卷土重来,胜利可期。赖朝听取了时政的建议,这才有了以后的富士川大胜,以及更以后的镰仓幕府。

等到比企氏灭亡,北条氏完全掌控了幕权以后,因为政见的不同,北条氏内部逐渐分裂成两个派系，一为"先妻派"，即北条时政原配所生的北条政子、北条义时，以及二人的妹夫畠山重忠，二为"后妻派"，即时政和其新妻牧之方，以及牧之方的女婿（也是源赖朝的犹子，即不更改苗字的养子）平贺朝雅。其实后妻派的核心人物，应该说是平贺朝雅，源实朝还没有子嗣，如果他死去或退位的话，最具备继承人资格的就是朝雅，朝雅很想排除重臣合议，重振将军的权威。而相对地，先妻派代表了广大御家人的利益，希望共同支撑幕府这座大厦，而不让那些没经过战阵的二代目、三代目去胡作妄为。

两派争夺权势的导火索，就是畠山重忠的被杀。且说元久二年（公元1205年），在牧之方的安排下，将军源实朝决定娶后鸟羽院的宠臣坊门信清之女为妻。北条时政委派同族的北条政范进京迎亲，畠山重忠的嫡子重保作为护卫随行。当时平贺朝雅担任京都守护，他设宴款待政范一行，但在宴会上，朝雅和畠山重保却起了口角，几乎大打出手。

深究这次口角的根源，当时平贺朝雅的领地在武藏国的东南部，而畠山重忠任武藏守，领地在武藏国的西北部，本来两家中间还隔着比企氏的领地，但比企氏灭亡后就连在了一起。因领地纠纷而喧哗吵嚷，本在情理之中，然而此事被告到镰仓，牧之方想借此机会削弱先妻派的势力，就以谋反的罪名处死了畠山重保。受此牵连，当年六月，畠山重忠也被北条时政颁下了追讨令，他在赶赴镰仓申辩的途中，在武藏二俣川遭到北条士兵的围攻，奋战不敌，自杀而死。

畠山重忠之死，使得政子、义时姐弟意识到，若不抢先下手将老爹击败，必将后患无穷。于是在两个月后（当年闰七月），他们揭发牧之方企图谋杀源实朝，拥立平贺朝雅为新将军的阴谋（天晓得是真是假），逼老爹和老爹那个权力欲旺盛的新老婆回伊豆老家去隐居，并且将平贺朝雅斩首于京都。

其实作为女性来说，北条政子的权力欲丝毫也不逊色于牧之方，她从赖朝死后就出家为尼，但一直操控着幕政，担任将军的"后见"（监护人），人称"尼将军"。在她的支持下，兄弟义时替代老爹成为政所别当，和大江广元同掌政务，不久后又消灭了从赖朝建基镰仓开始就一直担任侍所别当的和田义盛，兼管侍所。镰仓幕府中央的三大机构，北条义时把握住了两个，于是设立"执权"的名号，成为幕府实际上的统治者。

上皇反乱

三代将军源实朝娶了前权大纳言坊门信清的女儿为妻以后，官方（皇室）和武方的关系看似非常亲密，因为坊门信清本是后鸟羽院生母七条院的弟弟，是本院最亲近之人，官方很想依靠这段婚姻，把京都和镰仓联为一体。

一心想恢复皇族权力的后鸟羽院以为时机来到，于是向源实朝提出种种要求，如让幕府停止向各地派驻地头等等，想要逐步将权力收归中央。实朝本人倒是并不想违逆本院的意思，然而实际掌握幕府权力的并不是他，北条政子和义时毫不犹豫地驳回了本院的请求。

后鸟羽院一怒之下，心说你既然不肯归权，那我就自己来干。他先逼迫亲幕府派的关白藤原兼实下台，然后又插手本该由幕府掌握的守护的补任权。这种种行为遭到了镰仓方针锋相对的反弹，只可怜了夹在中间的实朝将军，他甚至一度想亲率六十名随员出访宋朝——反正幕府大事也不需要我说了算，不如去休——因为新建大船不能在镰仓附近下水方才作罢。

　　到了承久元年（公元1219年）元月，将军源实朝前往镰仓鹤冈八幡宫参拜，却就此一去不返，遭了刺客的毒手——刺杀他的乃是他的亲侄子，也就是二代将军源赖家的遗子公晓。源赖家被害后，公晓在祖母北条政子的抚养下长大，因为深信父亲之死乃是叔父源实朝的阴谋，所以找机会刺杀了实朝。当时还有谣言说，其实是北条义时煽动公晓谋害幕府将军的，因为将军最近的所作所为，颇有靠拢官方，出卖御家人集体利益的倾向。

　　源实朝被刺杀了，凶手公晓及其兄弟禅晓也随即被捕处死，源氏幕府的血脉就此断绝——源赖朝几乎杀光了平氏，进而又杀光了自己的兄弟，他可料不到自己也会有绝后的一天吧？按照日本传统的家族制度，血缘并不是最重要的，如果家族血缘断绝，那就从别家过继一个来担任家主，只要维持家名不堕、家业不毁就行了。于是执权北条义时希望挑选一位皇子来继任将军，这样可以使幕府的威信不降反升。

　　据说北条政子和后鸟羽院之间曾有过约定，如果将军家断嗣，就由后鸟羽院派一位亲王来入镇镰仓。可是后鸟羽院趁此要挟幕府，重提停派地头的事情，在再次遭到拒绝后就推翻前议，坚决不肯让皇族入继镰仓了。在后鸟羽院想来，幕府不肯让步，则自己派亲王去镰仓也无法控制武士们使他们屈服，反倒是送给了他们一个合适的人质，这又是何苦来哉？

北条义时无奈之下，只好退而求其次，去向摄关家求告，最终商定由九条道家（兼实之孙）的第三子、年仅两岁的三寅就任新的幕府将军。这个叫三寅的孩子的外祖母是一条能保和源赖朝的妹妹所生，七拐八绕也算是沾了点儿河内源氏的血脉，就这样，新将军继承了源氏代代相传的赖字，称为九条赖经。

幕府最终放弃了迎接一位"宫将军"的努力，转而接走了藤原氏将军（九条氏为藤原北家的分支），这使后鸟羽院愈加羞恼。于是承久三年（公元1221年）四月，他命令顺德天皇让位给年仅四岁的怀仁亲王，也即仲恭天皇，随即于次月发动政变，派遣手下武士突袭消灭了京都守护伊贺光季。初战胜利，后鸟羽院得意扬扬，自以为得到上天的庇佑，于是颁发院宣，号召全国武士都站出来讨伐幕府执权北条义时。

得知这一重大消息后，北条义时非常惊慌，因为虽然拥护官方的人数不多，但是如果天皇亲征，当御辇出现在敌阵前面时，幕府方的武士势必要摘掉头盔、扯断弓弦，跪拜降伏。到那时，战不能战、退不能退的尴尬局面便会出现，召集起来的部队纵有百万，也会一哄而散，甚至因为形势所迫站到敌人一边去。

当天，北条义时、大江广元以下所有在镰仓的御家人都被北条政子召集到了一起。在众人到齐后良久，政子才缓缓步出，随即流着眼泪动情地向御家人们讲起了过去武士被贵族像狗一样呼来喝去的悲惨命运，讲起了先将军赖朝率领武士们披荆斩棘、建立起镰仓幕府的光辉业绩，最后指出武士只有团结在幕府周围才不会再次沦为贵族的奴婢。在场的御家人都感动得哭泣了起来，最后大家横下一条心，决定为了保卫自己的政权而和朝廷血拼到底。

且说后鸟羽院拼凑了武士、僧兵一万七千人准备讨伐北条氏，而北条义时则采纳了大江广元速战速决的建议，以其子泰时为总大将，兄弟时房为副将，大军分为三路，分别攻略尾张、美浓、三越（越后、越中、越前），直逼京都。一路之上，各地的武士们闻风而至，陆续来援，当到达京都时，幕府军已达十九万之多。据说义时说过这样的话："先派十九万大军供上皇御览吧，如果不够的话，我就再亲率二十万军士上洛（日本古代模仿中国东汉，称京都为洛中）！"

官方部队寡不敌众，不得不收缩防线，死守宇治、势多、淀等要隘。时值初夏，宇治川河水暴涨，官方部队又毁坏了所有的桥梁，却仍无法抵挡幕府军的汹涌如潮之势。在高昂士气的驱动下，大将佐佐木信纲冒着如雨的箭矢率先纵马跃进浊流，泅渡过河（当年源平合战时，他的舅舅佐佐木高纲也是这样纵马跃进宇治川，渡河杀敌的），在其感召下，十九万幕军将士纷纷纵马跃进了宇治川，一举击溃了对岸的官方部队。这次贵族叛乱历时一月，但决战只用了半天时间，史称"承久之乱"。

北条泰时不费吹灰之力就杀入京都，占领了皇宫，在六波罗设下大本营。他不仅杀死和流放了大批敢于跟随后鸟羽院造幕府反的公卿们，没收了公家和在京武士的领地赏赐给有功的御家人，还勒逼仲恭天皇退位，让后鸟羽院的侄孙、十岁的茂仁皇子继位，是为后堀河天皇。仲恭天皇在位仅仅七十七日，因为还没来得及正式举行继位典礼，所以史称"废帝"或"半帝"。

北条氏当然不会放过这次造反的后台老板，他们逼迫后鸟羽院削发为僧，然后将其流放到西方的隐岐岛，顺德院则被流放去了佐渡岛，就连没有参与叛乱的土御门上皇也难逃被流放的命运，他的目的地是四国的阿波。后鸟羽院在流放地又活了整整十八年，一直到延应元年（1239年）才病死，享年六十岁。

宫骚动

"承久之乱"后，幕府的经济基础迅速扩大，并据此得以在政治上和官方分庭抗礼，甚至占有绝对优势，就连皇位继承和朝官任命也都需要经过幕府点头——其实是需要北条氏点头。北条义时还撤销了京都守护一职，代之以六波罗探题，负责监视朝廷，协助管理幕府统治较薄弱的近畿以西地区，这一职位世代由北条氏一门担任，职分南北，首任六波罗探题就是平定上皇反乱的北条泰时（北探题）和北条时房（南探题）。

元仁元年（1224年）六月，北条义时去世，于是北条泰时和时房就把职务交给各自的儿子时氏、时盛，从京都回归镰仓。这位北条泰时原名金刚太郎赖时，因为源赖朝曾将名字里的"赖"字赏赐给他，这称为"一字拜领"，乃是无上的荣宠。作为北条义时的最大的儿子，泰时本来最有资格继任家督之职和执权之位，不过义时晚年宠爱后妻伊势局，想要改立伊势局所生的北条政村为继承人，虽然最终并没有实行，但多年远在京都的泰时，论在镰仓的势力，根本就不是伊贺局母子的对手。

最终帮了泰时大忙的，还是他的姑母、"尼将军"北条政子。政子秘密拜访了御家人中的实力派三浦义村——这位义村本是跟随源赖朝起兵的老臣，相模豪族三浦氏的家督，连当年威名赫赫的和田义盛也不过是三浦家的分支而已。在政子的劝说下，三浦义村答应辅佐北条泰时，再加上北条时房等人的支持，泰时最终击败政村，登上了新的幕府执权的宝座。

北条泰时被称为名君，他在任期间完善了幕府的统治体系，也稳固了北条氏执权的势力。贞永元年（1232年），北条泰时主持完成了《御成败式目》，也称《贞永式目》。《贞永式目》规定了以"连署"作为执权的副职，主要由北条一门重要人物充任——首任连署就是泰时的叔父北条时房。此外，还规定了由包括执权、连署在内的十三四人组成"评定众"，成为幕府最高决策机关——大功臣三浦义村就是首任的评定众之一。

《贞永式目》还详细规定了关于年贡、刑罚、御家人生活等事项的条目，成为相当长时间内的武家基本法典。值得一提的是，这部《贞永式目》还规定了许多重视女性地位的条文，可以说是初具了国民宪法的意味。

北条泰时还实行了多项经济改革措施，并积极开展对南宋的贸易——贸易的结果是，南宋政府出现了由于铜钱输出过多引起的"钱荒"，最后不得不限制每年对日本的官方贸易规模——使全国经济环境得到极大的改善。自源平合战以来，日本社会终于进入了一段稳定发展的时期。

当然，即便在种种所谓的"善政"下，小老百姓也是很难填饱肚子的。当时的农村结构，是由大名主、小名主占有土地，作人、下人和所从耕种土地来架构起来的。大名主大多为幕府御家人，上等的还能爬到地头、庄官甚至守护的地位，小名主也称百姓名主，大多只拥有土地一到二町（1町约等于一亩半），等同于富农或中农。作人又称小百姓，作人以下没有自己的土地，就是佃农了——那是农村社会的绝大多数。

名主要向领主交纳多重贡赋，主要为田租（水田税）或畑租（旱田税）的"本年贡"，经常占到收获物的三到四成，此外还有"付加米"、"万杂工事"等等，总数经常超过收获物的一半以上。对比中国汉代的"十五税一"甚至"三十税一"，似乎古代日本对农民的盘剥是个天文数字，但事实上日本的社会结构相对简单，不像中国，虽然只交给朝廷收获物的几十分之一，但庄园主、地主的横征暴敛随心所欲，就根本无从统计了——当然，日本老百姓还是很能吃苦耐劳的，逼急了上山为盗，也基本没产生过中国古代那种频繁动摇国本的农民大起义。

拉回来再说北条氏执权，泰时死于仁治三年（1242年）六月，因为儿子们都已先他而去，所以传位给孙子经时，经时体弱多病，在位四年就让给了弟弟时赖。北条时赖当年二十五岁，他同时还接受了得宗（北条氏嫡流家督）的地位。

正如被幕府夺去权力的官方不断闹事，想要恢复往日荣光一样，被执权架空的幕府将军也并不甘心久处傀儡的位置。当时，因为北条经时统治不力，逐渐长大的将军九条赖经结合了一部分御家人，想要收回本该属于自己的权力。虽然在宽元二年（公元1244年），赖经被迫退位，把将军宝座传给儿子赖嗣，但此公躲到幕后，仍想兴风作浪。

宽元四年（公元1246年）三月，北条经时退位，闰四月就咽了气。当年五月，趁着新执权时赖立足未稳，同族的名越光时与评定众后藤基纲、千叶秀胤等人密谋，妄图拥立前将军赖经复位，从而使自己替代北条时赖就任执权——史称"宫骚动"。

北条时赖以雷厉风行的速度逮捕并流放了名越光时，把前将军赖经遣返京都，并且以此为契机，发兵攻击亲近赖经并且日益坐大的三浦氏。次年是宝治元年（公元1247年），这一仗称为"宝治合战"，最终三浦氏战败，一门总领三浦泰村率族人五百余名逃入镰仓法华堂中，尽数自杀。

经过"宫骚动"和"宝治合战"，北条执权和藤原九条家的关系出现了裂痕。建长四年（公元1252年）二月，将军的祖父九条道家去世，北条时赖干脆流放了将军赖嗣，成功迎立后嵯峨上皇的皇子宗尊亲王就任幕府将军。对应幕府将军来源的三个阶段——源氏将军、九条将军和宫将军，幕府的统治体制也同样经历了三个阶段：源赖朝的独裁体制、重臣合议制（评定众制度）和北条得宗专制体制——北条时赖时代，就是得宗专制的开端。

番外篇

通字和偏讳授与

中国人重视辈分,往往利用同样的偏旁或文字来标识一个大家族中同辈的男性(近世有时也兼及女性)。比如至圣先师孔子的后人,从明代开始,他们所定的辈字就是:"希言公彦承,弘闻贞尚胤,兴毓传继广,昭宪庆繁祥,令德维垂佑,钦绍念显扬。"1919年再增二十字:"建道敦安定,懋修肇彝常,裕文焕景瑞,永锡世绪昌。"近现代的名人如孔繁森是繁字辈,孔祥熙是祥字辈,孔令辉是令字辈。

再如朱明王朝创始人朱元璋有二十六个儿子,都用木字旁的字为名,著名的有太子朱标、秦王朱樉,以及后来当了永乐皇帝的朱棣。而朱氏从第三代以后,都起双字名,第一个字代表辈分和大、小宗,第二个字以五行为偏旁,比如朱标的儿子分别叫朱允炆、朱允熥等,朱棣的儿子分别叫朱高炽、朱高煦、朱高燧等。天启皇帝叫朱由校,崇祯皇帝叫朱由检,大家一看就知道他们是哥儿俩,错不了的。

日本人的传统则重视家系的一脉相承,而并不在意辈分,所以他们的名字中往往有个"通字"世代相传。比如镰仓执权北条氏的通字就是"时",北条时政的儿子名叫宗时、义时、时房,义时的儿子名叫泰时、朝时(名越朝时,光时的父亲)、重时、有时、时尚,还有两个叫政村和实泰的,因为某种特殊情况而没有使用通字——同样叫某时或时某的,不一定会是兄弟。

再举一个例子,足利幕府的开创者是足利尊氏,尊氏生了两个儿子义诠和基氏,其中义诠系继承幕府将军宝座,此后世代就以"义"字为通字,比如三代以下历任将军就是:义满、义持、义量、义教、义胜、义政、义尚、义稙、义澄、义晴、义辉和义昭。

在武士阶层中，有所谓"偏讳授与"的风俗，即主家从自己的名字里取一个字授予臣下，双方结成一种模拟的亲子关系，以拉近主从间的感情——若从受赐一方来说，则可称为"一字拜领"。这种获得主家赏赐"偏讳"之事，在当时是非常光荣的。打个比方说，战国大名武田信虎下赐臣下自己的"虎"字，比如甘利虎泰、饭富虎昌、原虎胤、金丸虎义等等。再比如，战国大名长尾景虎继承上杉苗字，受上杉家督宪政的偏讳，改名为上杉政虎，后来又受幕府将军足利义辉的偏讳，改名为上杉辉虎。

偏讳授与还分上字授与和下字授与两种。所谓上字，指的就是通字，而下字是通字外个人所独有的那个字，两者区别很大。一般情况下受赐偏讳，多是下字，上面举的那些例子都是如此，不过也有例外的情况，那就显得更为信任和宠爱。比如上述武田家的通字是"信"，武田信虎的儿子晴信赐爱将教来石景政"马场"家名和通字"信"，更名为马场信春。再比如，战国大名后北条家有员猛将，苗字本为福岛，后来娶了家主北条氏纲的女儿，成为一门众，拜领下字，改名为北条纲成，纲成的儿子则先是拜领北条氏纲的儿子氏康的下字，称北条康成，后来改赐他上字，变成北条氏繁。

下字授与还则罢了，上字授与就容易造成相当程度的混乱，尤其后人望着一大堆相同通字的家伙，就很难搞清哪些真是一家子，哪些只是偶然撞上通字相同，哪些是拜领了别人的上字……

年表：

幕府将军	北条执权	年号	具体年份	事件
		文治	1187年	源义经逃出京都，往依陆奥藤原秀衡
			1189年	藤原泰衡袭杀源义经；源赖朝制压平泉，灭亡奥州藤原氏
源赖朝		建久	1192年	后白河院殁；源赖朝就任征夷大将军，开创镰仓幕府
			1198年	源通亲掌握朝廷实权

续表

幕府将军	北条执权	年号	具体年份	事件
源赖朝		正治	1199年	源赖朝殁,源赖家继任为幕府将军;幕府结束将军独裁制度,采取御家人合议制
			1200年	梶原景时遭流放,旋被杀
源赖家	北条时政	建仁	1203年	源赖家欲图分割领地与其子一幡和兄弟千幡(源实朝);比企氏之乱,一幡被杀,源赖家被幽禁,源实朝继任为幕府将军;北条时政就任执权
源实朝	北条义时	元久	1204年	源赖家被杀
			1205年	北条时政攻杀畠山重忠;时政倒台,其子北条义时就任执权
		建保	1213年	和田义盛举兵失败,被杀;北条义时兼任政所、侍所别当
			1217年	源实朝远渡宋朝的计划失败
		承久	1219年	源实朝被公晓杀害;九条赖经继任幕府将军
			1221年	承久之乱
	北条泰时	元仁	1224年	北条义时殁,北条泰时继任执权
		嘉禄	1225年	大江广元殁;北条政子殁
九条赖经	北条经时	仁治	1242年	北条泰时殁,传其孙北条经时;后嵯峨天皇登基
九条赖嗣	北条时赖	宽元	1246年	北条经时让位给其弟北条时赖,旋殁;宫骚动
		宝治	1247年	三浦泰村一族被北条时赖所灭(宝治合战)
宗尊亲王		建长	1252年	宗尊亲王继任为幕府将军

注:镰仓幕府将军继位,以朝廷正式颁发册封诏书为准,故而其中或有多年的空白期。

八章　元军来袭和幕府落日

元军两次试图侵入日本，结果都因遭到顽强抵抗和不识海上风浪而失败了。然而战争却极大地削弱了镰仓幕府对御家人的控制力，加之新兴武士团"恶党"的蜂起，终于吹响了幕府灭亡的号角。

以致用兵

北条时赖、长时、政村等人统治的二十多年间，镰仓幕府进入了全盛期，得宗专制政权也逐渐稳固。不过武士们在掌握了政权以后，也很快奢靡腐朽下去，大有向京都公卿们看齐的迹象。为此，北条时赖等幕府执权大力提倡勤劳节俭，据说时赖本人的日常起居就相当简单，即使住所残破了也只是略加修葺而已，筵席上每每用味噌汤来替代酒水，《徒然草》中还记载着其母松下尼亲手为儿子修补破损的门幛的轶事。

然而盛极而衰，否极泰来，本是人世常理，执权政治的种种危机暂时被压制了下去，却最终通过"文永·弘安之役"沉渣泛起，酝酿着一次总的爆发。咱们先从文永三年（1266年）说起吧，当年六月，将军宗尊亲王不满执权北条氏的专断，遂与亲信武士密谋发动政变，消息泄露后，连署北条时宗废黜了宗尊亲王，另迎其子惟康亲王就任征夷大将军。

为什么动手废立的是连署，而不是执权呢？这是因为北条时宗乃是时赖的嫡子，继承了得宗的地位，而长时、政村两代执权却并非得宗。

北条时赖因为健康原因，于三十岁的盛年就退位隐居，把执权之位传给堂叔北条（赤桥）长时，但他仍在幕后操控一切。弘长三年（公元1263年）十一月，北条时赖去世，享年三十七岁，遗言让儿子时宗备位连署。次年八月，执权长时也去世了，传位给他的堂叔北条政村，同时，年仅十四岁的时宗正式就任连署。可以说，北条长时的时代，乃是北条时赖时代的延续，而北条政村的时代，却是北条时宗时代的开端。

关于历代北条执权是否得宗出身，可见下图——

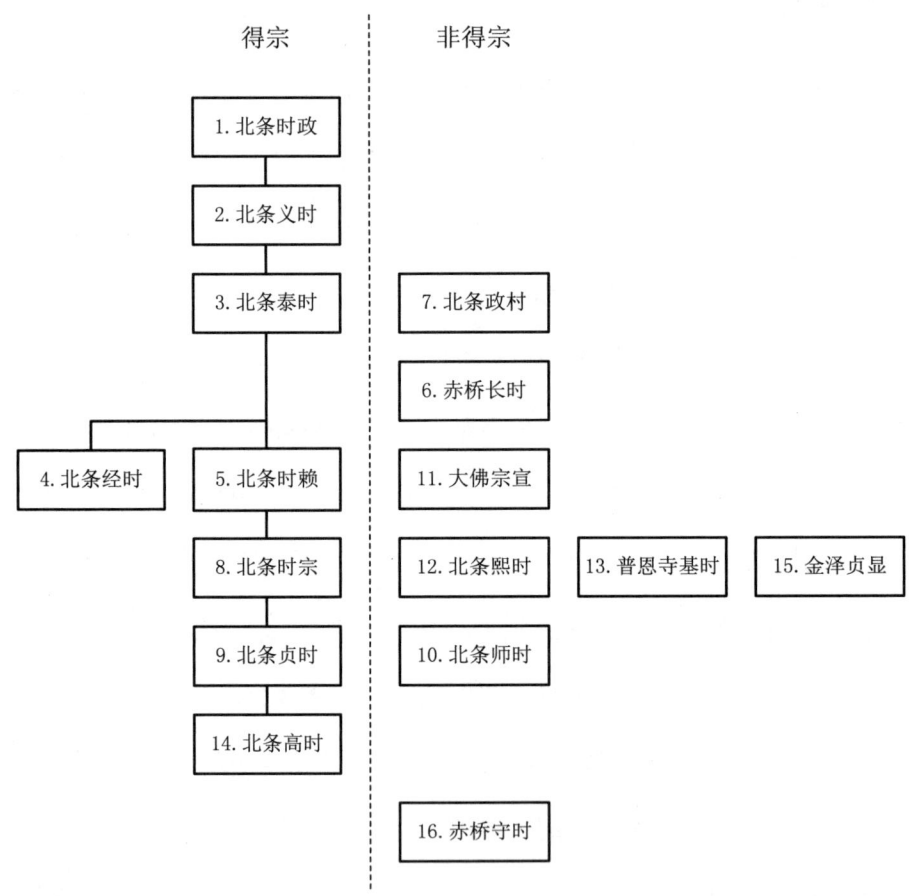

当时北条执权的势力如日中天，俨然日本唯一的统治者，经常有人跳过天皇、幕府将军称执权为"日本国王"，而执权们也都甘之如饴。就当这些北条氏的国王们还在考究傀儡将军问题的时候，隔海相望的中国大陆却已经出现了翻天覆地的变化——南宋景定元年（公元1260年），这时候日本的北条长时还没有咽气，三月份，忽必烈在开平称蒙古大汗，九月击败政治对手阿里不哥于甘州，当年十二月，高丽王国向蒙古称臣。

忽必烈野心勃勃，不仅想南下灭亡早已残腐不堪的南宋王朝，还打算东渡大海，兼并日本。不过日本蕞尔小邦，僻在荒远，派兵攻打实在太不划算，以忽必烈最初的心思，是想派遣一介使臣说服日本主动归降，如同高丽国故事。

这位蒙古使臣名叫黑的，不过他最初并没有真正到达日本。在进入高丽国以后，国王认为海上风浪极其危险，怎能让上邦使节受此颠簸辛苦？于是派起居舍人潘阜代替黑的前往。文永四年（公元1267年）九月，潘阜来到日本，呈递高丽国书。

自从白村江水战被唐朝打败以后，日本基本上就没有遭遇过来自外部的强大压力，一晃六百多年过去了，朝野上下莫不以为世界上只有日本和西方和平的大国中国，以及高丽等中国的附庸国，内部厮杀得再厉害，外界也绝无纷争。所以日本朝廷在不明了大陆形势的情况下，迟迟未肯回书高丽。

于是黑的等不及了，于次年元月亲自渡海来到太宰府，递上蒙古国书，要求尽快给予答复。当地的守护少贰资能急将国书送往镰仓，幕府接到一看，上写："高丽，朕之东藩也。日本密迩高丽，开国以来，亦时通中国，至于朕躬，而无一乘之使以通和好。尚恐王国知之未审，故特遣使持书，布告朕志，冀自今以往，通问结好，以相亲睦。且圣人以四海为家，不相通好，岂一家之理哉？以至用兵，夫孰所好，王其图之。"虽然只写着"通好"，没写要日本臣服，但明确给出了"以至用兵"的威胁。幕府不敢擅专，立刻上奏朝廷。

日本和南宋的关系一直很好，双方通商往来频繁，日本本身金属匮乏，不铸铜钱，全靠从南宋进口。基于这种考量，日本又怎能向南宋的敌国蒙古低头呢？一时间朝议汹汹，全都认为不可通好，连回信都不肯写，就派兵"恭送"黑的离境。

不过既然蒙古人已经作了开战的威胁，日本当然不能不预作防备，于是幕府下令赞岐等国的御家人做好战斗准备。当年三月五日，北条政村自认为年老体衰，无法面对如此危局，干脆把执权之位让给了连署，即年仅十八岁的北条时宗。

是战是降，你总得给个答复吧，黑的两手空空，这可怎么回去向大汗忽必烈交代呀？于是文永六年（公元1269年）三月，他再次渡海来到日本最西北方的对马岛，要求获得返书，在迟迟得不到回复后，干脆大肆抢掠一番，然后才打道回国。蒙古人野蛮，高丽人还算文明，知道光靠武力解决不了问题，于是当年九月，高丽自己再派使者来到日本，送还了半年前抢走的两名对马岛民，并且呈递上蒙古中书省的最后通牒。

第二年，日本朝廷终于决定正式写下拒绝通好的国书了，先拟定草稿送到镰仓，等执权北条时宗点头以后，才派使者送往高丽。这种强硬的态度，终于激起了忽必烈武力征服日本的野心……

文永之役

元朝至元八年（公元1271年）十一月，忽必烈正式称帝，建立大元帝国。帝国一方面以摧枯拉朽之势攻打南宋，另方面也做好了渡海侵略日本的准备。到了至元十一年（公元1274年），他下诏在朝鲜建立征东行省，征发高丽船工、民伕三万五千人，建造了九百艘大战舰。当年十月，忻都为都元帅，洪茶丘、刘复亨为左右元帅，率领大军四万，从朝鲜的合浦出发，浩浩荡荡远征日本。

十月四日，元军在对马岛附近出现，守护代（守护的代理人）宗助国父子率八十骑拦阻，诘问上陆理由，却被毫不留情地歼灭了。十五日，元军又占领了壹岐岛，守护代平经高以下百余人战死。二十日，四万元军在九州的博多登陆，镰仓幕府方面则聚集了少贰经资、大友赖泰、菊池武房、岛津久经、竹崎季长等九州诸国兵马，甚至寺院僧兵，总计十万两千人，雄赳赳、气昂昂地前往迎战。

上午时分，在百海原地区，激烈的战斗打响了。日本骑马武士在各自家主的率领下，首先以许多个数百人的小队向排列成密集方阵的元军步兵阵地展开突袭。面对这种和蒙古人最初起家时候差不多的古老战法，元军摆开了各种火器应对，据日本方面记载，一种名叫"震天雷"的火药球不断在日军阵中爆炸，爆炸时发出如同百雷落地的巨响，使得日方的骑马武士和战马全都惊恐不知所措，烟雾中铁屑、瓷片四下纷飞，给队形密集的日本武士集团造成了非常严重的杀伤。

双方的武器装备和战争技术实在相差太远了，六百多年以来，大陆的武器配备已经从纯冷兵器进化到冷热兵器并用的阶段，战术也有了长足的进步，而日本方面几乎和白村江水战时候相差不远。仅以弓箭而论，元军使用的复合弓射程较远，射击周期也比较短，而日方的缠藤弓大多只是单体弓，射程近，过长的箭支也使射击周期延长，再加上元军的箭支上浸过毒药，日军中者无不肌肤糜烂。元军在作战时击鼓鸣金，也使得日军的马匹惊跃狂奔，无法控制。习惯于"一骑打"（单挑）战术的日本武士在和使用先进集团战术的元军进行短兵作战时，遭受的损失更为巨大。

尽管在武器上、战术上，日方都要落后许多，但是为了保卫自己的家乡，他们表现出了非常顽强的斗志。尤其是少贰经资、菊池武房、竹崎季长等人，率领手持薙刀（一种长柄窄身刀）、身披薄弱铠甲的骑马队，不断顽强地向元军阵地发动突击，使得元军的远程武器失去作用。混战中，元军副元帅刘复亨中流箭落马，导致士气大衰，损失惨重的日军趁机撤退，凭借水城（白村江战后建筑的一座巨大水坝）重新布阵。元军害怕遭到日军的夜袭，不敢在陆地上扎营，被迫退回船上进行休整。

不料当日夜间，海面上突然刮起了猛烈的台风，元军船只被倾覆二百余艘，落水淹死者不可胜数。二十一日晨光熹微，日军来到海岸边时，却发现海面上不见敌军，只剩下了一些破碎的木片。幕府的武士们不敢相信自己已经胜利了，直至抓到了元军的俘虏后才派遣快马进京报捷。此战元军战死、溺死大半，最后辗转回到大陆的只剩下一万三千五百人——日本史上称为"文永之役"。

朝廷得报后大喜若狂，龟山上皇巡回各大寺庙神社，到处做"异国降伏"的祈祷。然而年轻的北条时宗却并没有被胜利冲昏头脑，在冷静分析了形势以后，他认为元朝是大过日本百倍的大国，不会因为一次战役遭受重大损失就停兵罢战。于是，他急忙命令各国守护回国征发全国六十五岁以下的男子充当预备役士兵，各寺院的僧兵也被动员起来保卫国家，加强军备建设，并组织民夫修建环绕博多湾的坚固石堤。同时，他对各国武士也进行了细致的分工：四国、九州地方的武士在本地加强防御；中国地方（畿内以西的本州岛部分）的武士防守堪称西门锁钥的周防、长门，并随时准备支援四国、九州的战斗；京畿、关东地方的武士驰援京都；就连东北奥羽地方的武士也要随时做好战斗准备。

初战失利，忽必烈恼羞成怒，一方面重整旗鼓，准备二度入侵日本，另方面也继续派遣使臣，想要说服日本投降。然而北条时宗的态度更为强硬，建治元年（公元1275年）九月，他在龙之口处斩了元使杜世忠，弘安二年（公元1279年）七月，又在博多处斩了元使周福和栾忠。

看这些掉了脑袋的可怜的使臣的名字就可以知道，他们不是汉人就是高丽人，而根本不是蒙古人。事实上，忽必烈先后两次派遣大军进攻日本，主力部队都是南宋的降人和高丽人，真正安插在其中的蒙古兵寥寥无几——想想也是，要出身草原大漠的蒙古兵乘上船去横渡大海，那还不是直接要了他们的命吗？

弘安之役和战后的危局

元至元十六年（公元1279年）二月，元朝灭亡南宋，完全统一中国，势力更为强盛。到了至元十八年（公元1281年），忽必烈再次下诏东征，派出两路大军：一路由忻都、洪茶丘率领四万作战部队，战船九百艘，从朝鲜半岛出发；一路由范文虎率领携带农具、稻种的十万江南屯田部队，战船三千五百艘，从扬子江口出发。两军约定于六月中旬在壹岐汇合，作战部队负责进攻，屯田部队则在被占领区屯田，以为长久之计。

六月初，负责作战的东路元军进展神速，不待江南军到来，先绕过了对马和壹岐，直接南下侵入博多湾，攻克了志贺岛。然而因为日本幕府方面预先做好了比较充分的准备，在博多附近建起了牢固的石堤，使得元军的战舰在到达日本近海时，竟找不到一处可以登陆的地点，只好停泊在海面上等待时机。

在停泊于海上的一个月里，元军进行的几次强行登陆作战都宣告失败，并且一直遭到河野通有、草野四郎等地方豪强所组成的海上敢死队的袭扰。这般的船上作战，全靠个人水性和武力拼斗，元军的步兵集群战术根本无从发挥，因而双方互有损伤，谁都无法真正改变战局。元军被迫退到肥前的鹰岛，等待江南军赶来会合。

六月底，江南元军的先遣部队攻入壹岐，七月初，南北两军终于完成汇合。然而就在即将发起总攻的七月三十日，元军再次遭到台风的猛烈袭击，兵船大部分沉没，生还者还不到十分之一——这第二次对日本的失败远征，史称"弘安之役"。

元军两次来侵，都因为台风骤起而遭到惨败，这只能说明忽必烈敌情搜集和出征的准备不充分，以及指挥官不知天时风候，颟顸无能。然而在日本方面看来，两次骤起的台风如有神助，因此将其尊称为"神风"，认定日本岛国有天神庇佑，永远不会沦亡——就是由于这种愚蠢而骄傲的心理，他们在第二次世界大战后期才会欲哭无泪。

拉回来说欢庆胜利的幕府吧，战争虽然打赢了，敌人虽然退去了，但幕府却从此背上了沉重的负担。元朝是如此庞大，随便发动一两次远征，扔个数万人，对国民生计都不会产生太大影响，而面对这样的敌人，数年来积极备战的镰仓幕府，却已经府库空虚，财政拮据了。

更要命的是，战斗既然打赢了，那总该奖赏有功之将吧。按照幕府的传统，御家人应当一心"奉公"，而幕府要公平"恩赏"，恩赏的内容则不外乎土地和庄园。比如"承久之乱"的时候，北条泰时就流放了大批公卿，没收其庄园和土地以赏赐给有功的御家人。然而这次打的是防御战，根本没能获得新的土地，又拿什么来赏赐那些奋战在第一线的九州武士呢？

幕府无力行赏，御家人们或许可以暂时咽下这一口气，然而这些御家人自己也有一族，有家来，有临时拉出来的领地上的农民，不可能要求那些下层武士和百姓也都秉持着对幕府或主家的忠心不要赏赐吧。于是御家人只好大量侵占公地来达成奖赏臣下的目的，这些新被侵占的土地和庄园并非幕府恩赏，也不可能得到幕府的承认，是基本上独立于幕府经济体系之外的。就这样，幕府对御家人和对全国大小庄园的控制力开始减弱。

饶是如此，仍有大批武士破产，而相对地，"百姓名主"中倒有相当数量因为发战争财而上升为武士阶层。这些新武士和旧的御家人不同，与镰仓幕府并无严格意义上的主从关系，他们为了保护自己的土地以及土地上的产出，经常阻碍幕府对年贡的征收，甚至武装袭击和抢劫运送年贡的车队。当时的人称这些新兴武士集团为"恶党"，恶党首先出现在近畿地区，逐渐蔓延到日本各地，甚至很多不满幕府统治的地头和守护也逐渐与恶党们暗中勾结起来——后来声威赫赫的楠木正成，原本便是河内国的恶党头子。

以上所述，都是"文永·弘安之役"给日本社会造成的不安定因素，这些不安定因素前已有之，因为战争的刺激而开始泛滥并且日益严重。此外，日本家族制度的变更，也给幕府统治带来了相当大的影响。

日本古代家族，表面上看是属于家名继承制，实际上则属于诸子析产制，也就是说，一门总领世代相传给嫡子（没有嫡子则另当别论），并且只传一人，然而老子隐居或去世，名下财产却是平均分配给各个儿子的。本家的一门总领挂个家督的空名头，他的实力未必比得上那些分家，分家只是在家族完整的前提下听命于总领而已。

因此，御家人的领地经过很多代以后越分越细，就算分家没有离心倾向（打败元军以后，基于财政上的考虑，这种离心倾向其实是越来越严重的），一百头羊集合在一起，也比不上过去的一头狮子。于是很多家族为了维持实力，就逐渐从诸子析产制向总领继承制方向转化，也即老爹隐居或死后并不分家，财产都是一门总领继承人的，别的儿子都得靠这个新总领来养活。

为了保持御家人的活力，镰仓幕府鼓励这种新的转变，而在执权北条氏内部也与此相仿地加强了得宗的专制。事实上，从北条时赖上位直到镰仓幕府灭亡，一共有十六名执权粉墨登场，但是握有实权的却只有出身得宗的时赖、时宗、贞时与高时四人而已。

北条氏可以这样搞，别的家族若也这样搞，势力就会越滚越大，甚至逐渐强大到足以和北条氏相抗衡。这种继承制从诸子析产向总领继承方向的转化，事实上经过了漫长的近三百年才得以彻底完成，新旧轮替所产生的动乱先后搞垮掉两个幕府——第一个，就是镰仓幕府。

内管领赖纲

对抗元军入侵的战争耗尽了幕府的资金储备，幕府不但无力奖赏在战争中有功的御家人，甚至连战争时御家人所花费的军饷都无法报销，许多御家人因此而破产——这虽然相当无奈，却也是情理中事。然而，事实上幕府资金储备的相当数量却并非消耗于战争，而是为了祈祷胜利，寄存在了各地的神社、寺院当中，这才是真正使御家人愤慨不已的。

为了拉回日益远去的御家人之心，摆脱困境，幕府不得不于永仁五年（公元1297年）颁布《德政令》，允许御家人在向商人借款后赖账，于是这不但引起了商人们的愤怒，更使得此后御家人告贷无门。再加上农民负担的加重，全国各地恶党林立，交通断绝……种种弊端丛生，镰仓幕府和北条执权体系，从此日薄西山，难以复振了。

且说北条时宗死于弘安七年（公元1284年）四月四日，享年仅仅三十四岁。时宗是幸运的，他之所以被誉为明君，全因担任执权的大部分时间都在想方设法抵御元军入侵，等到战事平息后，他就留下一个烂摊子，安然地咽了气，就此人生再无污点。他把烂摊子留给了儿子，即年仅十四岁的北条贞时。贞时也算是一位中规中矩的统治者，然而外战统合人心则易，内治统合人心却难，他在位的第二年就爆发了"霜月骚动"。

这次骚动来源于得宗专制导致的"御内人"与御家人的严重对立。所谓御内人，即北条得宗的家来（家臣），相对而言，作为幕府的家来的"御家人"则也被称为"外样"。弘安八年（公元1285年）十一月，北条贞时的外祖父、代表外样权益的肥后守安达泰盛与代表御内人利益的内管领平赖纲发生冲突，十七日，赖纲突袭安达泰盛在镰仓的府邸，经过激战，安达一族被尽数剿灭。日本古称十一月为霜月，这就是"霜月骚动"一词的来源。

与其说是骚动，不如说是战争，整个镰仓都被卷入战火，连幕府将军惟康亲王的府邸也在战斗中被焚为灰烬。因为安达一族的覆灭，外样势力受到沉重打击，上野、武藏等幕府统治中心地区的大批御家人受到牵连，纷纷被杀或者自杀，据说死者总数超过了五百人。从北条氏执权的角度来考虑问题，得宗专制因此事件更为强化，独裁体制更为稳固；如果把目光放长远一些，从整个武家体制来考虑问题，镰仓幕府的力量因此遭到了重大的削弱。

传说有一位名叫足利家时的武士也在此后不久自杀。家时乃是源氏的八幡太郎义家的七世孙，如前所述，源义家曾想将源氏势力伸入陆奥，结果可耻地失败了，据说他曾留下一篇文书，称"我七代以内的子孙要替我取得天下"。到了足利家时的时代，他羞愧于无法完成先人的遗愿，于是切腹自尽，并在临终前向八幡大菩萨祈祷，说："自我以下，三代以内子孙必将取得天下。"

后来家时的孙子足利尊氏果然推翻了镰仓幕府，建立室町幕府，此乃后话。我们要说的是，家时的祈祷颇为可信，源义家"七代取天下"的文件却仅仅是传说而已，况且，嫡流仅仅四代到了源赖朝，不是已经取得天下了吗？考究家时的自尽，大概也是由于"霜月骚动"的余波，他为了一肩扛起来自北条得宗的迫害，所以才含恨饮刃吧。

"霜月骚动"使平赖纲的势力更为膨胀。赖纲本是平氏一门平资盛的后人，其祖父盛纲是前执权北条泰时的家臣笔头（笔头指首席），被任命为执事，也就是家族事务长官。泰时本是北条得宗，所以执事就是负责管理北条得宗的土地、负责统领御内人的重要职务，同时在相关幕府政治的很多方面，执事也是北条得宗的代理人。

平盛纲以下，三代承袭执事的职务，到了平赖纲担任此职的时代，这个职位已被改称为内管领，随着得宗专制的加强，内管领的权力也日益膨胀。文永九年（公元1272年）二月，也就是元军来侵前不久，北条一门的名越时章、教时兄弟被诬阴谋推翻得宗统治，遭到讨伐，讨伐军主帅正是担任内管领、同时担任侍所所司的平赖纲。然而时隔不久，这个案子就被彻底翻了过来，讨伐方有功之臣五人被斩，若没有安达泰盛的相助，恐怕连平赖纲本人也要吃不了兜着走了。

当时幕府的重臣合议制已形同虚设，代之以得宗内部的重臣合议，北条时宗经常在其私邸山内殿举行秘密会议，称为"寄合"，参与人除时宗本人外，还有平赖纲、安达泰盛和问注所执事太田康有、得宗的被官（代理人）佐藤业连等等。站在不同阶层立场上的赖纲和泰盛无疑会在各种大政方针上针锋相对，矛盾频发，所以赖纲最后才终于不顾救命之恩，对安达泰盛下了黑手吧。

"霜月骚动"以后，平赖纲成了幕府实际上的统治者，他大肆迫害与安达一族有关联的御家人，比如吉良、三浦、小笠原、二阶堂等有力御家人家族。到了永仁元年（公元1293年），执权北条贞时已经十九岁了，对赖纲的专权表示强烈不满。当年四月，平赖纲长男宗纲密报幕府，说赖纲阴谋策划立其次子饭沼宗助为幕府将军，于是贞时趁着镰仓大地震的机会，悍然派兵剿灭了赖纲一族，杀死九十余人——平宗纲则被流放。因为平赖纲此时已经出家为僧，故此史称"平禅门之乱"。

二统迭立

镰仓幕府内部为了争权夺势而纷争频仍，也算可以理解，可是与此同时，权力已经大为萎缩，如同一镇诸侯般的朝廷内部也争斗了起来，想来却是极度可笑的事情。不过这番无聊的争斗却产生了蝴蝶效应，最终颠覆了幕府统治，这却是当时之人始料所不及的。

争斗之起源，可以上溯到后嵯峨天皇。前面提到过，北条泰时平定上皇反乱后，拥立了后堀河天皇，到了贞永元年（公元1232年）十月，后堀河天皇病重，在幕府的授意下让位给东宫秀仁，也即四条天皇。这位四条天皇初登基的时候年仅两岁，还是个什么都不懂的熊孩子，据说他顽皮透顶，十二岁那年在宫中走廊上撒了很多石粉，想看宫女和近臣滑倒的样子取乐，结果自己也被滑倒，撞伤了头部，不治而亡。

朝臣们主张拥立顺德上皇的儿子忠成王继位，但遭到幕府执权北条泰时的坚决抵制。泰时一想，好，当年后鸟羽、顺德两院造反被我剿平，如今要立叛贼的儿子继位，那不是故意给我难堪吗？于是，他授意另立没有牵扯进叛乱活动的土御门天皇的儿子邦仁亲王接班，这就是后嵯峨天皇。

后嵯峨天皇在位四年，虽然让位给自己的儿子久仁亲王，是为后深草天皇，但他仍然把持着朝中的权力。后深草天皇在位十三年，遵从父命，把皇位传给弟弟恒仁亲王，是为龟山天皇。此后很长一段时间内，皇统就在后深草和龟山两位天皇的后代中轮替，因为后深草天皇的皇宫称为持明院，而龟山天皇的儿子后宇多天皇后来出家大觉寺，故此这两个体系就被称为持明院统和大觉寺统。

两统迭立，是笔糊涂账，光靠叙述谁都看不明白。不过这一不成文的制度直接影响了其后一二百年的日本历史，甚至余波不息，直到近代的明治维新。不如让咱们来简单列个表格吧——

序数	天皇	系统	来源	在位时间
第八十九代	后深草	持明院	后嵯峨天皇子	十三年
第九十代	龟山	/	后嵯峨天皇子	十五年
第九十一代	后宇多	大觉寺	龟山天皇子	十三年
第九十二代	伏见	持明院统	后深草天皇子	十二年
第九十三代	后伏见	持明院统	伏见天皇子	三年
第九十四代	后二条	大觉寺统	后宇多天皇子	七年
第九十五代	花园	持明院统	伏见天皇子	十年
第九十六代	后醍醐	大觉寺统	后宇多天皇子	二十一年

且说上皇反乱，幕兵入京以后，原本的皇室领地被切割、没收了七七八八，靠余下的那点收入根本就无法养活庞大的、没本事却专会生养的皇室一门（仅龟山天皇就有后妃十七人、子女二十八人），全靠幕府的捐助和卖官鬻爵，皇室成员才能勉强温饱。卖官鬻爵可是笔不错的生意，虽然乡下武士们粗鲁无文，不懂风雅，可他们莫不希望获得朝廷赏赐个一官半职来光宗耀祖，根本不用给殿上人，给个六、七位的官职就能使他们兴奋莫名，主动献上大量钱财和吃穿用具了。

然而这些卖官鬻爵所得的资财，再加上幕府的捐助，一般情况下只有在位天皇及其直系亲属才有权享用，旁支皇族只能干流口水，很难分到一杯羹。后嵯峨天皇在位的时候，盗贼于光天化日之下冲入内里，抢掠内藏寮和阴阳寮，抢走天皇的衣服，甚至偷掘历代天皇的陵墓，把鸟羽天皇、天武天皇的坟墓都翻了个底朝天。然而后嵯峨天皇本人在退位以后,却有资金在京西的龟山上修建宏伟壮丽的宫殿,两相对比,真是绝大的讽刺。

所以要想吃饱喝足,要想骄奢淫逸,就非得牢牢把住天皇的虚位不可,这大概就是两统迭立,兄弟子侄间矛盾重重的一个重要原因吧。当然,也不能排除幕府为了削弱和控制天皇朝廷而在暗中做的努力,皇统一分为二,公卿们不知所从,武士们倒是开心得不得了——御内人和御家人的矛盾,预示着北条幕府的倒台;大觉寺统和持明院统的分立,则预示着国家的分裂。

就在这种背景下,文保二年(公元1318年)二月,大觉寺统的后醍醐天皇继位了。这位后醍醐天皇,一方面想把皇权牢牢地掌握在自己这一系手中,再不让出于人,另一方面也强烈反感幕府的操控和拨弄,想要起而反抗。他的所作所为,一如源平合战时的后白河法皇,也是拉一个,打一个,激化矛盾,浑水摸鱼,因此所产生的乱局,比一百多年前更为严重。

天皇御谋反

后醍醐天皇名叫尊治,乃后宇多天皇的第二皇子、后二条天皇的兄弟。他曾经担任过太宰帅一职,故而被尊称为"帅官"——当然啦,只是虚衔而已,压根儿就管不到九州之事。

持明院统的花园天皇在位的时候,按照"二统迭立"的规矩,尊治被册封为东宫，他正式接替花园天皇继位的时候，已经三十一岁了——将近二百五十年间，只有这一位天皇是壮年登基的。他虽然登基，却仍然无法亲政，因为老爹后宇多法皇开了院政，仍然独揽大权——只是有幕府存在，后宇多院的权力与此前的白河院绝不可同日而语，就连比起后白河法皇院政之初来，也差如天壤。

元亨元年（公元1321年），后宇多院因病不能视事，终于结束了院政，并在不久后去世。后醍醐天皇得以亲政——他是高仓天皇以来，唯一一位没有院在背后指手画脚的在位天皇，史称"治天之君"，也即实际掌握权力的君主。当然啦，这所谓的实际权力，也仅指在幕府压逼下日益缩水的朝廷那一小摊事儿。估计正因为有此际遇，后醍醐天皇雄心万丈，觉得自己有机会、有能力复兴皇室，成为真正的万民之主。

于是他选拔贤能，革新政治，设置记录所作为亲政的主要机构，很快便声望鹊起，据说许多京都的著名学者经常围绕在他身边，而一些尊皇派和倒幕派的公卿、守护，更是将宝压到了他的身上。

相比一心振作的天皇和气焰日炽的朝廷，镰仓幕府却已经腐朽到了极点。以得宗执权北条高时为例，此公不学无术，每日追逐声色，专以斗犬为乐，后来甚至命令各地以名犬代替年贡，旬日间就得斗犬千余。他不但让这些斗犬过上了锦衣玉食的生活，竟然还以御家人禄享之，斗犬出门乘轿，骑马武士见到了甚至都要下马行礼——这真是个天生的亡国之君！

天皇朝廷的威信在持续上升，幕府威信却在下降，原本绝不平衡的两种权力之间差别逐渐缩小，那么矛盾和冲突也自然无可避免。首先发难的是官方，正中元年（公元1324年），后醍醐天皇秘密派遣亲信朝臣日野资朝和日野俊基化装成修行僧潜入畿内各国，准备联络各大寺社和豪族们起兵袭击六波罗探题。不料东窗事发，资朝、俊基都被幕府捕获，一个遭到流放，一个被关了禁闭，应召进京相谈的美浓土豪土歧赖兼、多治见国长则遭到幕军袭击，被迫自杀。后醍醐天皇又是赌咒发誓，又是写誓书，才总算蒙混过了这一关——史称"正中之变"，民间俗谓"天皇御谋反"。

按照习惯，后醍醐天皇应当册立持明院统的后伏见、花园两位天皇之子为东宫，然而老爹后宇多院临终前却传下遗命，让他将来把皇位传给亲侄子——后二条天皇之子邦良亲王——以便把皇位彻底掌控在大觉寺统手中。其实后醍醐天皇的心比老子还大，既不想传持明院统，也不想传邦良亲王，却想传给自己的亲生儿子，然而规矩不是那么容易打破的，他只好暂且册立了邦良亲王为东宫。

但是"天皇御谋反"事件爆发，使得幕府对大觉寺统徒生警觉，持明院统的后伏见上皇看到一线曙光，于是前往长谷寺祈祷自己的儿子量仁亲王能够代替邦良亲王当太子。嘉历元年（公元1326年），邦良亲王果然病重去世，幕府立刻要求让量仁亲王入主东宫。这一举动使后醍醐天皇更为恼怒，坚定了他的倒幕之心。

于是后醍醐天皇假借为皇后安产还愿为名，让僧侣圆观和文观向神灵祈祷消灭北条氏，同时密令在比睿山大塔居住的皇子护良亲王（大塔宫）联络延历寺的僧兵，准备在自己行幸比睿山之时举事倒幕。不料在元弘元年（公元1331年）八月二十四日，计划再次败露，上回作乱被幕府饶过一条小命的日野俊基，以及圆观、文观等人都遭到逮捕，后醍醐天皇及其重臣大纳言藤原师资、中纳言万里小路藤房、北畠具行等带着神器剑和玉，连夜男扮女装潜出京都，奔赴比睿山。二十七日，在大塔宫的接应下，后醍醐天皇又转移到木津川上游地势比较险要的置笠山驻扎，正式下诏，号召近国勤王兵马起而倒幕——是为"元弘之变"。

九月五日，得知消息的北条氏大惊失色，担任六波罗探题的北条仲时立命大佛贞时、金泽贞东、足利高氏诸将率领兵马二十余万离开镰仓前去进剿。置笠山一边，召集起来的武士和僧兵布下重重壁障，做好了作战的准备。然而，后醍醐天皇的倒幕诏书在发出后却如同石沉大海，除了一个叫楠木正成的小豪族起兵呼应外，诸国守护惧怕幕府势大，全都采取观望态度，竟无一人响应。

楠木正成自称出于橘氏，根据地是在河内东部金刚山西侧的山麓地区，估计从其父亲成时代开始，就是当地有名的恶党头子。传说其母怀着他的时候，曾到信贵山的毗沙门堂祈祷了一百天，毗沙门天是一尊佛教的保护神，又称多闻天，所以正成诞生后，就起小名为多闻丸，据说此公长大后鼻毛很长，所以又被敌人称呼为"鼻毛多闻"。

如前所述，这些新兴的武士阶层，也即恶党，本身并不是幕府的御家人，与幕府的关系是敌非友，因此一得到后醍醐天皇的倒幕诏书，楠木正成立刻揭竿而起，前往笠置山觐见天皇并接受旨令。传说后醍醐天皇曾经做过一个异梦，梦见自己坐在紫宸殿面南的御座上向群臣发号施令，背后有一棵枝叶繁茂的大树，大树向南的部分枝叶长得最好，树荫笼罩了整个大殿。接着他又见到两名童子跪拜，然后起身向南而行。醒来后没过几天，楠木正成就来参见，后醍醐天皇认为异梦正应在这个鼻毛长的家伙身上，于是对他倍加器重。

楠木正成虽然出身卑微，却熟读兵法，非常具有战略眼光，他在同后醍醐天皇会面，评点天下形势后，立即返回老家金刚山，建筑赤坂城和千早城，准备抵御必然到来的汹涌如潮的幕府大军。

而后醍醐天皇本人虽然颇有雄心和能力，却并没有战略头脑，丝毫不懂军事，他手下也没有一个将才，因此就在楠木正成离开后的九月六日，攻下比睿山的幕府军挺进置笠山，官方部队在凭借木墙坚守二十天后，终于在二十七日全面崩溃。后醍醐天皇逃往宇治，终被追上逮捕，搜出神器，随即被流放到隐岐岛去了。

幕府军将领足利高氏等人与持明院统的花园上皇商议后，正式扶持量仁亲王继承大统，史称光严天皇，次年改元正庆。然而乱事并未因此终结，两年后的正庆二年三月，后醍醐天皇突然逃离隐岐岛，在拥护者们的簇拥下，浩浩荡荡向京都挺进。就这样，日本同时出现了两个天皇，南北朝时代即将到来。

番外篇

武士的家纹

家纹全称为家族纹章，也称家徽，本是封建家族的标志，欧洲、日本莫不存在着复杂多样的各种家纹。日本的家纹有其独有特色：首先，家纹的底多为圆形，而不是欧洲式样的盾形；其次，与欧洲家徽纹样偏重动物不同，日本的家徽纹样以植物为绝大多数；第三，日本的家纹绝大多数都是独立的个体，很少有复式家纹出现。

日本最早的家纹出现在贵族家庭，后来为了便于在战争中区分敌我，逐渐被武士家族吸收和采用。源平合战的时候，势力划分相对单纯，因此家纹还没有成为必不可少之物，在野的源氏使用白旗，在朝的平氏使用赤旗，仅此而已。白色象征纯洁无垢，据说神灵将会附着其上，因此源赖朝就将白旗确定为本家嫡流的专用旗帜。

传说当源赖朝远征奥州藤原氏，路过下野国宇都宫的时候，同族的佐竹四郎隆义赶来会合。佐竹并非源氏嫡流，更一度站在平家阵营当中，但四郎隆义竟然也僭越使用了白色御旗，这使赖朝大为光火。然而对方为了效忠而匆匆赶来，总不好严加申饬，于是赖朝在反复考虑之后，就把上绘一轮明月的军扇赐给佐竹隆义，命他画上军旗——据说这就是最早的武士家纹的来源。

有了佐竹的例子在前，源氏一门就纷纷在白旗上绘以纹样，以与宗家的御旗相区别。最早从旗纹转化为家纹的就有佐竹氏的"五本骨扇和月丸"、"武藏七党"之儿玉氏的"团扇"等等。此外，还有部分幔幕纹（幔幕是指战斗和宿营时主将指挥所外张开的幕布）也逐渐转化为武士的家纹，多为圆形，比如新田氏的"大中黑"、足利氏的"二引两"、三浦氏的"三引两"等等。

到了镰仓幕府中期，家纹已在武士阶层中被广泛使用。然而家纹和家门也并非纯然一一对应的，且不说全日本大大小小成千上万个武士家族，难免出现重纹的情况，分纹和赐纹的情况也不少见。分纹是指分家间各自使用不同的家纹，或者略为修改一下本家家纹以示区别，而赐纹是指把自己的家纹赏赐给有功之臣，允许其在一定场合下使用。

比如后来建立江户幕府的松平·德川一族，本家的家纹为"丸之三叶葵"，分家有在外面的"丸"也即圆圈上动手脚的，改为"菊轮之三叶葵"、"折敷之三叶葵"、"藤轮之内三叶葵"、"隅切的铁炮角之三叶葵"的，也有全面变形，改为"花葵"的。欧洲的骑士纹章，把盾形底切成多个等分，同时并列多个主家或血源来历的家纹，从而组成新的复式家纹，这样的样式，在日本从来也不曾出现过。

年表：

幕府将军	北条执权	年号	具体年份	事件
宗尊亲王	赤桥长时	康元	1256年	执权北条时赖引退，北条长时就任
		正元	1259年	诸国大饥荒，疫病流行，因前一年号为正嘉，故称"正嘉的饥馑"
		弘长	1262年	净土真宗祖师亲鸾病逝
惟康亲王	北条政村	文永	1264年	北条时宗就任连署
			1266年	镰仓骚动，将军宗尊亲王被废
			1267年	潘阜来到日本，呈递高丽国书
	北条时宗		1268年	北条时宗就任执权，拒绝接受蒙古国书，要求西国守护们严加防备
			1269年	黑的来到对马，要求返书
			1270年	大和朝廷正式拒绝蒙古的通好要求
			1274年	文永之役
		建治	1276年	要求九州的御家人建石制防御工事
	北条贞时	弘安	1281年	弘安之役
			1284年	北条时宗殁
			1285年	霜月骚动

续表

幕府将军	北条执权	年号	具体年份	事件
久明亲王	北条贞时	永仁	1293年	镰仓大地震，北条贞时趁机灭亡平赖纲（平禅门之乱）
			1296年	幕府颁布永仁德政令
守邦亲王	北条师时	德治	1308年	将军久明亲王被废，守邦亲王继位
	北条高时	正和	1316年	北条基时出家，北条高时就任执权
		文保	1317年	幕府议定朝廷"两统迭立"
		元亨	1321年	后醍醐天皇亲政，开设记录所
		正中	1324年	正中之变
	金泽贞显	嘉历	1326年	北条高时出家，金泽贞显、北条守时先后就任执权
	赤桥守时	元弘	1331年	元弘之变
		正庆	1332年	后醍醐天皇被流放至隐岐；护良亲王在吉野、楠木正成在河内千早城起兵

九章　太平记

中国的乱世催生了《三国演义》，日本的乱世则催生了《太平记》，描写镰仓幕府的覆灭、室町幕府的诞生，以及其后的南北朝动乱。日本历史上第一个武家政权，某种意义上是由公家推翻的，但公家之反动，却又导致了第二个武家政权的诞生。

金刚山上

日本原先的土地制度应该算是封建庄园制，庄园主控制了全国大量土地，向耕种庄园土地的百姓们收取年贡，从而维持本阶层的生存和活力。这一情况从镰仓幕府开始有所改变，首先因为大量幕府御家人成为实际控制庄园土地的庄官和地头，因此那些并不居住在庄园中而是居住在遥远的京都和奈良的庄园主们，就必须通过这些庄官和地头来包收年贡，称为"地头请"。

庄官和地头们当然不肯白干活，他们也一定要占有年贡的一部分，因为庄园主对庄园土地的控制力越来越弱，同时庄官和地头们的胃口越来越大，年贡分配比例总是谈不拢，最终很多庄官和地头们甚至把年贡彻底攫入自己囊中，一分一厘也不上缴。庄园主们向幕府提起诉讼，在幕府的干涉下，双方同意将"下地"（即可征收年贡的领地）分成两部分，一部分的产出上交给庄园主，另一部分的产出完全由庄官和地头们控制——这被称为"下地中分",形成于镰仓中期。

就这样,庄园主对庄园的控制力进一步地削弱,庄园逐渐变成了他们的食邑而非采邑。相对地,庄官和地头们则与幕府派驻当地的守护们更紧密地联系起来,庄园经济逐渐向由守护所控制的中世领国经济转化。

另一方面,从镰仓幕府中期以后,由于商品经济的发展,很多新兴武士阶层逐渐与"座"(一种商业行会)相结合,不仅从土地上获得物产,也将势力渗透入流通领域,他们希望能够打破旧的庄园经济,开拓更有利于商业活动的领国经济。后醍醐天皇亲政后,为了扩大自己的收入来源,采取了一系列有助于商品经济发展的策略,诸如撤销近畿地区的大量关卡等等,这就必然受到这些新兴武士阶层的欢迎。而后醍醐天皇也借此机会大力拉拢近畿地区的"恶党"们为其所用,或许楠木正成早在正中元年(公元1324年),日野资朝和日野俊基化装成修行僧潜行畿内各国的时候,就已与后醍醐天皇取得过联络了。

置笠山政权热闹了没几天便被镇压了下去,后醍醐天皇遭到流放,各地倒幕派纷纷沉寂下去,只有楠木正成还在赤坂城坚持战斗。大概是为了向天下示威吧,幕府攻打这样一座只有两町大小、五百人防御的小城,竟然调遣了足利高氏等诸将率领的数万大军(传称三十万)。

然而本以为可以一蹴而破的小小赤坂城在正成的出色布置之下却固若金汤,城里布下了疑兵,城外又有游兵骚扰,幕府大军围攻二十余日,百计用尽,竟然不能攻克。最后由于城中兵粮不足,正成假装集体自焚,趁着幕府军懈怠的机会率部混出重围,在群众基础良好的金刚山上打起了游击战。幕府军在山林中到处挨打，耽搁了许多时日也找不到楠木军主力的踪迹，只得留下汤浅定佛的部分兵马长时间驻扎赤坂城进行围剿，剩余部队灰溜溜地返回了六波罗探题。

幕府军主力刚一撤离，楠木正成便率领他的五百亲兵走出山林，化装成民伕，施用巧计再次夺回了赤坂城。然后，他又在京都附近摄津住吉地方的四天王寺打败了宇都宫公纲率领的五千幕府军，伪作进京之势，被搞得晕头转向的六波罗探题只好再次召集数万关东军进行讨伐。正成且战且退，将敌军引至赤坂城，然后主动放弃城池，潜至敌军后方，断其粮道。幕府军不得不再次撤退，而正成第三次夺回赤坂城后，除留下一将守御外，主力转移到了地势更为险要的千早城。

正庆二年（公元1333年）正月，幕府再次调集大军，号称百万，分三路攻打赤坂、千早和在大塔宫护良亲王控制下的吉野城：阿曾时治领八万人马攻打赤坂城；二阶堂道蕴领六万人马攻打吉野城；剩下的数十万兵马由大佛高直率领攻打千早城。十余日后，赤坂、吉野两城陆续被攻陷，驻守赤坂城的正成部将平野将监被俘，吉野城的大塔宫则突围逃到了吉野山中。只有千早城由于地势良好，三面都是悬崖，狭窄的山道每次只能容纳不足千人的队伍行进，正成又频施奇计，才能在被围三个月后依然完好如初地屹立在金刚山上。

由于楠木正成的奋勇作战牵制了幕府军队的主力，各地的守护、地头们看到了幕府的软弱无能，于是在正成和大塔宫的努力下，四方烽烟迭起：播磨的赤松则村（入道圆心）、则佑父子在要隘苔绳城起兵，断绝了关西幕府军和六波罗探题的联系，并在船坂山收编了镇西探题派往京都支援六波罗探题的部队；伊予的河野一族大破长门探题的三百水军；肥后的菊池武时、阿苏大官司率领岛津、大友等豪族进攻镇西探题……倒幕风潮如同瘟疫一般蔓延开来，全国性的倒幕形势就此形成了。

足利与新田

据说大塔宫与楠木正成一直都和被流放到隐岐岛的后醍醐天皇密通书信，因此后醍醐天皇虽然身处僻远，对于全国倒幕形势的掌握却非常准确，当他看到时机成熟后，就在亲信千种忠显等人的保护下，于正庆二年闰二月二十四日乘船逃离隐岐，为了躲避追兵，最后在伯耆国的名和凑登岸。

当地的倒幕派豪族名和长高赶来会合，建议后醍醐天皇移驾到地势比较险要的船上山坚守，待时而动。幕府军大将佐佐木清高率领三千人马来攻，被四方赶来的勤王部队全数歼灭，清高仅以身免。船上山之战后，后醍醐天皇嘉奖名和长高之功，授予其从四位下伯耆守之职，并改其名为名和长年。

天皇逃离隐岐岛的消息很快便传遍全国，各国的守护、地头、豪族们纷纷派遣使者前来表示愿意接受节制，于是各国的作战势力趋于统一指挥，避免了乱世中常见的军阀割据局面的产生。

正庆二年三月初，此时幕府大军还在围攻金刚山上的千早城，突然后院起火，后醍醐天皇的身影出现在山阴道上，很快便聚集起了数万兵马，他任命千种忠显为主将，东进直逼京都。播磨豪族赤松则村自愿率部担任先锋，他是天下知名的勇士，一路上势如破竹，顺利击破了幕府军的重重防线，甚至在三月十二日一度攻入京都。由于兵力单薄，赤松则村最终在巷战中落败，退往山崎、八幡地方屯扎，等待千种忠显的大部队赶来会合。

虽然赤松军对京都的突袭以失败而告终，却已经使掌握幕府实权的前执权北条高时惊恐万状。这时围攻千早城的部队还未撤回，六波罗探题极为空虚，于是高时急命名越高家与足利高氏各率七千六百人和三千人西征，进攻船上山。足利高氏此时患病未愈，正请假在家中休养，突然，一道接一道的命令纷至沓来，他被逼无奈，不得不带病和弟弟足立直义以及细川、今川、吉良等源氏一门，于三月二十七日踏上了征途。

足利本出河内源氏——想当年源义家生子义清，再三传即为源赖朝；源义清之弟源义国有二子，长男源义重受赐上野国新田郡的庄园，故而指地为氏，开创新田分家，次男源义康则继承了父亲在下野国的足利庄，同样指地为氏，开创足利分家。足利（源）义康五传而至家时，就是咱们前面提到过的那位在"霜月骚动"后自尽的武士；足利高氏乃家时之孙也，本为次子，但因长兄高义早亡，遂得以继为一门总领。足利一门虽非御内人，和执权北条氏的关系却很亲密，多代通婚，高氏本人的名字也是得蒙前执权北条高时下赐"高"字而确定的。

北条高时对足利高氏可谓是相当器重，然而器重归器重，在得宗专制下，非御内人是很难有机会渗入到幕府权力中心去的，这肯定会引发很多外样（包括足利高氏本人）的不满。想当初元弘元年（公元1331年）幕府征发大军攻打笠置山，九月二日下达命令，九月五日就要出发，使得父亲刚刚过世还没来得及做法事的足利高氏戴孝出征，其心中的愤懑更是可想而知。

到了这一年的三月受命进攻船上山，高氏再次被不情不愿地拉上了幕府的战车，而他率兵才走到丹波的筱村，就听说前方的名越高家已被赤松则村击败。高氏本来就因在父丧和患病期间被幕府提勒到前线而憋了一肚子的火，如今眼见进退无路，索性横下一条心，于四月二十七日在八幡神宫前宣布起义，并向全国的源氏发出檄文，要求联合倒幕。

五月七日，千种忠显、赤松则村、足利高氏等人合兵一处，据称有将近十万大军，从三个方向对京都发起了猛攻。六波罗探题发兵六万迎击，结果全军覆没，南北两位探题——北条时益、北条仲时——被迫裹挟着光严天皇和皇族们向镰仓方向逃亡，却在近江国内被追兵赶上。经过一番激战，南探题北条时益在守山战死，北探题北条仲时在番场自杀，可怜的光严天皇等人均遭擒获。正在围攻千早城的幕府军在得知六波罗探题陷落的消息后，匆忙解围退走，楠木正成的部队也终于冲下了金刚山，全面转入反攻。

畿内风云变幻，瞬间易主，关东地区也猛然蹿起烈火——五月八日，足利氏麾下大将新田义贞、胁屋义助兄弟突然在上野生品明神社前举兵倒幕。

如前所述，新田氏与足利氏本为同族，数代以来，两家结为"乌帽子亲"，也即足利当主要在新田当主或嫡子元服典礼上担任主持人，为元服者系上代表成年的乌帽子——等于新田氏臣服于足利氏门下，足利是亲方，新田是子方。新田家的世传通字本为"义"字，但在义贞之前，连续三代家主——政氏、基氏、朝氏，全都接受了足利氏通字"氏"的赐予，而义贞本人，他得到足利高义（足利高氏异母兄）赐予"义"字，故此取名义贞。

正因如此，新田兄弟此番举兵，并没有亲自担任总帅，而是抬出了足利高氏之子、四岁的千寿王（后来的足利义诠）做首领。前有足利高氏的行文，后有新田义贞的登高而呼，于是刹那间，甲斐、信浓、上野、下野、上总、常陆、武藏等关东各国的源氏陆续引兵来合，浩浩荡荡直向镰仓挺进。

五月十日，幕府军在大将金泽贞将、樱田贞国的统带下，于武藏的入间川迎击新田义贞所部。由于全国形势都对北条氏执权不利，幕府军士气涣散，稍一接触便溃不成军。十五日，在武藏的分倍河原，两军再次展开大战，幕府军也再度失败，主力至此丧失殆尽。于是新田义贞将部队分成三个集团：右翼大馆氏明向极乐寺方向进发，左翼堀口贞满向洲崎与巨福坂方向进发，义贞自己则和兄弟胁屋义助为中央军向化妆坂方向进发，合围镰仓。十八日早晨辰时，倒幕军与北条氏的最后决战终于打响了。

据说北条的武士们在这最后关头打得非常英勇——虽然已经无补于

大局了——其中洲崎方向的抵抗最为惨烈，堀口贞满进行了六十五次艰苦的突击战，最后幕府执权北条（赤桥）守时在大势已去的情况下与全体士兵集体自杀，洲崎才被攻克。极乐寺方向的大馆氏明甚至被敌将大佛贞直杀伤，右翼军几乎崩溃，新田义贞在得知消息后，亲率主力向大佛贞直后退的片濑、腰越方向杀去，将其击败。

眼看大势已去，幕府前执权北条高时在四面楚歌的绝望中烧毁了官邸，然后带着北条一族八百七十人在东胜寺集体自杀，许多深受北条氏恩典的武士也纷纷自杀殉主——身为得宗、幕后执权的高时，这一年只有三十一岁。

新田义贞的关东大军在北条一族灭亡的当天，也就是二十二日进入了镰仓城。末代将军守邦亲王被废，自源赖朝开幕以来历经了一百四十二年风雨的镰仓幕府至此拉下剧终的幕布。

建武中兴

正庆二年（公元1333年）五月二十二日，千种、赤松、足利等将领联名奏请后醍醐天皇御驾回归京都主持政务。二十五日，后醍醐天皇在进京的途中，下诏宣布废黜光严天皇。三十日，赤松则村父子率领一门郎党五百人在摄津的兵库迎接御驾。六月二日，在摄津地区活动的楠木正成率其部下七千人于路拜接。后醍醐天皇将正成召到御驾前，感慨万分地说："今日之成功，全赖卿家的忠诚敢战呀！"

后醍醐天皇命令楠木党列队于御辇之前，为大队开道。不久后，从镰仓匆匆赶来的新田军的使者向天皇报告了幕府灭亡、北条一族自杀的消息，君臣上下尽皆大喜。六月五日，京都举行了盛大的入城仪式，千种忠显率领五百名带刀武士分成两列，徒步警戒街道，足利高氏、直义兄弟率领骑马武士五千人为前驱，楠木正成、赤松则村、名和长年及百官穿戴甲胄环绕着御辇，旗幡飞舞，缓缓步入皇宫。前来观礼的百姓和各地勤王兵马塞满了沿途街道。

此刻的后醍醐天皇达到了他政治生涯的巅峰，眼看幕府灭亡，无论公卿、武士还是平民百姓全都拜倒在自己脚下，他心中的得意可想而知。如果此公就此咽气的话，大概会成为日本历史上罕见的一代英主吧，只可惜，他随即展开的所谓"建武中兴"，却彻底毁灭了这一切。

建武是后醍醐天皇复位次年（公元1334年）所改的年号，但实际上各种改革措施从他进入京都后就开始了。他首先重开记录所，并设"恩赏方"以颁布奖赏措施，发布"诸国平均安堵法"，随即废除摄政关白之职，将行政权力彻底集中到自己手中。

刚从河内志贵山回归的大塔宫护良亲王被任命为征夷大将军，辅助改革——当然啦，如今的这一职务已经变成了荣誉头衔，而不再开设幕府。足利高氏因为临阵倒戈，并煽动各国的源氏起义，被宣布为功勋第一，天皇命他放弃北条高时所赐"高"字，另赐予后醍醐天皇御名中的"尊"字（其实二字读音相同），更名为足利尊氏，任为正三位参议，封地武藏、常陆、下总三国，为镇守府将军。新田义贞叙从四位上职，封地越后、上野、播磨三国。楠木正成叙从五位下职，封地摄津、河内二国。名和长年、千种忠显以下诸将根据功劳大小赏赐不等。

值得一提的是，在大塔宫很有远见的建议下，天皇特任北畠显家为陆奥守，命显家与其父北畠亲房一同辅佐皇子义良亲王镇守奥州，任足利直义为相模守，辅佐皇子成良亲王镇守关东——在未来的时间里，这两个人由于地位重要，都将成为历史的关键。

应该说，这一分封格局还是有利于中央集权的，然而由于倒幕战争的迅速胜利，积压了数十年乃至上百年的各阶层的矛盾并未因战乱而被逐一扫清，只是暂时缓解而已，必须通过缓慢而执着的变革才有可能彻底平复。那么对于后醍醐天皇的改革又该作如何评价呢？恐怕只有"天晓得"三个字才可以形容吧。

当时的日本社会，武士阶层占有最广泛的经济基础和拥有最强大的军事力量，朝廷公卿本无卷土重来的社会基础。后醍醐天皇之倒幕成功，本是利用了武士阶层和广大百姓对镰仓幕府及北条执权腐败统治的厌恶，那么在天下大定以后，就该建立清明的政治，并且还武士阶层与百姓们安定、富足的生活才对吧？然而后醍醐天皇初靠朱子学得以专政，后来也因朱子学而倒了大霉。

宋代的朱子学于镰仓中期经留学僧传入日本，这种学说鼓吹"三纲五常""大义名分"，宣扬掌握王权的"王者"击败有实力的"霸者"乃是正义之举。后醍醐天皇极为推崇朱子学，曾特召禅僧玄惠入宫讲解《新注》，北畠亲房、日野资朝和日野俊基等人都是玄惠的门徒。在朱子学的指导下，似乎只有天皇才是日本真正的统治者，公卿百官是其辅弼，而武士不过是公卿们豢养的看门狗而已——然而历史真能倒退回幕政以前的平安时代去吗？答案当然是否定的。

后醍醐天皇才一复位，就立刻收回皇族和公卿们失掉的土地，恢复他们对庄园的统治，对帮助他打倒幕府的武士们反倒处处设限，很少赏给实际利益。而原本被幕府和各地守护、地头们压榨得喘不过气来的百姓们也并没有从新政中得到丝毫好处，甚至后醍醐天皇为了充实国库和扩建宫殿，使税赋更为繁杂和沉重。

为了充实国库，后醍醐天皇甚至一度想要仿效元朝，发行纸币……元朝的纸币政策是彻底失败的，而在照猫画虎的日本，只能造成更为严重的后果。

于是，所谓的"建武新政"很快就使得原本被压制住的种种弊端没隔一年就全番暴露出来。失望至极的武士们纷纷聚拢在源氏名门足利尊氏身边，怂恿尊氏扫除"恶政"，重新开创一个武士掌权的时代。

无论在官职上还是武力上，朝廷中唯一可同尊氏匹敌的只有新田义贞，所以要想创造出军事上尾大不掉的先决条件，尊氏必须先将屯扎在关东、监视着镰仓的足利直义的义贞拔掉。他计划的第一步是散布传言"义贞乃是借着尊氏之子千寿王的威名才号令群豪攻破镰仓的"，在朝廷中掀起究竟谁才是真正的"中兴第二功劳者"的讨论热潮。后醍醐天皇早想拉拢尊氏，于是顺手将"中兴第二功劳者"的荣誉加到了小孩子千寿王头上。各国源氏豪族眼见尊氏势大，又有天皇偏袒，纷纷脱离义贞控制而倒向尊氏一方。新田义贞是个很情绪化的家伙，负气之下索性带着一族移住京都——从此，关东地区彻底变成了足利一门的天下。

"中先代之乱"和尊氏的反乱就由此揭开序幕。

巨大的牢笼

大塔宫护良亲王早在中兴初期就预见到了足利尊氏可能发生的叛乱，所以特意在尊氏封地的关东插进了一个新田义贞，又在他背后的奥州安上了一个北畠亲房，而既忠实可靠又足智多谋的楠木正成则被封在京畿，他的封地摄津、河内如巨人的双臂拱卫着天皇所在的京都。另外，虽然足利尊氏被封在关东，朝廷却只将足利直义放在镰仓镇守，尊氏本人则以辅政之名被拴在京都坐冷板凳。尊氏在京都举步维艰，根本没有造反的机会，自然恨大塔宫入骨，于是在逼走义贞后，矛头立即指向大塔宫。

建武元年十一月，因为大塔宫暗自招兵买马以防变局，足利尊氏见机会来到，于是上奏诬其谋反。愚蠢的后醍醐天皇"当机立断"拘捕了大塔宫，并讨好似地将他送往镰仓关押。

就在足利尊氏万事俱备的时候，最后的一线东风也终于来到了——早在正庆二年（公元1333年），不甘失败的北条余党就拥戴旧执权北条高时的次子北条时行为总大将，在信浓国的诹访掀起反旗，到了建武二年（公元1335年）七月初，这支叛军居然连战连捷，直至攻破镰仓。足利直义顺手杀害了被囚禁的大塔宫，然后保护着成良亲王狼狈逃往骏河。

足利尊氏得到了这个天赐良机，急忙上奏后醍醐天皇，要求竭尽忠义，亲自出马讨伐北条乱党，并在还没有得到正式诏命的情况下，就自封征东将军，率领部下离开京都，去与足利直义会合。八月一日，尊氏更提出无理要求，请求在他出征时权代征夷大将军职，后醍醐天皇不肯答应，折中地任命成良亲王为征夷大将军，统领尊氏、直义等诸部兵马。

关东各地武士纷纷合流，尊氏手下很快就增加到了三万余人。在和直义汇合后，官军一路东向，击败了远江的桥本叛军，然后又在骏河、武藏消灭了叛军主力，十九日彻底收复镰仓，北条时行逃走。由于时行是已经灭亡的先代镰仓幕府执权的遗孤，而攻破镰仓仅二十日就失败了，故而此次叛乱被后世称为"二十日先代之乱"或"中先代之乱"。

八月三十日，后醍醐天皇为嘉奖尊氏平乱之功，特加封其从二位之职，并命其即刻返京交令。尊氏磨磨蹭蹭地不肯立即成行，反而上表要求补上征夷大将军的空缺。十月，藤原氏的上杉宪房夺取了新田义贞的领地上野来献，在宪房的倡议下，尊氏自封征夷大将军，网罗党羽，以讨伐奸臣新田义贞为名掀起反旗，开始公然和建武朝廷作对。

尊氏造反的消息传到京都，后醍醐天皇勃然大怒，立即向全国下达了"尊氏追讨诏"，任命尊良亲王为上将军，新田义贞为大将军，分别从东山道和东海道两路进攻镰仓，同时传檄奥州，命令北畠亲房从尊氏身后发动攻击。

十一月二十五日，新田义贞在三河的矢引川大破足利尊氏部将高师直的前军，十二月五日，又在骏河的手越河原大破足利直义的部队，突破了箱根天险，军势直逼镰仓。在镰仓坐镇的尊氏眼见东海一路吃紧，急令直义在竹之下死死顶住，自己亲率大军支援。十一日至十二日，尊氏首先打败了兵力比较薄弱的尊良亲王，然后集中东山道方面的精锐部队同义贞展开决战。

此时，尊氏方的兵力已经远远超过义贞，而赞岐的细川定禅、备中的饱浦信胤、越中的普门利清等豪族也在各处群起响应。新田义贞以寡敌众，关键时刻从幕府方投降过来的佐佐木道誉（高氏）等军突然倒戈，致使其腹背受敌，终于战败，并在遭受重大打击后退往伊豆国府。不久后，义贞在国府的防守战中再次落败，率部退回京都。

趁着战胜之势，足利尊氏除留下千寿王率少量部队驻防镰仓外，不顾背后义良亲王和北畠亲房已从陆奥发兵，自己亲统几乎全部兵力西上，准备在朝廷新挫、兵马调度不及的情况下一举拿下京都。一路上，各地对建武新政不满的武士们竞相加入尊氏军，总兵力号称有数十万之众。

足利尊氏自己也很清楚，楠木正成用兵之策远在自己和新田义贞之上，并且京都附近是正成打过多年游击的老根据地，地形熟悉，根基深厚，想要占领京都，必须先争取楠木正成的相助。于是他写信给正成，许他事成以后封以畿内、南海十一国的土地，然而却被正成一口回绝了。

楠木正成组织了勤王部队开入京都，并着手布置防务工作。当尊氏的部队在来年（延元元年）元旦对京都发动攻击之时，十二月三十日前的最佳形势已经不复存在，一个贯穿势多（防卫将领千种忠显、名和长年、结城亲光）、淀和山崎（防卫将领新田义贞、胁屋义助）、宇治（防卫将领楠木正成、楠木正季）的三角形防御体系已经构成，尊氏不可避免地卷入了艰苦的攻坚战中。

顺便一提，防守势多的千种、名和、结城三将，再加上楠木正成，民间俗称为"三木一草"，并列为后醍醐天皇的侧近宠臣。这是因为楠木、名和、结城三人苗字中都有"木"（ki）的音，千种苗字中有"gusa"的音，与"草"（kusa）发音相近。

千种忠显本出公卿六条氏（村上源氏久我氏庶流），在"三木一草"中出身最为高贵；名和长年自称村上源氏的后裔，其实不过是靠海运发家的地方小豪族而已；结城亲光出身下总国豪族结城氏（藤原秀乡后裔）的白河分家，其父宗广曾经跟随新田义贞攻打镰仓，于是战后，后醍醐天皇即允其家成为结城氏的嫡流。

拉回来再说战场。元旦当日，尊氏首先集中兵力对宇治发起了猛攻，由于楠木正成、正季兄弟防守得异常严密，攻打了整整一天后，尊氏军竟未能前进一步。九日至十日，尊氏又将突破口改在了淀，但新田义贞所部拼死抵抗，尊氏仍然无法得手。

就在尊氏一筹莫展的时候，播磨的赤松则村、赞岐的细川定禅派来了联络使者，表示愿意协助夹击京都。十日，赤松则村之子范资和细川定禅率领中国、四国的大军突然袭击了山崎阵地，胁屋义助战败逃亡。山崎失陷，楠木正成的三角形防御体系瞬间崩塌，各方官军全面溃散。义贞率残兵连夜进宫，护送后醍醐天皇逃往比睿山，楠木正成、名和长年等将也都率领残余部队向该方向突围而走。十一日，尊氏军进城，京都宣告沦陷。

但是，这一切实际上都在楠木正成的预料之中。京都防御失败后，正成坚壁清野，在紧要关隘布下重兵，并派遣部队截断尊氏的粮食供给线——京都成了一座巨大的牢笼。

日本国土地面积狭小，镰仓时代及以前的战争中很少有过长途远征的事例，因此并不重视军队补给，大军所到之处，往往纵兵抢掠，自筹粮饷。没有稳固根基而能杀入京都的部队，往往因为兵力庞大但粮草不继而迅速弱化，遭遇攻击便全线溃散——此前的木曾义仲是如此，如今的足利尊氏也是如此。

且说尊氏进入京都仅仅三天，正因楠木正成的坚壁清野策略而感到头痛不已的时候，突然发现琵琶湖中出现了大批战船，船上树立着的，竟然是陆奥守北畠显家的旗印！

原来，北畠亲房、显家父子在接到讨伐诏书后便积极行动了起来，当尊氏的主力部队一离开镰仓，前往箱根-竹之下和义贞的部队决战之际，北畠军立即开始向西运动，在还不到二十岁的年轻将领北畠显家的率领下，风驰电掣般突破了镰仓的重重防御，紧紧跟在尊氏身后。此刻，当北畠氏的旗印出现在京都城外时，尊氏知道，大势已去了。

正月十六日，楠木正成、新田义贞、北畠显家的部队开始对细川定禅驻扎的三井寺发动突击。在官军优势兵力的攻击下，三井寺的细川军全面崩溃。从二十七日到三十日，官军对京城中粮尽气衰的尊氏叛军发动了长达四天的总攻，到三十日傍晚，京都收复，尊氏及残兵数万人遁入曾经是他发家之地的丹波筱村。二月三日，尊氏继续西逃到了摄津的兵库。十日，足利直义的殿军被义贞、显家军击败。十一日，在以阻截义贞、显家军为目的的丰岛河原之战中，尊氏军再度被击败——这回尊氏败得好惨，当他乘船逃到备后时，部属仅仅剩下了两千人。

眼看尊氏败局已定，建武君臣欢天喜地开宴庆功，只等朝敌首级一到便可论功行赏。楠木正成趁机进谏后醍醐天皇，警告说"新政失却民心，遂使武士倒向尊氏"、"此时当用怀柔政策，赦免尊氏一切罪责，主动诏其还朝"、"如持明院统再起，则国家危矣"。

因为正成非常清楚，各国武士对建武新政的失望，不会因为尊氏一人或者足利一族的灭亡而就此烟消云散，如果后醍醐天皇不改变重用贵族、轻视武士的态度，那么新田义贞也可能变成足利尊氏，名和长年也可能变成足利尊氏，甚至连自己都可能会有失望蜕变的一天。大势如此，是不以人们的主观意志为转移的。

当然啦，后醍醐天皇对此完全听不进去。

七生报国灭朝敌

后醍醐天皇一心想要恢复天皇往日的荣光——其实天皇独掌政权的时代，只在传说中出现过——权柄在手，不受公卿、武士的制约。然而皇族并非仅他一人，高高在上的他当然可以这么想，被压在底层的持明院统诸人可是别有心思。且说被迫远离根据地关东，避于备后一隅的足利尊氏，突然接到了被废的持明院统旧帝光严院的院宣。院宣命令尊氏聚集兵马，讨伐伪帝后醍醐和匪将新田义贞，重扶光严院复位。势穷时衰的尊氏一党喜不自胜，立即竖起光严院的御旗，宣布讨伐逆贼新田义贞，并手持院宣在各国征兵。十五日，应九州豪族的敦请，飘扬着光严院御旗的尊氏军"堂堂正正"地西下了。

二十五日，当尊氏到达筑前的芦屋浦时，九州豪族少贰贞经首先派遣五百骑人马前来迎接。然而，肥后的菊池党首领菊池武重时在新田军中，其弟菊池武敏当然不肯买尊氏的账，一听说尊氏到了九州，二话不说，上来就把亲尊氏的少贰贞经杀了个人仰马翻。

三月二日，菊池党同尊氏军在多多良滨打了场狠仗。菊池党虽然兵数占优，却多是乌合之众，一开始还占有部分优势，后来却节节败退，等到同盟的松浦党阵前倒戈，终于全线溃败——尊氏的好运气来了。

须知因为与元朝战争的洗礼和磨炼，九州、四国豪族们的势力普遍庞大，处境却极艰苦。这是因为元军到来之时，九州、四国的豪族们首当其冲，被迫征兵拉伕，殊死抵抗，然而战后却很少能够得到幕府的奖赏，一族郎党不可能散去归农，人人心怀怨愤。好不容易盼到幕府倒台，然而所谓的"建武新政"也无法给他们以实利和补偿，人人皆恨朝廷入骨，莫不希望再建一个能对自己有利的武士政权。尊氏的到来，使他们终于看到了一线曙光。

于是趁着官军因胜而骄追赶不力的契机，足利尊氏在九州晃荡了不过一个月，就拉起了一支庞大的部队，号称五十万，于延元元年（公元

1336年）四月三日启程，分水陆两路浩浩荡荡地踏上了东征之途。

播磨重镇白旗城正卡在中国通往九州的要冲上，官军、叛军双方都非常重视它的存在价值，足利尊氏临走前，特意留下名将赤松则村及兵士五百名防守该城。果然他前脚才离开，新田义贞后脚就到了，亲率六万大军进攻白旗城。然而在长达三个月的攻城战中，义贞用尽各种办法，始终未能将城堡攻克，赤松则村的奋战为足利尊氏赢得了宝贵的喘息时间。最后新田义贞只得留下一支部队继续围城，自己则和弟弟胁屋义助转向攻略其他城寨。

且说延元元年四月间，足利尊氏果然卷土重来。到了五月十日，正在攻打备中福山城的新田义贞部将大井田氏经首先遭到足利直义军突如其来的攻击，全军覆没。正在围困备前三石城的胁屋义助也遭到直义军的袭击，被迫撤围而去。当新田义贞得知消息时，在他"大中黑"家纹的旗幡两翼，已经布满了画着"二引两"（足利家家纹）的白旗……

面对如此庞大的敌军军势，京都朝廷再度手足无措。只有楠木正成足够沉着，他早在尊氏西渡以后，就已经开始考虑未来的形势对比和相应的防御对策。当后醍醐天皇向正成问计时，他胸有成竹地奉上了写成已久的《楠木奏折》。他在此奏折中写道：

"尊氏率筑紫九国之众进犯京都，其势如洪水猛兽。如以我疲兵对之，以惯常之法战之，则必败无疑。应召回义贞，君王退避山门，正成退守河内，引贼入京，遂以兵封锁淀川河口，切断京城联络，绝其粮道，派兵骚扰，敌必疲惫不堪。此时，义贞自睿山、正成自河内，两翼进攻，则朝敌一举可灭。"

然而短视的公卿们却竭力反对这一正确战略，似乎在他们看来，真正的朝敌不是急欲窃取皇统的足利尊氏，反倒是要剥夺他们来之不易的优裕生活的楠木正成。后醍醐天皇也是同样的想法，他驳回了正成的奏折，命令正成率兵出京去协助新田义贞，抵御足利叛军。

因为建武新政丧失人心，最主要是丧失了各地的武士之心，据说竟连声威赫赫的楠木正成在本领内征兵，一门郎党都面有难色。正成知道官军兵力既薄，士气低落，又缺乏足以制约敌方的水军力量，此去无异于以卵击石，必无生理。于是他留下主力部队以保存反攻的实力，自己只带了胞弟正季和五百名亲信武士驰往前线。

在京都西面的樱井驿，正成和年仅十一岁的幼子正行演出了历史上有名的"樱井诀别"。日本江户时代著名诗人赖山阳曾经有《过樱井驿址》一诗，缅怀楠木正成：

"山崎西去樱井驿，传是楠公诀子处。林际东指金刚山，堤树依稀河内路。想见警报交奔驰，促驱羸羊委狞虎。问耕拒奴织拒婢，国论颠倒君不悟。驿门立马临路岐，遗训丁宁垂髫儿。从骑肃听皆含泪，儿伏不去叱起之。西望武库贼氛恶，回头几度睹去旗。既歼全躬支倾覆，为君更贻一块肉。剪屠空复膏贼锋，颇似祁山与绵竹。脉脉热血洒国难，大淀东西野草绿。雄志难继空逝水，大鬼小鬼相望哭。"

时为延元元年五月二十五日，著名的"凑川合战"就此爆发。朝廷方面，以胁屋义助军五千守卫经岛，大馆氏明军三千扼守南之滨，楠木正成、正季的五百骑兵在西之宿布阵，总大将新田义贞在和田岬本阵驻扎，策应各部。足利军则以尊氏将水军，直义将陆军，齐头并进，浩浩荡荡杀向京都。

首先尊氏水军在直义陆军的配合下，于长达十数里的海岸线上展开了声势浩大的登陆作战，胁屋义助的经岛守军在经过顽强抵抗后放弃了阵地。于是直义大军铺天盖地地卷向楠木正成镇守的西之宿，五百楠木武士瞬间就被淹没了。然而，楠木武士早已舍弃了求生之念，他们的剽悍敢斗完全超出了敌人的想象，"菊水"（楠木家纹）旗如同猛虎般楔入敌阵，足利军似波开浪裂一般，连足利直义本人也被流箭射中马足，几乎死在乱军之中。

足利尊氏远远望见这般情景，立即派遣高师直率六千兵马前往增援，代替直义指挥作战。楠木正成在进行了多达十六次冲锋后，气势也终于到了衰竭的时候。此时合战已经进行了六个时辰，他环顾四周，发现自己身边仅剩下了七十三骑，于是长叹一声，与正季二人一同步入凑川神社旁的一间民房，伏刃自尽，享年四十三岁。据说临终前，楠木正成曾询问正季说："你还有什么愿望吗？"正季回答道："愿和兄长七生报国，消灭朝敌！"

楠木正成对建武政权的愚忠被后世统治者利用，被尊为"军神"。就其本人能力和品格来说，无愧于一代名将，然而明知建武新政完全是开历史的倒车，"天下已经背离了君王"，他仍奋不顾身直到战死，却不能不说是受了后醍醐天皇大力鼓吹的朱子学毒害，于国于民都毫无益处。

吉野王朝

凑川合战，"军神"楠木正成永远地消失了，足利尊氏腾出手来，立刻调集所有部队进攻新田义贞。在尊氏绝对优势兵力的围攻下，新田军彻底瓦解，义贞的战马也被箭矢射杀，最后他徒步退到一个名叫"求女冢"的坟冢上。已经突出敌围的义贞同族部将小山田高家见状，毫不犹豫地冲回敌阵，将自己的马匹让予义贞，然后徒步掩护主公突围，直至战死。

延元元年五月二十七日，新田义贞在五千残兵的保护下，带着战败的消息返回京都。后醍醐天皇此时再慨叹楠木正成的策略有多正确，后悔自己不用其人之计，也已经悔之不及了，只好携带着三种神器，率领皇族、公卿、武士数万人撤离京城，重上比睿山——给尊氏下过院宣的光严院在途中假称患病，掉转身去就如兔子一般跑回了京都。

足利尊氏于五月二十九日杀入平安京，六月五日，他派足利直义率领大军对比睿山发动攻击，建武功臣千种忠显奋战而死。二十日，一队从宇治方向出现的官军突然袭击驻在东寺的足利尊氏本阵，正在围攻比睿山的部队顿时陷入恐慌，在当日的大战中被全面击溃，狼狈退回京都。

三十日，各方向汇集来的官军在新田义贞的统领下，对京都展开反攻，尊氏军收缩防线，采取守势，形势再次倒向后醍醐天皇一边。然而，官军终究人数较少，在发动过几轮攻击后，由于后援枯竭而被迫后退。撤退过程中，新田义贞主力遭到细川定禅的追击，大将名和长年战死。

八月二十八日，新田义贞调动全部兵力组织了最后一次京都攻击战，又被高师直击退。为了瓦解敌人，足利尊氏进呈了一份奏折，宣称这次战争完全是针对新田义贞的，只要后醍醐天皇下山并且交出三种神器，自己可以既往不咎，依然奉他为天皇。此时比睿山上粮草将尽，士卒疲惫无助，后醍醐天皇万般无奈之下，只得答应了尊氏的要求。

然而他才下山，就被足利直义率领重兵以"护送"为名，押解到京都的花山院软禁起来。跟随出行的公卿大臣全部被捕，只有新田义贞等武士保护着东宫恒良亲王与皇子尊良亲王渡过琵琶湖，逃往越前敦贺。

经过反复协商，足利尊氏拥立光严院的弟弟丰仁亲王号令天下，即光明天皇。后醍醐天皇答应退位，并将三种神器授予光明天皇，唯一的条件是，让自己的儿子成良亲王入主东宫。

当年十一月，足利尊氏在京都开设幕府，为了稳固自己的统治，他编成新的武家法典《建武式目》，减轻"建武新政"以来压在农民身上的沉重负担，奖赏有功武士，惩治贪官污吏，打击贵族、寺院势力，禁止他们参与国政。在这一法典的约束下，政治开始走向清明，各地武士之心也逐渐安定下来。

可惜乱局却并没能就此止息，在进入花山院隐居两个月后，不甘失败的后醍醐上皇再次施展出看家本领，化装成女人逃了出去——根据世传画像，这位上皇留着一部非常漂亮的大胡子，竟然能够装成女人，真是天晓得！他跑到大和吉野地方，修建临时宫殿，再次即位，自称正统，而称京都政权为必须讨伐的"伪朝"。相应的，京都方面则自称"京方"，也骂后醍醐天皇的吉野政权为"伪朝"——"一天两帝南北京"，日本从此进入了长达五十余年的南北朝时代。

南北两个朝廷分裂了整个日本，领土犬牙交错，各方势力朝秦暮楚，厮杀了将近五十年，直到北朝明德三年、南朝元中九年（公元1392年）十月，才在足利尊氏的孙子义满的努力下，和平归于一统。此后的日本天皇，都是光严、光明天皇的子孙，自然坚持自己的正统地位，不过民间也有很多反对者——因为后醍醐天皇当初交给光明天皇的三种神器竟然都是假货（不过本来就都是赝品嘛），神器所谓的正品始终保存在南朝天皇手里，直到南北朝结束时才交给北朝天皇，那些反对者们坚持认为，神器在谁手里，谁才算是正统嘛。

在数百年间的官方论调中，北朝是正统，南朝是伪朝，既然如此，那么楠木正成、新田义贞等人也都是侍奉伪朝的"朝敌"了。然而到了公元16世纪，德川光国编纂《大日本史》，为了宣扬楠木正成的所谓忠义精神，公然和官方大唱反调。德川光国是江户幕府德川氏将军的同族，是当时声名卓著的"贤侯"，他的论调因此受到了很多人的追捧。

因为民间百姓对楠木正成这一历史形象的喜爱，更因为日本官方大力宣扬"武士道"精神，宣扬以"忠"为主体的日式儒家思想，所以南北朝孰为正统的争论一直延续到近代，在明治天皇在位期间竟然引发了全社会的大争论和大动荡。最后明治天皇干脆连祖宗都不要了，正式宣告南朝为正统，他本人的祖先们都是叛逆，北朝天皇不再列入天皇系谱——这真是世界各国都从来没有出现过的大笑话。

番外篇

古代日本的铠甲及其演变

古代日本的铠甲样式非常独特，大致经过了挂甲、大铠和具足三个阶段的发展过程。日本现在发现的最早的成型铠甲，大致对应古坟时代，基本属于挂甲。所谓挂甲，是指甲片层层相叠，下一层甲片必然覆盖上一层甲片的底部。我国商周时代也大量使用挂甲，其后逐渐演化为棉袄甲——即将甲片补缀于衬里上，互不覆盖，或者上片覆盖下片顶部，与挂甲正好相反。

日本挂甲的主体，也即身铠，大多用金属或皮革的甲片缝合而成，形如背心，肩部有带相系。到了奈良时代，日本因为大量学习中国文化，原本在肩头打结的四条带子，逐渐变成由后背向前胸延伸的两条带子，结纽在胸前，类似于流行于中国南北朝直到五代时期的两当铠。

日本古代铠甲发展的第二个阶段，是大铠阶段，产生于平安中期，至镰仓时代达到顶峰。大铠多由竹木所制，在关键部位加缀金属或皮革的甲片，甲片也多是下层覆盖上层底部，究其根本来看，仍属于挂甲一系。但大铠有几个独有的特色，是世界各古代民族铠甲样式中都很罕见的。

首先，身甲除仍以肩带固定外，并非"套头衫"，而在一侧开口（多在左侧），上面覆盖"胁楯"（一套独立的甲片，由肋下一直延伸到大腿）。其次，胸前垂挂有两条甲片，右边的长而且宽，称为"栴檀板"，左边的较短而狭，称为"鸠尾板"。当武士伸长左臂，侧身拉弓放箭的时候，鸠尾板正好遮盖住心口；而当在马上用右手挥舞太刀的时候，栴檀板也可以防护最大的破绽——右胸或右胁。第三，知名武士的头盔上一般会设置纯粹只具有装饰作用的金属饰品，大多设置在头盔前方，称为"前立"，主要的形制是"锹形"。

到了室町时代，战争日益频繁，规模也日益扩大，战争模式逐渐从骑马武士间的射箭为主，搏杀为辅，转向步兵集群作战发展。在这种背景下，原本低级武士所穿着的朴素的胴丸，以及杂兵所穿着的简陋的腹卷和腹当（身甲开口在背后而非胁下）逐渐大行其道，并且合流，发展为具足。

具足和大铠相比，有如下几点不同：一，甲片变大，连缀方式变简单，因此制作工艺也更简便，制作流程缩短；二，删去了很多不实用的金属部件，代之以实用的部件，防护更为严密；三，种类样式繁复多样，包括头盔上的装饰品也五花八门，并且大量出现装在头盔侧面的"胁立"、顶部的"顶立"，以及装于后部的"后立"。

到了江户时代，大规模的战争已经停息，具足的装饰性重新抬头，又添加上很多已被淘汰的大铠上的零散部件，这种具足被称为"当世具足"。

年表：

北朝年号	南朝年号	具体年份	事件
正庆	元弘	1333年	后醍醐天皇逃到伯耆；足利尊氏攻克六波罗；新田义贞攻克镰仓，幕府灭亡；后醍醐天皇返回京都，开设记录所和杂诉决断所
建武		1335年	中先代之乱，足利直义杀害护良亲王；足利尊氏反叛
正庆	延元	1336年	足利尊氏败走九州；尊氏东上，楠木正成在凑川败死；尊氏拥戴光明天皇登基，制定《建武式目》；后醍醐天皇逃往吉野，南北朝开始

十章　纷乱南北朝

南北朝之乱，并不仅仅是吉野（南朝）和京方（北朝）之间的争斗，吉野朝内部、京方内部，亦皆拉党分派、鏖战不休。最终的结果，是庄园经济的没落、守护经济的抬头，为其后诸侯割据的战国乱世拉开了序幕。

显家奋迅

吉野朝是建立起来了，但后醍醐麾下将领却散布各方，根本无法统一指挥。咱们先说保护着东宫恒良亲王北上敦贺的新田义贞，此时手下只有土居、得能等人所率三百伊予兵，被迫翻越崇山峻岭而行，路逢大雪，不断有士卒因为冻饿而倒下，真是极度的艰苦。好不容易到达敦贺，受到了金崎大宫司气比氏治的热情迎接，义贞等人总算是有了一个落脚的地方。

义贞以金崎城为基地，凭借东宫之名征集部队，并派其弟胁屋义助前往要隘杣山城，儿子义显远赴越后进行联络工作。杣山城城主瓜生保、义鉴兄弟在母亲的授意下，搜集了数千兵马赶来会合。

忙于稳定畿内局势的足利尊氏在得知新田义贞图谋北陆的消息后，急命越后守斯波高经率军包围了金崎城。此时，胁屋义助刚刚离开杣山城，正在返回金崎的途中，主从仅十六骑，当晚，他趁着夜色苍茫，率领从骑绕着敌军的阵地狂呼："北国武士、僧兵两万骑前来支援官军！"士气并不高昂的斯波军立刻慌乱得四散奔逃。于是胁屋义助兵不血刃地解了金崎之围。

足利尊氏闻报大怒，遂于延元二年（公元1337年）元月，再派大将高师泰统率精锐杀向北陆。此时新田义贞手上并没有足够的军队，又不愿放弃这来之不易的根据地逃往他处，正在苦无对策之时，突然接到后醍醐天皇的使者报称天皇已在吉野复辟，并且召集到了一定数量的部队，很快便会赶来支援，金崎城中军民士气顿时高涨万分。

不过希望很快就落空了，后醍醐天皇保守吉野都感觉困难，哪有力量奔驰数百里，赶来支援北国呢？不过是开张空头支票罢了。只有胁屋义助比较迅速地点起数千杣山军赶来，不幸于半途遭到高师泰的阻击，激战一天后，瓜生保兄弟为保护义助逃进金崎而奋勇战死，杣山军全部覆没。

金崎包围战从一月一直打到三月，最终城内矢尽粮绝。新田义贞、胁屋义助等数人保护着东宫恒良亲王乘小船逃走，结果恒良亲王还是在途中被京方军队擒获，押回京都处死，而义贞子义显、十三岁的尊良亲王以及气比一族、城兵三百人则留下坚守到了最后一刻，城破后纷纷自杀。新田义贞兄弟逃到杣山城，集结热血武士三千余众，屡次出击，连败京方军，北陆战事暂呈胶着状态。

然而这个时候，奥州猛虎北畠显家却又开始行动了。足利尊氏进入京都以后，后醍醐天皇行踪不明，北畠显家就在陆奥灵山奉戴义良亲王为主，积极备战，准备东进复国。延元二年八月，他接到了新田义贞的求援书和后醍醐天皇从吉野发来的诏书后，遂与结城宗广（结城亲光之父）、伊达行朝等奥州豪族从灵山出发，大举侵入关东地区，连战连胜，势如破竹。

留守镰仓的千寿王足利义诠派兵出利根川迎击，被陆奥军杀得全军尽没。而同时奉父命在上野搞煽动活动的新田义贞之子义兴也举兵响应，上野一国皆反，甚至连曾经发动过"中先代之乱"的北条时行也不知道从哪里突然冒了出来，率其党羽在伊豆举兵，宣布加入南朝一方，给予义诠以致命的打击。十二月，显家、义兴、时行三面合围镰仓，义诠弃城而逃。

拿下镰仓以后，北畠显家遂于翌年元月挥师西下。不甘失败的足利义诠聚拢败兵，尾追南朝部队求战，在美浓的青野原再度全军覆没。就这样，足利尊氏起家的老窝、整个关东平原全都落到了北畠显家手中，后醍醐天皇的吉野朝廷总算有了一块还算成规模的领地。

然而，经过连番大战之后，由于得不到关东地方豪族的支持，北畠显家有限的兵力已经消耗殆尽，而足利尊氏则调遣高师泰、高师冬等部队依托畿内地区，层层递进地冲击陆奥军。在这种波浪式的消耗攻击面前，北畠显家终于抵挡不住了，只得绕过京都，屯兵奈良。二月下旬，兵力得到恢复的陆奥军再度攻击京都，同闻讯而来的京方军在奈良的般若坂发生战斗，结果北畠显家战败，率领残部遁入河内，义良亲王则逃往吉野。

连遭挫败的北畠显家始终没有离开畿内。三月八日，身处敌军重重围困下、粮草断绝的显家对驻扎在摄津四天王寺的细川显氏军发起突击，并凭着孤注一掷的精神奇迹般地在河内的石川河原打败了显氏的部队，显家之弟显信更是趁机攻取了山城的男山城，直接威胁京都安全。

足利尊氏怎么也没料到竟会后院起火，马上调遣高师直以下畿内所有部队反扑男山城。高师直在攻打显信坚守的男山城受挫后，改变战术，除留下部分部队围城外，主力从各个方向朝一马平川的四天王寺合围过来。十五日，京方军队在四天王寺附近和北畠显家的部队遭遇，拉开了阿部野战役的序幕。十六日晨，从两翼进行包抄作战的细川显氏、高师冬加入战团，遭到夹击的显家军一败涂地，本阵四天王寺陷落。

然而，顽强的北畠显家竟然又一次从失败中爬了起来，当年五月，他带着不知道从哪里变出来的军队，再度出现在了和泉的堺。五月二十二日，高师直闻讯而来，在石津与北畠显家展开最后的激战，这次，年仅二十一岁的显家再也没能从满地尸骸中站立起来……

北畠显家战死后的当年七月，坚守长达四个月的男山城终于被攻破，北畠显信遁走河内。

藤氏一揆

得益于北畠显家的围魏救赵战术，固守杣山城的新田义贞赢得了短暂的喘息机会。在这弥足珍贵的几个月时间里，义贞得到越后、加贺等地僧兵部队的有力支援，势力像雪球一样越滚越大，终于突破杣山城的包围，屡败京方军，几乎占领了整个越前国。

南朝延元三年（北朝历应元年，公元1338年）七月，得知北畠显家战死、男山城形势危急的新田义贞抽调大部分兵力，任命胁屋义助为总大将进军南下。刚到半路，就传来了男山城陷落的消息，义助只得引兵返回北陆。义贞兄弟审时度势，决定首先攻打驻守足羽城的斯波高经，以稳固后方——闰七月二日，北国的南朝大军像潮水一般涌向足羽城。

然而，意外发生了，当时竹羽城附近的藤岛寨由平泉寺的僧兵把守，新田义贞派兵攻打，因为久久没能得到胜报，遂亲率五十骑前往探察，行至半途，遭遇一支为数三百人的敌军，混战中一支流箭射中了义贞的眉心——叱咤天下的名将新田义贞，就这样莫名其妙地战死了，年仅三十八岁。

就在新田义贞战殁的当月，后醍醐天皇任命北畠显家之弟显信为镇守府将军，将关东的军事全权委托给他，以及其父北畠亲房。次月也即当年八月，北朝光明天皇终于把足利尊氏一直垂涎欲滴的征夷大将军的名号赐了下来，足利幕府也称室町幕府就此正式拉开帷幕。

到了南朝延元四年（北朝历应二年，公元1339年）八月，后醍醐天皇身染重病，让位给其子义良亲王，然后没过多久就咽了气，享年五十二岁。所谓"后醍醐"之类，本是天皇的谥号，中国多在皇帝驾崩后由臣子追尊，日本却往往由天皇在世时即拟定，后醍醐天皇也是如此，定此谥号，其意为追从醍醐天皇的功绩，建立一个没有幕府、院政、摄政关白的完全由天皇亲政的时代——当然啦，历史不会倒退，况且真实的醍醐天皇，也不过是摄关手中的半傀儡而已。

据说后醍醐天皇临终时，左手持法华经，右手持宝剑，并且传下遗言："唯愿消灭朝敌而致四海太平，纵使埋骨南山，魂魄也要遥望北阙。"他这种誓不罢休的精神，倒也是挺值得敬佩的。

南朝新帝登基，就是后村上天皇，年仅十二岁。且说当时天下局势，南北朝各占三分之一，余下三分之一朝秦暮楚，左右摇摆。南朝主要由胁屋义助经营北陆，北畠亲房、显信父子经营关东。南朝兴国元年（北朝历应三年，公元1340年）九月，斯波高经攻破越前府中，胁屋义助经美浓、尾张，退往伊势，不久后进入吉野，觐见了后村上天皇。

后村上天皇任命胁屋义助为西国、四国总大将，使其挥师从纪伊走海路挺进四国，在小豆岛建立基地。四国豪族纷纷响应，义助很快便控制了大半个四国，同吉野朝廷及在九州奋战的菊池党遥相呼应。然而就在这一关键时刻，突如其来的疾病夺去了胁屋义助的生命，是为南朝兴国三年（北朝康永元年，公元1342年）五月——四国地区的分裂形势一直维持到南北朝结束。

而这个时候，主张"东国经营"的北畠亲房，正在常陆、房总等地陷入苦战。先是高师冬率京方军东进，在小田城下击败了北畠亲房，随即小田城主小田治久内通高师冬，迫使亲房退往关城，其子北畠显时退往大宝城。高师冬继续挺进关城，同时派遣小笠原贞宗进攻大宝城。就在这个紧要关头，南朝方突然不知从哪儿跳出来一个近卫（藤原）经忠，大拆北畠亲房的墙角。

话说摄政、关白一职始终掌控在藤原氏北家手中，北家主要分为五支，即近卫、鹰司、九条、二条和一条，迭为摄关，人称"五摄家"。近卫经忠是近卫家的家长，还不到三十岁，就从鹰司冬教手中夺得了"藤氏长者"的名号，并被后醍醐天皇任命为关白。足利尊氏造反，杀入京都以后，特意把已经退居左大臣的近卫经忠给抬出来，再任关白，想利用他"藤氏长者"的威望来巩固北朝政权。

然而近卫经忠仍然忠诚于后醍醐天皇，没过多久就瞅个空逃出了京都，遁往吉野。只是时过境迁，这时候南朝的朝堂上已经挤满了，再无这位前关白的容身之处，经忠无奈之下心说，干脆我去关东混吧。

一方面，近卫经忠的政治倾向相对温和，主张与北朝和谈，这就难免会跟彻底抗战派北畠亲房产生冲突；另一方面，经忠出身尊贵，爵高名显，也不甘屈居于北畠亲房之下，而想自己担任关东地区的南朝总大将。于是乎，他就利用自身的名望，联络小山、小田等各路豪族，不肯听从亲房的命令——俗称"藤原氏联盟"或者"藤氏一揆"（一揆的本意是联合体）。

如此一来，关东地区依附南朝的各武士团就分裂为二，人心动摇，势力衰退，终于导致结城宗广之子、结城亲光之弟结城亲朝的反叛。于是关城和大宝城都陆续被攻陷了，北畠亲房父子狼狈逃回吉野。

战火四处燃起，遥遥不知止期。到了南朝正平三年（北朝贞和四年，公元1348年），足利尊氏意图一举底定胜局，于是调动各路大军，以大将高师直为总大将，矛头直指吉野。楠木正成之子，俗称"小楠公"的楠木正行（其父则被称为"大楠公"）率军抵御，结果在河内的四条畷大败，与兄弟正时一起自杀。高师直就此长驱直入，很快便攻陷了南朝的首都吉野，后村上天皇狼狈逃往穴生。到了这个时候，形势对京方绝对有利，天下眼看就要太平，没想到，足利幕府内部却突然乱了起来……

院驾还是犬驾

足利尊氏于延元元年（公元1336年）开设幕府以后，设置关东管领以统治关东地区，设置奥州探题以统治奥羽地区，设置九州探题以统治九州十一国，都派同族担任。然而，幕府的实际权力却操持在执事高师直和侍所头人高师泰这对兄弟的手中。

武士们拥护足利尊氏造建武朝廷的反，是为了把土地和政权重新从公家和贵族手中抢夺过来，建立一个全新的甚至比镰仓幕府更为强大的武家政权。然而南北朝对峙开始以后，足利尊氏为了更大限度地维持内部安定，拉拢友方势力，被迫对公家和贵族做了部分妥协，他延迟了地方上从庄园制向领主制的演进过程，限制豪族们的权力扩张，仍然拥戴京都朝廷，并且保护支持自己的公家和贵族们占有土地。

这种种举动必然会引起相当数量的激进派武士，尤其是身处僻远乡下，根本不在乎天皇和朝廷为何物的武士们的反感，而这一类武士的代表人物，便是前面所说大权在握的高氏兄弟了。

高氏，据说源自源义家的乳兄弟高阶惟章，跟随着义家之子源义国迁居下野国——这位源义国便是新田义重和足利义康这二位创氏之祖的父亲。所以高氏历代在足利家中担任执事（大管家），高师直、师泰兄弟跟随足利尊氏起兵，战功赫赫，一族而出任河内、和泉、伊贺、尾张、三河、越后、武藏等数国守护职。

高师直仗着幕府所拥有的强大兵力，根本不把皇室放在眼中，传说他曾经讲过这样的话："在京都有名叫天皇的，拥有大量领地，还有名叫内里和院的御所，让他下台比较困难。如果一定要有天皇的话，那么可以用木来雕，用金来刻，而把真的院和天皇流放到随便什么地方去，免得碍事。"高师直的弟弟高师泰则指示部下说："嫌恩赏数量太少吗？身边如有寺社和本所的领地，可以越境占用嘛。"

受到高氏兄弟的支持和怂恿，许多幕府有功之臣肆意妄为，惹得足利尊氏大感头痛。比如美浓守护土岐赖远某次来到京都，在大街上遇见了光严院的御驾，卫士们高呼让路，土岐赖远竟然高呼道："什么院驾在此？或许你说的是犬驾吧。若是犬驾，我便射他一箭。"当真抄起弓来，一箭射掉了院驾的车帘，还命令手下把随驾的公卿们揪过来暴殴了一顿。

身为最高统治者，足利尊氏对这种行为不能不闻不问，否则傀儡北朝就根本无法控制，自己也就失去了大义名分。然而当真处罚这些有功之臣吧，又怕会冷了武士们的心，终究打天下、灭南朝靠的不是院驾，不是公卿，而是这些不懂规矩的乡下武士们。

足利尊氏能忍，他的弟弟足利直义可忍不了了，与高氏兄弟间的矛盾日益加深。直义跟随尊氏起兵，论功勋不在高氏兄弟之下，论人望和名分更要远高于高氏，所以尊氏对其颇为忌惮。可以这样认为，虽然直义就立场来说是站在尊氏这一边的，但出于政治利益考虑，尊氏想要除掉直义之心却要强过想要制约高氏兄弟之心百倍。

且说北朝康永、贞和年间，高氏在关东战败了北畠亲房，随即在河内四条畷杀死楠木正行，攻陷了南朝的大本营吉野，功勋卓著，声威烜赫。为了制约高氏的势力，南朝正平四年（北朝贞和五年，公元1349年）足利直义派养子直冬前往主持中国地区的军务，就任长门探题，同时利用畠山直宗和上杉重能的谗言，把高师直从执事位置上扯了下来——这当然会引起高氏的强力反弹。

足利直冬本是尊氏与侍妾所生的庶子，被直义收为养子，并下赐"直"字。他受命走到备后国的鞆津地方，突然遭遇高师直部下的袭击，被迫远遁九州。高师直兄弟本是天不怕地不怕的悍将，于备后袭击了直冬后，回过头来又聚集一族郎党袭击足利直义。在这次事件中，尊氏明显偏袒高氏，结果畠山直宗和上杉重能被杀，直义被迫于当年十二月出家入道，声称远离俗世的纷争，放弃俗世的权力。

足利直义身在京都，不敢不暂时委曲求全，逃到九州的足利直冬可就没那么听话了，他很快便回归中国地区，召聚党羽，随时有东进复仇之意。于是次年六月，高师泰向足利尊氏求得了讨伐足利直冬的诏书，亲率大军离开京都向西进发。

两军接战，高师泰一时败绩，退回京都。当年十月，足利直冬统率大军杀到京都郊外，其养父直义趁机逃往大和国，掀起了反旗。为了能够在与高氏的对决中稳占上风，直义干脆背弃兄长尊氏的阵营，主动提出归顺南朝。正无家可归的后村上天皇喜不自胜，立刻答应了他的请求——是年为南朝正平五年（北朝观应元年，公元1350年），幕府一分为二，史称"观应之扰乱"。

"观应之扰乱"延续的时间并不算长，南朝正平六年（北朝观应二年，公元1351年）元月，足利直义派的桃井直常统率北国兵马南下，和直义两面夹击京都，足利尊氏与高氏兄弟被迫逃往丹波和播磨。尊氏一瞧情况不妙，于是以勒令高氏兄弟出家为条件，提出与兄弟直义和谈。随即高师直和高师泰在被押往京都的途中，于摄津武库川被上杉能宪所杀——能宪是上杉重能的养子，他可算是为父亲报了血海深仇了。

利用高氏兄弟的人头，足利尊氏终于暂且稳住了局势，然后就开始耍小动作——要论临阵交锋，尊氏未必是直义的对手，但论政略策谋，十个直义都追不上老哥尊氏。于是谈判拖拖拉拉地一直延续了小半年，足利直义麾下武将陆续被尊氏策反，胜利的天平就此倾斜。七月二十八日，尊氏从近江出击，其子义诠从播磨出击，两路大军夹击京都，直义战败，被迫退往北陆地区。

足利尊氏进京以后，为了获得讨伐兄弟的大义名分，就采纳了部将佐佐木道誉的建议，向南朝方请求诏书——直义不是归从了你家嘛，那得你来下旨讨伐啊。南朝方此前利用足利直义之势重新稳住了阵脚，腰杆又硬了起来，当即回复：想求我家的旨，就先得返还京都和政权才成！

为了对付兄弟，这时候的足利尊氏啥都不管了，反正京都朝廷也不过是自己的傀儡而已，没了就没了吧。于是十月份，令人大跌眼镜的事情发生了，堂堂幕府将军足利尊氏递上降表，宣布归附南朝，次月，北朝崇光天皇被废——莫名其妙地，大和朝廷又在名义上归于一体了，史称"正平一统"。

一天二帝重现

足利直义重整旗鼓后，于正平六年十一月杀回关东老家，夺取了镰仓府。此时归顺南朝的足利尊氏已经从后村上天皇手中得到了追讨直义的宣旨，于是留下儿子义诠守备京都，自己亲率仁木赖章、仁木义长、畠山国清等将领，沿着东海道东进，直取镰仓。直义率上杉宪显、石塔义房、石塔赖房等将来迎，两军最终在骏河国内的萨埵峠展开对峙。

就兵力而言，本来尊氏是不如直义的，然而直义虽然一度攻陷了镰仓，却并未能够统驭关东全境，党同尊氏的宇都宫氏纲等豪族仍在身后蠢蠢欲动，这就使得直义害怕受到前后夹击，不敢首先向尊氏发起进攻。于是他派遣大将桃井直常兵发上野，讨伐宇都宫氏纲，却被氏纲施计击败。随即关东豪族数万兵马来援尊氏，杀得直义大败亏输，仓皇后退。

萨埵峠之战数月后，翌年元月，两军又在相模国的早河尻展开决战，足利直义再度败北，无路可去之下，只得拜伏在了兄长的军门之前。于是尊氏得意扬扬进入镰仓，下令将兄弟押往延福寺幽禁起来。关于足利直义的下场，历来有两种说法，一说是于本年二月被足利尊氏毒死，一说是次年得急病而死。

既然足利尊氏已然归附南朝，而足利直义也兵败降伏，按道理来说，天下应当就此太平了吧？南朝天皇垂拱而治，足利幕府掌控实权，大规模战乱理当止息。不过这般局面，原本也就只有身为傀儡的北朝天皇可以容忍，后醍醐一系的南朝天皇却瞧不惯，正好这个时候，那位坚决主战的北畠亲房返回了吉野，于是谋划着一举扫平足利氏的势力。

就在足利直义失败的两个月以后，后村上天皇悍然解除了足利尊氏的征夷大将军职务，将之转给宗良亲王，随即新田义兴、胁屋义治、北条时行等将拥戴宗良亲王向镰仓进军，同时北畠亲房、千种显经、山名时氏等将率军进迫京都。

南朝军来势汹汹，很快便攻克了镰仓与京都，但可惜无法持久。一方面，足利尊氏在武藏国内召聚兵马，复夺镰仓，宗尊亲王逃往信浓；另方面，足利义诠一度逃出京都，随即便卷土重来，因为南朝方山名时氏的倒戈，他不但夺还京都，还团团围住了后村上天皇的临时御所——男山八幡宫。八幡之围延续了两个月的时间，最终南朝方粮秣耗尽，御所陷落，后村上天皇狼狈而逃。

既然南朝方容不下幕府存在，那么足利尊氏也就不跟他们客气，当年八月，他立弥仁王为北朝天皇，称后光严天皇——"一天二帝"的局面就此重现。

南北两朝就此展开了长期的拉锯战，就连京都也曾多次易手。到了南朝正平十年（北朝文和四年，公元1355年）三月，足利尊氏、义诠父子击败南朝军队，再次收复京都。从这一年开始，南朝军节节败退，京方重新占据了优势地位。三年后的四月，足利尊氏病死于京都二条的万里小路邸，享年五十四岁，结束了他动荡播乱的生涯。

足利尊氏之子义诠接任征夷大将军，继续展开对南朝的进攻。此后的战争，混乱得几乎无法理清脉络，更无法用语言来形容，反正南北双方都是外战和内乱不断——既然连幕府将军都一会儿北朝一会儿南朝，那么地方武士朝秦暮楚、朝降暮叛，也都可以理解了。计点南朝方先后叛变的主要将领有大内弘世、楠木正仪等等，幕府方先后叛变的主要将领有仁木义长、细川清氏等等。

顺便交代一下南朝方面的两名大将的结局——北畠亲房比足利尊氏还要死得早，病死于南朝正平十年，可以说他的去世，导致南朝方面再也拿不出一位能够统筹全局的统帅来了，就此一蹶不振；足利直冬原在西国势雄力强，但随着麾下大内弘世、山名时氏等将陆续归顺北朝，一度掀起大乱的"直义·直冬党"终于分崩离析，南朝正平二十一年，直冬留下了他最后一份可靠的文书，然后便消失在了历史长河当中，下场不明。

南北双方谁都吃不了谁，加上南朝方一力主战的北畠亲房已死，第二代幕府将军足利义诠遂尝试用和平方式完成统一，多次派人前赴南朝谈判。然而两朝要并合为一，存在着一个基本前提，那就是只能剩下一位天皇，义诠当然支持北朝，而南朝的历代天皇也都不愿意让出宝座，因而谈判最终还是以破裂收场。

到了南朝正平二十二年（北朝贞治六年，公元1367年）年底，足利义诠去世了，传位给其子义满，次年十二月，足利义满正式补任征夷大将军。足利义满时代，京方在军事上又有了长足的进步，一度攻陷南朝的天野行宫，而南朝方最后的名将如宗良亲王、北畠显信、菊池武光等亦先后去世，楠木正仪降伏，已经日薄西山，再难复振了。

统一的曙光终于降临。

中华禅伯

南北朝的战乱产生了大量失去土地和主家的武士，他们在日本再无立锥之地，遂沦为盗贼，甚至渡过苍茫大海，前往朝鲜半岛和中国大陆烧杀抢掠——这便是"倭寇"的开端。南朝正平二十二年（北朝贞治六年，公元1367年），高丽国王派遣使者来到京都，要求北朝和幕府恢复秩序，严禁倭寇。南朝正平二十四年（北朝应安二年，公元1369年），刚刚建国的明太祖朱元璋也派遣使臣七人来到九州，向南朝的征西将军怀良亲王递上国书，国书内容主要是谴责倭寇，并希望通商友好。怀良亲王杀死了使臣中的五人，并且扣留杨载、吴文华三个月后，才把二人驱逐出了日本。

这大概是受了"文永·弘安之役"元军来袭的影响，一方面怀良亲王并不了解大陆局势，不知道这个明朝和以前蒙古人所建的元朝有什么关联，另一方面也是基于前车之鉴，坚决不能向外来"侵略者"低头服软。

且说杨、吴二人返回南京向朱元璋哭诉，朱元璋虽然大怒，但还真没有调动舟师远征日本的心思——蒙古人殷鉴在前嘛。于是他写下一篇言辞激烈的国书，恐吓说："……宜朝则来廷，不则修兵自固。倘必为寇盗，即命将徂征耳，王其图之。"朱元璋再派杨载出使日本，可是怀良亲王还是不肯搭理。

直到第三回，莱州府同知赵轶奉命出使，来到九州镇西府（即太宰府）。怀良亲王排布武士，以刀相胁，说当年蒙古人就是派了个姓赵的来，假意通好，其实大军在后，幸亏天降"神风"把他们给打败了，"今新天子帝中夏，天使亦赵姓，岂蒙古裔耶？"——你也是打算来诓骗我们的吧？赵轶听了这话，真是哭笑不得，先解释说自己所代表的并非蒙古人而是汉人，随即呵斥道："我大明天子神圣文武，非蒙古比，我亦非蒙古使者后。能兵，兵我！"

怀良亲王这才恍然大悟，赶紧堆下笑脸来款待赵轶，并在不久后派遣以祖来和尚为首的使团出访明朝，进贡方物。使团携带的国书当中，怀良亲王自称"臣怀良"（《明史》误记为良怀），朱元璋见了挺高兴——他还以为这位怀良亲王就是日本国王呢，日本国王自称为"臣"，那不是在表明愿做我天朝的藩属吗？

当然啦，朱元璋也不傻，他记得在宋人的记载中，就曾经提到过日本由镰仓幕府将军掌权，所谓的"天皇"只是傀儡罢了。那么"臣怀良"究竟是天皇还是将军呢？他说话能不能算数呢？于是急召十多年前来华留学，如今住锡南京天界寺的日本僧侣椿庭海寿前来问话。这一问之下才明白，敢情日本现在是南北朝并立，而且"臣怀良"既非天皇也非将军，估计只是九州一岛的统治者。

事实上，怀良亲王是在足利尊氏攻入京都的同年被任命为征西将军，开始向九州进发的，此后顽强奋斗了二十多年，全靠肥后豪族菊池武光的相助，才终于拿下了半个九州岛，入居镇西府。

明洪武五年（公元1372年），明朝派出了第四批使者，以答复怀良亲王的进贡，虽然所携国书题头就写"尔日本国王良怀"，但这只是为了麻痹对方而已。朱元璋秘密地关照使团正副团长——明州天宁寺高僧仲猷祖阐和南京瓦官寺高僧无逸克勤——要他们争取和真正的日本朝廷，尤其是北朝建立联系。

当然啦，怀良亲王是绝对不会放这两位高僧团长去接触北朝的，在委婉地拒绝了他们前往京都的请求后，干脆把使团全体都软禁在圣福寺中。好在此前不久，北朝方大将今川了俊（贞世）便率领大内弘世、吉川经见等将登陆九州，对镇西府发起了猛烈的攻击，最终菊池武光战败，保着怀良亲王逃入南方的高良山中。仲猷祖阐闻讯，这个高兴啊——这回不就能够顺利地和北朝接上头了吗？

可是料想不到的事情发生了，北朝兵将气势汹汹而来，把圣福寺团团围住，仿佛立刻就要把全体明使都乱刀分尸一般。原来这跟此前怀良亲王擅杀明使一样，都是个天大的误会，今川了俊听闻怀良亲王与明朝有所往来，还以为他打算向明朝借兵，而这些使者正是明朝大军的先遣联络官呢。

今川了俊也想要和新兴的明朝搞好关系，可是他不信任仲猷祖阐等人，却把主意打到了高丽人身上，派人联络高丽国中亲明的大将李成桂（即后来的朝鲜李朝太祖）。因而虽然误会解释清楚了，仲猷祖阐等人却仍然被软禁在圣福寺中，无法完成朱元璋所交付的使命。直到数月之后，他才在与监视自己的日本武士交流当中，得知京都天台山的座主尊道法师精通佛法，并且与很多北朝公卿、幕府官员都有交往，于是写下一封书信，央告对方传递给尊道法师。

这封信反复辗转，才终于在翌年的五月份送到尊道手中。法师见信后不敢怠慢，急忙前去求见幕府将军足利义满。义满见信大喜，赶紧下令今川了俊把明朝使团迎入京中，盛情款待。他还恳请仲猷祖阐开坛讲法，"敷演正教"，一时间听众云集。日本的公卿百官、高级武士们在听讲之后，莫不为仲猷祖阐和尚精深的佛法修养所折服，给他上了一个尊号，叫"中华禅伯"。

使团返回明朝后不久，足利义满的通好国书也送到了，但是义满在国书中含糊其辞，光说愿意交好、通商，却不提称臣纳贡，也不提严禁倭寇的问题——日本内部还在打个不休，他哪有闲空去处理倭寇啊，再说了，倭寇的起因正是因为战乱，战乱不止，就算严剿倭寇，严禁船只下海，那也是无法彻底解决这一问题的。

惊天大阴谋

对于足利义满的态度，朱元璋深感不快，随即发生的两件奇事，更坚定了他自己动手严剿倭寇，不再理会日本政府的决心。

第一件事是，虽然明知明朝跟北朝方尤其是足利幕府接上了头，但怀良亲王为了获取来自大陆的物资补给，佯作不觉，继续以臣属的身份向明朝进贡，趁机通商。南朝弘和元年（公元1381年），他派如瑶和尚组团赴明，朱元璋借口对方未曾携有国书，拒绝了进贡，并且写下一封言辞激烈的书信，责备日方肆意侮辱邻邦，纵容百姓为寇，要如瑶转递给北朝天皇和幕府将军。

朱元璋的意思是：我已经知道你说了不算啦，以后只跟北朝打交道，你别再想来蒙混过关。等到如瑶把书信上呈怀良亲王之时，正赶上怀良亲王再次吃了大败仗，在九州的领土损失殆尽，失望、愤懑、无奈之下，他干脆写了一封针锋相对的书信，送给朱元璋。

信中大意是："臣听说自三皇五帝以来，不仅仅中华有皇帝，我们夷狄蛮邦也有君主。乾坤浩荡，并非一位君主所可以独裁，宇宙洪荒，分做各国以守备四方。所谓天下，非一人之天下。臣居于偏远小弱的倭国，城池不满六十，疆域不足三千，尚且知足，所以知足而长乐。今天陛下您做中华皇帝，为万乘之君，城池数千座，疆域百万里，却存有不足之心，常起灭国之念……

"古代尧舜有德，四海宾服；商汤、周武王施行仁政，八方纳贡。臣听说陛下您有发动战争的策略，您却不知我小国也有抵御外敌的计划，论文有孔孟的道德文章，论武有孙吴的韬略兵法。又听说陛下将选拔股肱之将，起全国之兵，前来侵犯臣境，但我山海之国，水来土掩，将至兵迎，岂肯跪地而求降呢？顺您的意未必便生，逆您的意未必便死……即便您打赢了我们小国，也胜之不武，万一不幸败退，反被小国羞辱。自古和为上策，可以避免生灵涂炭，臣将会年年进贡，岁岁称臣，永为小弱的倭国……"

大概怀良亲王的意思是，反正我也抱不上你的粗腿了，干脆刺激刺激你，让你敌视整个日本，从此也断绝跟北朝的往来。可想而知，朱元璋接到书信，定会勃然大怒。

第二件事，乃是朱元璋斗倒了权相胡惟庸，就此把全部权力都笼到皇帝一人手里，他还趁机深挖，掀起大案，以便杀戮功臣。于是莫名其妙地，在胡惟庸被杀整整七年以后，突然有人出来揭发，说这家伙还曾经勾结过倭寇呐！

据说胡惟庸指使宁波卫指挥使林贤东渡日本，与日本国王一起策划了一场刺杀朱元璋的惊天大阴谋——派遣四百名日本武士，假装使团，向明朝进贡某种巨型蜡烛，然后把火药和刀剑暗藏在大蜡烛里，打算突入紫禁城，趁乱纵火，谋害朱元璋！

好在大明天子福泽深厚，瞧出了胡惟庸不是好东西，结果日本刺客还没抵达，胡惟庸就先被下了狱了。加上所携国书不被礼部认可，拒绝受贡，于是阴谋虽然当时未曾败露，却被无形中扼杀在了摇篮之中。

这事儿很离奇，也很荒诞。首先北朝和足利幕府跟朱元璋还算面子上过得去，未必会想刺杀明帝——杀了朱元璋，对他们又有什么好处？有可能起意谋害朱元璋的，只有南朝方的怀良亲王，然而此时的怀良亲王兵败如山倒，朝不保夕，也根本拿不出四百名武士来当刺客。

南朝正平十四年（北朝延文四年，公元1359年），在九州岛上爆发了一场"大保原合战"，岛上大小武士集团超过七成都参与了此战。其中分战场上，北朝大友氏时一万三千对南朝岛津高澄一万三千五百；正面战场上，北朝的九州探题少贰资尚六万对南朝菊池武光一万九千八百——其中怀良亲王本队只有三千人。当时日本武士和农民兵的比例大概在1：20甚至更大，也就是说，怀良亲王麾下直辖武士最多只有一百五十名。

这还近乎是怀良亲王的全盛时期。那些农民兵只是临时应召，根本不可能执行这种跨海行刺的高难度任务，而怀良亲王若能够不计损失地随手拿出四百名武士，估计早就统一九州岛了……

因而这一离奇事件的过程、刺客数量，可能有很大的注水成分，更有可能彻底是桩冤案，朱元璋正好利用这个机会，干脆断绝了与日本的政治联系和贸易关系。至于倭寇问题，朕自己来解决吧！

于是朱元璋派周德兴在福建、汤和在浙江，整顿和重修卫所，严密防御，随即又在福建、广东分别组建了由一百艘和两百艘大船组成的舰队，巡游海上，剿杀倭寇——此后的大仗不多，小仗不断，全都获得胜利。朱元璋还颁发"禁海令"，禁止向日本出口金、银、铜、铁、丝绸等重要物资。

但是朱元璋仍然不想耗费巨大人力、物力，去征讨日本，打那无把握之仗。他在临终之际，宣布了十五个"不征之国"，也就是勒令后代子孙不得派兵前往征伐的国家，这些国家中包括朝鲜、琉球等传统藩属国，竟然也包括了他一向厌恶的日本。

一直等到朱元璋死后，建文皇帝朱允炆在位的时候，中日双方才重新建立了联系。

三管和四职

第二代幕府将军足利义诠小名叫千寿王，等到他的嫡子诞生以后，就也冠以相同的名字，只可惜，这个第二代千寿王没能成年就夭折了。好在老爹足利尊氏去世仅仅百日，诠氏的侧室涉川幸子便又产下一子，起名为春王。虽然是庶出，但正室之子已死，故而这位春王便一跃成为嫡子，他就是后来大名鼎鼎的三代将军足利义满。

足利义诠去世的时候，春王年仅十岁，自然无法管理整个幕府，因而义诠便在病榻前召来管领细川赖之，请他辅佐幼主。所谓"管领"，便是当年高师直所担任过的执事，本为足利一门的大管家，幕府开创后，就变成了幕府的总管，倘若把幕府将军拟作君主，那么管领便是宰相了。

足利幕府的统治架构，要到足利义满时代才基本完善，将军之下便是管领，管领之下还有侍所头人、政所执事和各级奉行人（事务官）。其中管领和侍所头人二职最为重要，管领由细川、畠山和斯波三个家族的成员轮流出任，侍所头人则由京极、一色、山名、赤松四个家族的成员轮流出任——统称"三管四职"。

细川氏本是足利氏的同族，初代足利义康生义清和义兼，义兼继承本家，义清二孙则开仁木、细川分家。足利尊氏麾下曾经奋战着细川氏三兄弟，即细川和氏、细川师氏和细川赖春——细川赖之乃赖春之子。

南朝正平十六年（北朝康安元年，公元1361年），由于受到佐佐木道誉的挑拨，细川和氏之子清氏投降南朝，随即杀入京都，迫使足利义诠和后光严天皇逃往近江。次年七月，细川赖之在赞岐白峰城大败细川清氏——清氏或许就殁于是役，总之从此消失了踪影。因为战功，赖之节节攀升，最终成为幕府管领，并且成为第三代幕府将军足利义满的辅政之臣。

足利义满前期的对南朝战争，基本上都是细川赖之在指挥。他先是任命今川了俊为九州探题，了俊在大内义弘等强豪的协助下，击败菊池武光等南朝悍将，基本控制住了九州的局面。其后，细川赖之诱降楠木正仪，随即以正仪为先锋，以弟（同时也是养子）细川赖元为总大将，突袭南朝的天野行宫，将南朝军主力消灭殆尽。

细川赖之最强有力的政治对手是斯波高经之子斯波义将。斯波氏亦为足利氏同门，乃足利义兼重孙家氏所开创（同代开创的分家还有吉良、今川、涉川、石塔、一色等），斯波高经原本是直义派武将，后跟随足利义诠，其子义将一度出任幕府执事，当时的斯波一门权势熏天，这就引起了有"婆娑罗大名"（此处的"婆娑罗"，指特异而华丽的穿着）之称的佐佐木道誉的嫉恨。在道誉的谗言中伤下，南朝正平二十一年（北朝贞治五年，公元1366年），足利义诠解除义将的执事职务，代之以细川赖之，随即发兵讨伐斯波父子——是为"贞治之变"。斯波父子逃往北陆，不久高经病死，义将复归幕府。

此后，斯波义将讨平占据越中的南朝名将桃井直常，势力逐渐恢复。到了南朝天授四年（北朝永和四年，公元1378年），细川赖元等人进攻南朝的领地和泉、纪伊，遭到惨败，随即代其为将的斯波派山名氏清、山名义理却成功攻取上述两国。从此细川赖之的声望大跌，于次年闰四月被赶下了台。斯波义将再任管领，并且发兵讨伐细川赖之。

其实细川赖之的去职，并非仅仅因为斯波派的打击，很大原因在于将军足利义满已经成年了。义满急于摆脱细川氏的阴影，树立自己的权威，把幕政完全掌握在自己手中。执事斯波义将的能力和威望都不如细川赖之，从此义满就可以放开手脚，进行自己的政治改革了。

一方面，足利义满继续打击南朝的势力，并最终完成了南北统一；另一方面，他想尽办法提高将军家的威信和实力，压制在长年混战中日益庞大的地方势力。可以说，如果没有足利义满执着不懈的努力，或许南北朝的乱世还将无休无止地延续下去，而足利将军家将只是北朝诸侯们名义上的盟主，足利幕府根本就无法被称为是一朝完整意义上的武士政权。

其实京方本来早有机会吞灭南朝，偏偏内部纷争不休，各国守护日益坐大，时常发动叛乱，威胁幕府统治，甚至一个搞不好还会倒向南朝，导致局势瞬间扭转。足利义满毕生都在和这些守护势力做斗争——上述那"三管四职"的七家，就是其中的佼佼者，其余大家族还有土岐、大内、今川等等。

首先是南朝元中七年（北朝明德元年，公元1390年）爆发了"土岐氏之乱"。土岐氏出自源氏，一门总领土岐赖远曾任美浓守护，因为冲撞了光严院的御车而被足利直义下令斩首。但是赖远本人功勋卓著，因此在他被处刑后，诸将求情，幕府允许其侄赖康继承家业。到了足利义满时代，土岐赖康拥有美浓、尾张、伊势三国守护职，声威烜赫，这当然会引起义满的警惕。

土岐赖康没有儿子，就抚养侄子康行和满贞作为继承人，等他死后，年长的康行成为一门总领。土岐满贞心怀不满，就向足利义满进谗言说康行有谋反的企图，义满正中下怀，于是下诏讨伐土岐康行。

可惜足利义满并没有胃口一举将浓、尾、势三国吞下，战争的结果，只是勒令土岐康行将美浓守护职交给其叔父赖忠，把土岐氏一分为二，暂时遏止了其势力的发展而已。

第二年，拥有七国守护职，在四国和山阳道都举足轻重的细川势力卷土重来，斯波义将被迫辞去管领之位，让给细川赖之的养子细川赖元。这是当年四月的事情，随即十二月就爆发了"明德之乱"。

"明德之乱"的主角是山名氏。山名氏本是新田氏的分支，但他们没有追随新田义贞，而是跟了足利尊氏，屡立战功，到了山名时义当家的时候，全族执有丹波、丹后、因幡、伯耆、美作、但马、出云、隐岐、备后、和泉、纪伊等十一国守护职，因为全日本才不过六十六国，故此人们都尊称山名时义为"六分之一殿"。

南朝元中六年（北朝康应元年，公元1389年），山名时义去世，其子时熙继承了一门总领之职。山名氏同族的丹波、和泉守护氏清与丹后、出云守护满幸为了争夺家督之位，在足利义满面前进时熙的谗言。于是义满遂于次年命令山名氏清、满幸讨伐山名时熙及其弟氏幸，并且承诺说："如果成功，就将时熙兄弟的守护国赏赐给你们，但马给氏清，伯耆和隐岐给满幸。"义满很想趁着这个天赐良机一举击垮山名本家，所以还给蛰居赞岐的细川赖之写了密信，要他从四国出兵，协助平定备后。

山名时熙兄弟猝不及防，战败后被迫隐居，足利义满削弱山名氏的计划完成了第一步，而细川赖之也因此功勋，得以重新参与幕政，其子赖元继任为幕府管领。下一步，足利义满准备把下野的时熙兄弟再扛出来，反过来利用他们去打击得势的山名氏清和山名满幸。于是南朝元中八年（北朝明德二年，公元1391年）十一月，足利义满借口山名满幸侵夺后元融院在出云横田庄的御料地，突然解除其丹后守护一职，并下令追放。山名氏清、满幸被迫举兵叛乱，于十二月间率领五千兵马直逼京都。

足利义满亲率直属武士"奉公众"及在京各大名的军队，总数估计近万，前往讨伐。在大内义弘、细川赖之、畠山基国等守护们的奋战下，山名军很快就全线崩溃，山名氏清战死，满幸逃亡——是为"明德之乱"。战后，造反的山名氏被全数剥夺了领地，而站在幕府方的山名时熙兄弟只讨回了但马、伯耆、因幡三国——"六分之一殿"的后代，势力萎缩了七成还不止。

番外篇

北畠亲房和《神皇正统记》

北畠亲房出自村上源氏，镰仓初期的政治家源通亲是其祖先。后醍醐天皇初继位时，就有三位重要的臣子辅佐他并推进复兴皇室、推翻镰仓幕府的改革，此三人即为吉田定房、万小路宣房和北畠亲房，人称"三房"。后醍醐天皇曾召禅僧玄惠入宫讲解朱子学，北畠亲房也就拜在玄惠门下，他可以说是推动日本朱子学发展成型的重要代表。

后醍醐天皇非常信任北畠亲房，他有意立次子世良亲王为嗣，就把世良亲王托付给亲房教导。然而元德二年（公元1330年），世良亲王突然病逝，北畠亲房因此引咎出家，法号宗玄。

元弘三年（公元1333年），镰仓幕府灭亡，六月，后醍醐天皇回到京都，随即任命北畠亲房的儿子、年仅十六岁的北畠显家为陆奥守，辅佐义良亲王镇守东北地区，亲房也跟随其子去到了陆奥。足利尊氏发动叛乱，南北朝开始以后，亲房提出"东国经营"的策略，亲自前往关东地区，想要分化瓦解跟随足利尊氏兄弟起兵的关东豪强们。

从南朝延元三年（北朝历应元年，公元1338年）直到南朝兴国三年（北朝康永元年，公元1342年），北畠亲房一直转战关东各地。然而他的努力却是徒劳的，建武新政早就寒了地方武士的心，关东豪强纷纷内通足利氏，亲南朝的据点被逐一拔除，北畠亲房最终被迫回归吉野。此后他跟随在后村上天皇身边，继续指挥对京方的战斗，于南朝正平九年（北朝文和三年，公元1354年）病殁于贺名生，享年六十二岁。

就在转战关东的那五年中，北畠亲房完成了他的重要著作《神皇正统记》。这是一部以朱子学为指导思想，以朱熹的《通鉴纲目》为模本的史书，记述从所谓"神代"直到南朝后村上天皇继位这千余年间的历史，更明确点说，是这千余年间的天皇史。亲房在书中宣扬"大义名分"，笔诛"乱臣贼子"，主张天皇必须拥有三种神器，并且具备神器所对应的正直、慈悲、智慧这三种道德，而公家、武士们则应当遵守传统秩序辅佐天皇，这样才能使政治稳定，社稷安康。

《神皇正统记》系统地阐明并且发展了传到日本的朱子学，将许多神道内容也糅合其中，宣扬日本"肇国悠久"、"皇位神圣"。可以说，北畠亲房的这种思想是近世日本神国体系以及在此基础上产生的军国主义思想的滥觞。

年表：

北朝年号	南朝年号	具体年份	事件
正庆	延元	1337年	越前金崎城落，尊良亲王自杀，新田义贞败走；北畠显家攻克镰仓
应历		1338年	北畠显家在堺败死；新田义贞在越前藤岛败死；足利尊氏就任征夷大将军
		1339年	后醍醐天皇殁；北畠亲房写成《神皇正统记》
康永	兴国	1342年	怀良亲王抵达九州；胁屋义助病殁
		1343年	藤氏一揆；关、大宝二城陷落，北畠亲房逃归吉野
贞和	正平	1348年	楠木正行在河内四条畷败死
		1349年	足利直义、高师直冲突开始；足利尊氏召回长子义诠，次子基氏镇守镰仓
观应		1350年	观应之扰乱
		1351年	上杉能宪杀害高氏兄弟；足利尊氏与南朝谈和，在骏河萨埵峠击败足利直义（正平一统）
文和		1352年	足利尊氏毒死足利直义；和议破裂，南军入京；尊氏在武藏各地击败南朝军和直义残部
		1353年	山名时氏、楠木正仪杀入京都，足利义诠遁走；足利尊氏收复京都

续表

北朝年号	南朝年号	具体年份	事件
文和	正平	1354年	北畠亲房殁；南军足利直冬、桃井直常攻略京都
		1355年	南军入京；足利尊氏、义诠夺回京都
延文		1358年	足利尊氏殁；新田义兴败死
康安		1361年	细川清氏归降南朝；楠木正仪攻击京都
		1366年	足利义诠流放斯波高经、义将
		1367年	足利基氏殁；足利义诠殁
应安		1368年	足利义满就任幕府将军
		1369年	楠木正仪归降幕府；明朝遣使九州，命怀良亲王约束倭寇
	建德	1370年	今川贞世就任九州探题
	文中	1373年	明使仲猷祖阐赴京都会见足利义满
永和	天授	1378年	足利义满移住室町新邸（花之御所）
康历		1379年	管领细川赖之失势，斯波义将继任（康历政变）
	弘和	1383年	怀良亲王殁
至德		1386年	明朝对日断交
明德	元中	1390年	足利义满命山名氏清讨伐山名时熙；土岐氏之乱
		1391年	细川赖元就任管领；山名满幸、氏清起兵（明德之乱）
		1392年	南朝后龟山天皇退位，南北朝终结

十一章　室町幕府的兴衰

室町幕府兴起于南北朝对立之际，导致中央权力薄弱，地方守护坐大。幕府到三代将军义满的时候统一了南北朝，势力达到顶峰，但即便义满也无法彻底压制那些跨国连郡的守护家族，其后义教将军"万人恐怖"的统治，更是宣告了矛盾的激化和乱世的到来……

日本国王源道义

南朝天授四年（北朝永和四年，公元1378年），足利义满在京都的室町地方修建了一所华丽的宅邸，因为院中遍植花卉，人称"花之御所"——这就是足利幕府又被称为室町幕府的缘由所在。

南朝元中九年（北朝明德三年，公元1392年），经过长年谈判，南朝最终体面地交出神器，结束了长期的分裂局面。北朝提出的条件是：第一，南朝后龟山天皇向北朝小松天皇让渡三种神器，其仪式不是投降，而是授予；第二，今后的皇位仍由持明院和大觉寺两统交替继承；第三，诸国国衙由大觉寺统管理；第四，长讲堂领由持明院统管理。

条件非常优厚，今后两统不要再抢着当天皇了，仍然大家有份儿，并且就算你暂时没能轮上，也还有自己的领地嘛，吃穿不愁。既然面子有了，里子也有了，势穷力蹙的南朝又有什么理由不答应呢？

然而，足利幕府最终却并没有兑现自己的承诺。到了应永十九年（公元1412年），后小松天皇让位给年仅十二岁的东宫实仁亲王，是为称光天皇。十六年后，称光天皇去世，没有子嗣，于是大觉寺统的小仓宫谋为天皇，因为得不到幕府允准而遁往伊势，在大名北畠满雅的支持下举兵叛乱。最终叛乱被平定下去，持明院统的彦仁亲王被拥上宝座，是为后花园天皇。大觉寺统从此就与皇位无缘了，此后的历代天皇都属于北朝光严、崇光天皇的嫡系后代。

话说因为成功地统一了南北朝，比较成功地压制了山名等守护家族的势力，足利义满的声望如日中天，他从此抖了起来，连天皇、朝廷都不放在眼里。应永元年（公元1394年），他竟然就任太政大臣，还把征夷大将军的职务提前传给儿子义持。在第二年元月的拜贺会上，太政大臣义满居于群臣之首，连关白一条经嗣都得毕恭毕敬地跟在他的身后。

可是在当年六月，义满却又辞去了太政大臣一职，出家入道——公、武双方的最高职位他都当过了，大概要以此向天下人宣告，他本身是超越于公、武双方之上的最高统治者吧。

足利义满一直想恢复和明朝的友好关系，应永九年（公元1402年）八月，他下令严禁边民入寇明朝，为此，明朝建文帝朱允炆派遣使臣前往宣诏抚慰。足利义满在北山殿接见明使，跪接诏书，诏书上说："尔日本国王源道义，心存王室，怀爱君之诚，逾越波涛，遣使来朝……"这位所谓的"日本国王源道义"究竟是谁呢？原来指的就是足利义满。

次年明使归国，足利义满在回书中也不客气地自称"日本国王臣源"，这说明无论在日本国内，还是在国际上，室町将军都已经是日本国家权力的最高代表了，镰仓以来公武二重政权的性质逐渐开始转换，历史真正迈入了武家号令天下的时代。

京方的足利幕府，之所以能够最终取得南北争乱的胜利，很大程度上得益于足利义诠对在乡武士和各地守护的妥协让步。南朝正平七年（北朝文和元年，公元1352年），足利尊氏以其子义诠的名义发布了"半济法"，即允许守护以征收"兵粮米"为名，获取属于公家、贵族和寺社庄园的一半年贡。这一政策最早在近江、美浓和尾张三国执行，足利义诠当政时逐渐扩大到北朝所控制的所有区域。

根据这一法令，各国守护得以加强对领内庄园的控制，能够更加有效地把庄园武士征召从军，同时更有效地把在乡武士团结在自己身边，军事实力逐步增强。正是靠着这一点，京方军队才得以在二代义诠和三代义满时代不断取得辉煌战果，最终把南朝逼得无路可走，只好乖乖交出神器，让出政权。

当然，这种庄园经济向守护的领国经济转化的趋势，实际上强化的只是作为整体的京方，而非足利幕府本身，这柄双刃剑在消灭了"朝敌"以后，反过来也砍向足利幕府将军，这却是尊氏、义诠两代都根本无法预料的。到了足利义满时代，很多家族身兼数国守护，军事实力和政治影响力都足以威胁幕府统治，义满费尽毕生心力，也终究无法彻底解决这一问题。

就将军本身的权力来说，室町幕府要远远超过镰仓幕府，在内，没有一个高高在上的"执权"，在外，逐渐从公武两重政权转化为武家独立的政权。然而就幕权来说，室町幕府却又远远不如北条氏执权掌控下的镰仓幕府了。

室町幕府在初期，为了对抗南朝的军队，被迫授予或承认一些大的武士家族以数国的守护职，这些守护家族逐渐和领地上的庄官、地头们结合起来，组成了新的武士集团。镰仓初期，御家人直接由幕府掌控，包括地头在内，和守护只具备上下级关系，而不具备主从关系，但从镰仓后期开始，这种本不该具有的主从关系逐渐半公开地缔结起来，进入室町时代以后更是来势汹涌，无从遏制。

仅以足利义满之子义持就任幕府将军的时代来统计，除去镰仓府管辖的十国、九州探题管辖的十一国，以及陆奥、出羽外，全日本其余四十五国，由二十一个守护家族所瓜分，横跨数国的大势力绝不罕见，这就使得幕府和守护之间的矛盾日益激化起来。幕府削弱守护力量的基本对策是：一，行使守护补任权；二，介入守护家族内部的纷争；三，怂恿直辖奉公众和地方守护代的勾结。

所谓"奉公众"，是足利义满想到，将军竟然没有自己直辖的武装，所以祖父尊氏才会在"观应之扰乱"中一度被赶出京城，有鉴于此，他特意通过分化瓦解守护家族等行动，从地方武士中剥离分流出一部分来，转化为将军自己的武装力量。不过奉公众的数量其实并不算多，"明德之乱"中，义满亲率奉公众讨伐山名氏清和山名满幸，所部也不过三千人而已。

幕府的毒瘤

虽然几乎耗费了毕生精力，足利义满终究无法彻底解决各地守护坐大的问题，只能暂时遏止这种趋势的继续发展而已。应永六年（公元1399年），他又挑起了"应永之乱"，算是继削弱土岐、山名两家后的第三次也是最后一次大规模行动。

"应永之乱"的主角是大内氏。大内氏传说乃是百济圣明王的儿子琳圣太子的后代，当年琳圣太子渡来日本，在周防国的多多良滨登陆，此后就居住在同国的大内村，世代繁衍，自称多多良氏，苗字是大内——传说是否真实，已经完全不可考了。大内氏就这样在周防国内逐渐膨胀起来，镰仓时代乃是幕府的御家人。南北朝初期，一门总领大内弘幸从属于南朝，而其叔父大内（鹫头）长弘则跟随京方，发生严重对立。最终弘幸之子弘世获胜，完全统一周防、长门两国。

有大内氏这只老虎雄踞西方，阻断了中国地区通往九州的道路，使得足利幕府大为头痛。于是，在足利尊氏、义诠父子的不断策反下，南朝正平十三年（北朝延文三年，公元1358年），大内弘世终于归顺京方，并上洛谒见将军义诠。

其后大内弘世之子义弘跟随九州探题今川了俊屡建奇勋，于"明德之乱"中更是协助讨灭了山名氏清，最终受封周防、长门、石见、丰前、和泉、纪伊六国守护职。他不仅领土广大，并且还有兵有钱，利用对明朝和朝鲜的贸易大发了几笔横财，这就引起了足利义满的侧目。

于是在幕府的蓄意挑衅下，大内义弘于应永六年举兵谋反。义弘勾结仍在九州闹事的南朝残余菊池党，并且联合对足利义满不满的堂兄弟、镰仓公方足利满兼，发兵进驻摄津的堺。早有准备的足利义满亲率大军出兵讨伐，包围了堺，在围攻四十余天后，终于将其攻克，大内义弘自杀。经此"应永之乱"，大内氏势力受到极大压制，守护领又退回到最初的周防、长门两国。

应永十五年（公元1408年），足利义满去世了，朝廷甚至一度打算给其上尊号为"太上天皇"。自此以后，各地守护势力继续膨胀，历代幕府将军仍想采用义满的分化、瓦解等策略逐渐削弱之，却因没有义满的才能而屡屡失手，甚至搞到最后，守护们的争斗结束了室町幕府本身的历史使命。

其实除去地方守护，还有一个更为庞大的势力也威胁着室町幕府的存在，那就是管辖关东地区的"镰仓府"。和镰仓时代不同，室町初期为了防备近在吉野的南朝，被迫把幕府统治中心设在京都，因此在武家传统的势力中心镰仓另设"镰仓公方"（亦称关东将军）一职，首任是二代将军义诠，其后由义诠的兄弟足利基氏及其后裔世袭。镰仓公方在关东八州（武藏、相模、上野、下野、常陆、上总、下总、安房）和甲斐、伊豆两国内的权力，仿佛幕府将军。

幕府将军和镰仓公方，这是继足利尊氏、直义的双头政治后的又一个双头政治，前一遭已经引发了"观应之扰乱"，后一遭也不会生出什么好果子来。足利基氏去世后，传位给其子氏满，氏满死于应永五年，其子满兼继任。足利满兼曾在"应永之乱"中呼应大内义弘的叛军，可见镰仓府的离心倾向是相当严重的。

此时的镰仓府所统辖地区并不仅为关东地区和甲斐、伊豆两国而已，南北朝统一的同年，幕府将陆奥、出羽两国探题降为守护，也划归镰仓府治下。足利满兼就任镰仓公方后，派其弟足利满直进驻陆奥国安积郡，建立了筱川御所，派另一个弟弟足利满贞进驻陆奥国岩濑郡，建立稻村御所，以强化对东北地区的控制。至此，镰仓府三分天下已有其一。

"应永之乱"中，因为大内义弘败得迅速，败得彻底，足利满兼还没来得及动手，局势就已经稳定了，他只好悻悻然回归镰仓。满兼于次年拜祭了伊豆的三岛神社，在祭文中明确表达了自己渴望脱离幕府、建立关东独立王国的意愿。

关东地区第一次大乱是应永二十三年（公元1416年）爆发的"上杉禅秀之乱"。提起此乱事，先要介绍一下上杉家族。当年足利基氏进入镰仓府以后，仿效幕府设置执事以总括大小事务的政策，任命藤原氏出身的上杉宪显为关东执事（后称"关东管领"）。宪显是上杉氏山内分家的始祖，其弟宪藤则是犬悬分家的始祖，这两家上杉氏此后轮流出任关东管领这一要职。

上杉禅秀乃是犬悬上杉宪藤的孙子，本名氏宪，出家入道后法名月山禅秀。他本任关东管领，后与镰仓公方足利持氏（足利满兼之子）产生矛盾，持氏遂改任山内上杉宪基为关东管领。氏宪大怒，于是公然对镰仓府掀起了反旗，并拥立持氏的叔父满隆为新的镰仓公方。战争一开始，受到千叶、岩松、宇都宫、小田等关东有力大名支持的氏宪占据绝对优势，足利持氏被迫退出镰仓，逃往骏河濑名。

幕府将军足利义持害怕上杉氏宪叛乱成功后，反而会加强镰仓府的离心倾向，因此明确表态支持足利持氏，调动骏河守护今川范政和越后守护上杉房能讨伐上杉氏宪，关东诸州的大名们也纷纷倒戈，响应幕府的号召。应永二十四年（公元1417年）元月，足利满隆和上杉氏宪被卷土重来的足利持氏在武藏打败，退回镰仓后先后自杀——"上杉禅秀之乱"至此终结，犬悬上杉氏自此名存实亡。

足利持氏回到镰仓府以后，加强自己奉公众的数量，随即以剿除上杉氏宪的残党为借口，先后灭亡了关东地区的有力大名小栗满重、宇都宫持纲和桃井宣义。义持将军对此不能不闻不问，于是命令今川范政讨伐持氏。持氏冷静地判断了一下形势，感觉自己还没有充分的准备和足够的实力对抗幕府，于是退兵谢罪，这才暂时消弭了这一场风波。

只是，关东地区的动乱，这才仅仅是开端罢了……

明日勘合贸易

古代中日之间的关系，从东汉邪马台国前来进贡开始，直到明朝，大致可以分为五个主要阶段。第一阶段即日本向中国王朝称臣，遣使纳贡，如前所述，汉、魏、两晋、南北朝时期皆是如此，倭王武就曾经受南朝刘宋册封为"使持节、都督倭、新罗、任那、加罗、秦韩、慕韩六国诸军事、安东大将军、倭王"。

然而从隋朝开始,日本不再向中国称臣了,隋炀帝大业三年(公元607年),圣德太子遣小野妹子出使隋朝,自称"日出处天子",希图与中国平起平坐。为什么态度会突然间作如此大的转变呢?隋朝之强,更在刘宋、北魏等分裂王朝之上,圣德太子有何底气,竟敢如此傲慢呢?或许从中正可以寻见日本改朝换代的迹象吧——此前向中国称臣的,皆非后来的大和王朝,只是大和王朝为自己涂抹光彩,生编了数十代传说中天皇的谱系出来。

随即中日关系就进入了第二个阶段,日本虽然不向中国称臣,却积极地派出多组遣隋使、遣唐使,派出大批留学人员,如饥似渴地学习中国文化和政治、经济制度,由此才产生了"大化改新",使得日本从半原始半奴隶社会,一步迈入了封建社会的门槛。

但自唐朝中叶以后,日本派出的遣唐使数量逐渐减少,或许正如菅原道真所言,中国陷入混乱,道路不靖,故此无人敢于成行。但更可能的原因是,日本自认为已经从中国学到了足够多的东西,此后两国间只需要民间文化、经济往来,而不再需要国与国之间的正式交往了。

第三个阶段即是如此,从五代直到南宋,两国间的民间商团络绎不绝,日本从中国输入大量的商品,甚至国内货币也全由中国进口,导致南宋出现钱荒。当时,谁控制了中日贸易,谁就能够积累大量财富,进而觊觎全日本的霸权——平清盛很大程度上就是因此而起家的,他一度想要迁都福原,也正因为福原是本州岛上对宋贸易的重要港口。虽然日本方面不再如同遣隋、遣唐那般,大量引进和吸收中国的文化,但饮茶习俗、朱子学等等，依旧通过海路输入日本，对上层阶级造成了深远的影响。

第四个阶段则是互相敌视，不通往来。这是从元朝征日开始的，忽必烈向日本政府下了战书，虽然两度铩羽而归，可就理论上而言，双方只是休战而已，战争状态并未结束。故此当朱元璋遣使镇西府的时候，怀良亲王才会因误会而杀害使臣。不过这一阶段，中日间的贸易往来虽然不比两宋，却也在暗中继续进行着，因为日本离不开中国的铜钱、金属、瓷器、茶叶、绸缎等商品。就元朝方面而言，日本乃是未能征服的敌国，况且元朝中叶以后，随着镰仓幕府的倒台，日本动乱频仍，大批武士成为浪人，进而沦为倭寇，不断侵扰中国和朝鲜沿海，因此对于商业活动，元朝采取了禁止的态度。日本方面呢？朝廷也好，幕府也罢，都没有精力搭理这些事情，海商利益大多由近畿的寺社和关西的大名们所垄断。

朱元璋曾经想要与日本友好通商，但因为日方无法解决倭寇问题，最终导致了"禁海令"的颁布。当时明朝为了围剿倭寇，大造战船，扩充水上力量，这就使得私商贸易难以为继，日本国内商品缺乏，寺社、关西大名，还有很多贸易商，全都叫苦连天。于是最终一个贸易商人跳了出来，直接上奏幕府将军足利义满，希望他能够恢复对明朝的邦交。

大概是在应永元年（公元1394年），也即足利义满担任和辞让太政大臣前后，博多私商肥富向义满进献了大批走私所得，趁机进言，若能恢复对中国的邦交，使贸易正常化，则将军大人您能够得到的珍宝，将超此百倍还不止。于是应永八年（公元1401年），义满就派遣僧侣祖阿为团长、肥富为副团长，组团出使明朝。

这时，朱元璋已经驾崩了，在位的明朝天子乃是建文帝朱允炆，他见到日方呈上的贡品大为欣喜，当即派遣道彝天伦和一庵一如二僧回访。使团携带了一部《大统历》，赐给足利义满，其意是要日方奉中华之正朔，正式上表称臣。足利义满闻讯，当即大会群臣，在他的北山别墅金阁寺中盛情迎接明使，跪接诏书，承认了诏书中"日本国王源道义"的称呼和"日本国王之印"。

——天皇怎么样咱不管，反正他也没啥权，反正我是决定向明朝称臣了，如此即可恢复中日之间的正常贸易，那钱财还不滚滚而来吗？

随即义满二度遣使明朝，打算正式商谈贸易问题。有趣的是，这回日本使团携带的不是一份国书，而是两份，因为根据消息所得，朱允炆正在跟他的叔父朱棣作战，这谁胜谁负，殊难预料啊——要是把写给朱允炆的国书呈递给朱棣，那还不捅出大娄子来？

义满确实很有远见，果然，当日本使团来到南京的时候，龙椅上坐的已经不是朱允炆，而是永乐帝朱棣了。于是使团赶紧呈上给朱棣的国书，朱棣当即应允了通商之事。但有一桩，中国自以为天朝上邦，富有四海，所以逐渐形成了独特的朝贡制度：外国来贡，天子必得下赐超过贡品价值的奖赏，甚至还高价收购使臣私人携带的货物；即便某些来贡者并非正式使团，只是外国商贾冒充的，天子有时候也睁一只眼，闭一只眼，照赏不误。这规矩不可废，天子的面子不能丢，但赏得多了，那也相当肉痛啊。

怎么办呢？那就只好限定朝贡的次数，规定朝贡的流程——你别年年来，我实在赏不起啊。就此形成了"勘合贸易"，也称"贡舶贸易"的形式。

朱棣规定，日本方面只准十年一贡，贡船不得超过两艘，人员不得超过两百，不得携带武器，并且必须手持明朝发给的"勘合"也即文契，无"勘合"者一律不接受贡物，不允许贩货。可是即便如此，日本商品运到中国，能够得到官方的高价收购，所运回的中国商品，在日本可获得数十倍的利润，一出一进，光这十年一贡就够生发啦。

幕府并没有设置专门机构管理勘合贸易，而是把勘合符下发给关西的大名，比方说大内氏，再由这些大名联络寺社、商贾，以朝贡之名展开对明贸易。于是各方势力打破了头地抢夺勘合权，抢不到的甚至假造勘合符，妄图浑水摸鱼。因为这般大撒把，幕府从中取得的利益相当有限，好处全被底下人给瓜分了，故此等到足利义持继任为将军以后，就逐渐中断了与中国的贸易和政治联系。

并且，当初足利义满接受明朝册封，态度极为卑屈，使得朝野上下一片嘘声。义满大权在握，根本不理会那些反对意见，但义持就没有父亲的强势了，这才被迫妥协。

室町幕府的第六代将军为足利义教，这时候幕府的财政状况已经大为拮据，于是在永享五年（公元1433年），足利义教将军无奈之下派遣僧侣龙室抵达北京，向明宣宗朱瞻基请求修订和重开勘合贸易。最终商定的结果是：贡期仍为十年，贡船提高到三艘，人员提高到三百，准许携带三千件以下的兵器——因为日本刀在中国销路很好，这笔生意不可不做啊。

此后的百余年间，日本一共派出贸易团十一次——这时断时续的勘合贸易期，就是日本和中国关系的第五个阶段。不过足利义教将军虽然恢复了勘合贸易，但却不敢仿效老爹义满那般向明朝称臣——他受不了舆论压力啊——国书往来，全都尽量含混，以免招人口舌……

从应永之变到结城合战

应永三十年（公元1423年）三月，足利义持将征夷大将军之位让给儿子义量，自己退居幕后。这个时候，义满时代设置的"三管四职"格局已经基本被打破了，因为前管领斯波义重被幕府逼迫隐居，斯波氏就此凋零。

究其缘由，乃是义持将军继承其父义满压抑守护大名势力的政策，先捏掉斯波氏，再怂恿细川、畠山两家争斗，趁机将相当一部分管领职权收归己有。与此同时，义持将军还妄图削弱"四职"之一的赤松氏的势力，就此引发了"应永之变"。

赤松氏出自源氏，镰仓末期追随足利尊氏掀起反旗，后来固守播磨白旗城的大名鼎鼎的赤松则村（圆心）可谓其开藩之祖。到了足利义持当将军的时代，赤松氏已经拥有了播磨、备前、美作三国守护职，在山阳道东部的势力一时无两。

如前所述，幕府将军经常利用守护家族内部的纷争挑起事端，从而弱化守护力量，对于赤松氏，义持将军也想耍这一招。应永三十四年（公元1427年）十月，幕府下令将赤松氏一门总领满祐的播磨领地移交给分家的持贞——民间传说赤松持贞是个美男子，与前将军义持颇有苟且，因此才会无功得赏，不过这样判断问题，未免太表面化，也太戏剧化了。

赤松满祐是个火爆脾气，不肯老实就范，愤然之下离开京都，退回自己的领地，在祖先奋战过的白旗城笼城造反——史称"应永之变"。大概义持没料到他会有如此激烈的反应吧，此前根本就没动兵解决问题的打算，因此慌乱之下，形势竟然迅速扭转。赤松满祐是十月二十六日离开京都的，幕府随即就商议派兵讨伐，军势未合，十一月十日，突然有人揭发说赤松持贞与将军家的内眷私通，持贞被迫自杀。持贞一死，赤松满祐大松一口气，立刻通过斯波、细川、畠山等家族向义持求情。当月二十五日，满祐即被赦免，回归幕府。

考究赤松持贞自杀的前后因由，实在像是前将军义持在丢车保帅，为了避免引发大的动乱，暂放赤松家一马，以待后图。

可惜没有后图了，足利义量将军早在两年前就病死了，年仅十九岁，而前将军义持也在"应永之变"的次年咽了气。因为义量将军并无嗣子，因此义持的兄弟青莲院义圆被群臣从寺庙中请了出来，定名足利义宣，准备接受偌大一份产业。永享元年（公元1429年）三月，足利义宣正式继任征夷大将军，同时改名为足利义教。

这一继嗣安排，使得镰仓公方足利持氏大为恼火。本来足利宗家断嗣，持氏认为只有自己才有资格继承一门总领和幕府将军的宝座，然而一等再等，不见洛中来人宣诏，却听闻群臣奉请醍醐寺三宝院的满济和尚祈神求签，最终择定了青莲院义圆也即足利义教。于是持氏暗中招兵买马，准备杀上京都，取义教将军而自代之。

关东管领上杉宪实不愿看到同室操戈的局面出现，两方奔走，竭力想弥合幕府和镰仓府之间的矛盾，不但收效甚微，反而引起了足利持氏的不满。持氏心说：你到底是我镰仓府的管领呀，还是幕府派来的眼线和走狗？到了永享十年（公元1438年），足利持氏和上杉宪实正式决裂，宪实避祸走逃上野，持氏遂发布对宪实的追讨令，统率大军前往征伐。

幕府将军足利义教当然支持上杉宪实，他委派信浓守护小笠原政康、甲斐守护武田信重、骏河守护今川范忠等将率军前往救援宪实，并讨伐足利持氏。当年九月，幕府大军开进关东平原，杀入相模国，十月，留守镰仓的三浦时高突然宣布背反足利持氏，响应幕府军。

前后皆敌的足利持氏败得好惨，他先是被上杉宪实打败，被捕幽禁在镰仓的永安寺中，接着上杉宪实想想不放心，干脆一不做，二不休，派兵攻打永安寺，持氏被迫自杀，其子义久听闻此消息后，也随即在报国寺自杀——这就是"永享之乱"的经过。

足利持氏之死，标志着镰仓公方家的灭亡，但并不代表镰仓府也随之灭亡了，从此关东管领上杉氏掌控了关东地区的实际权力。当然，持氏之死更不代表关东战乱的终结，其子安王丸、春王丸还奔逃在外，得到结城氏朝等有力大名的庇护。

结城氏朝保护着两位幼主固守居城，以对抗上杉宪实，佐竹、宍户等亲镰仓公方势力则从外部声援。此时宪实已然退隐，由新任关东管领、宪实的族叔、越后分家的上杉清方，以及另一位族叔、扇谷分家的上杉持朝组成了结城讨伐军——扇谷上杉氏由此抬头。

永享十二年（公元1440年）七月，上杉清方统领大军包围了结城城，经过长近一年的笼城战，到翌年四月终于将城池攻陷。结城氏朝自杀，安王丸、春王丸则被逮捕，被斩杀于美浓的金莲寺。

消息传到京都，义教将军大为兴奋，认为关东就此平靖，幕府的权威达到鼎盛。于是在当年的六月二十四日，京都西洞院二条的前幕府侍所头人赤松满祐宅邸召开了盛大的宴会，以庆祝结城合战的胜利。宴会主客正是踌躇满志的将军足利义教，陪客有管领细川持之，以及畠山、山名、京极等有力大名。义教将军不会料到，这次庆功宴却竟然要了他的性命……

嘉吉之乱及其余波

幕府将军足利义教秉持着父祖执政以来的一贯政策，大肆打压各地守护大名势力，先后插手今川、斯波、山名、京极、畠山等重要家族一门总领权的继承纠纷，其间处死、流放或迫使隐居的守护大名无可计数。当然啦，以幕府将军当时的实力，是很难说想捏谁就捏谁的，足利义教必须拉拢一伙人，遏制一伙人，那么他所拉拢的是谁呢？那就是足利义满时代便多次出任执事、管领一职的细川家族。

细川氏的当主名叫持之，乃是细川赖之的玄孙，也出任幕府管领，深得义教将军的信任。义教、持之二人据说"一心同体"，使得守护大名势力受到压抑，使得幕府的权威大为振兴——因为幕府的上升趋势引发了将军种种强硬姿态，当时称义教的统治为"万人恐怖"。

恐怖者谁？恐怖的不会是平民百姓，而是那些割据一方的守护大名，尤其是割据数国的大守护家族，其中也就包括了关西的名门赤松氏。当年义持将军想要插手赤松家事，引发"应永之变"，最终劳而无功，如今义教将军平灭"永享之乱"，镇抚关东，自以为权势熏天，没人再敢参毛，于是想依样画葫芦再玩一遍阴谋。永享十二年（公元1440年）三月，义教下令将赤松满祐之弟义雅的领地转交给赤松分家的贞村和细川持贤——赤松贞村便是当年引发"应永之变"的赤松持贞的亲侄子。

这一举动引发赤松满祐及其子教康的不满，于是他们秘密计划暗杀义教将军，并且终于在翌年六月二十四日，于庆祝"结城合战"胜利的宴会上动起了手。正当宾客们欢笑饮宴，观看猿乐（一种滑稽戏）的时候，赤松教康率领数十名手持利刃的武士冲了进来，当场砍翻义教将军，以及京极高数、山名熙贵等数位大名。

其实这次谋杀事件的幕后主使，很有可能是义教将军信任不疑的幕府管领细川持之。从表现上来看，细川持之得以从尸横遍地的宴会上顺利遁走，随后率重兵包围了赤松满祐的宅邸，却又让满祐安然烧掉家宅，逃出了京都；从内在因素来猜测，将军家权威的上升，初始对细川家是有利的，但这种上升必须有个限度，当细川家无法确定自己能在义教将军"万人恐怖"的政策下独善其身，很可能会成为下一个遭打击的目标后，持之就必须抛弃个人感情，为了家族的利益而痛下杀手。

且说赤松满祐逃出京都，回归领地播磨，随即就召集一族八十八人，武士两三千人，固守书写山坂本城，迎立足利冬氏（足利直冬之孙）为幕府将军，改名义尊，掀起了反旗。幕府派兵讨伐，以细川氏的持常为大手军（正面主力军）大将，以侍所头人山名持丰为搦手军（侧背奇袭军）大将，两路进逼——山名持丰是在宴会上被杀的山名熙贵的堂兄弟。

为了给同族报仇，山名军进展神速，而相比之下，细川军则观望不前，似乎本意就是要放赤松满祐一条生路。当年九月，书写山坂本城被山名军攻克，赤松满祐逃往城山城。九月十一日，城山城也被攻克，赤松满祐先放火，后自杀，据说一门六十九人全部殉死——"四职"之一的赤松氏就此衰败。

本年为嘉吉元年，这次事件史称"嘉吉之乱"。战后，嘉奖有功之臣，赤松氏的领地基本都被山名氏所接收，山名氏的势力大为膨胀，和细川氏的矛盾日益突出，最终酿成了应仁元年（公元1467年）开始的"应仁之乱"，"应仁之乱"正是无比混乱的战国时代的发端。

拉回来且说义教将军被杀后，其子、年仅九岁的义胜被拥戴为幕府将军，但义胜在位没满一年就病死了，传位给其弟义成。守护大名们对将军继嗣问题争论不休，致使宝座空悬了整整六年，直到宝德元年（公元1449年），足利义成改名为足利义政，这才正式就任征夷大将军之位。

这段幕府将军的空白期，发生了两件对后世影响很大的重要事件：一是神玺和宝剑的被夺，二是镰仓公方的复兴。虽说足利义满统一了南北朝，天皇系统合而为一，但仍有很多南朝忠臣顽强地逆潮流而行，继续采用或明或暗的手段反抗幕府统治。义胜将军病殁于嘉吉三年（公元1443年）七月，两个月后的九月份，南朝遗臣日野有光悍然侵入禁中，夺取了所谓传国三神器中的神玺和宝剑，有光在逃亡过程中被延历寺僧徒所杀，其子资亲被捕后，则被押赴六条河原斩首。

日野家族源出藤原北家，镰仓幕府末期，因为帮助后醍醐天皇策划倒幕而被杀的日野资朝、日野俊基就都出自这一家族。足利尊氏掀起反旗，南北朝开始以后，日野家也分裂了，日野资朝的兄弟资名和资明都出仕北朝，与幕府数代联姻，关系相当亲密。不过资朝这一支并非正根，而抢夺神器的有光倒是日野本家。因为日野有光、资亲父子的被杀，日野本家断绝，遂由日野资名的后裔入继，这支原被称为里松日野家——酿成"应仁之乱"大祸的女主角、义政将军的正室日野富子，就正出自里松日野家。

先抛开抢夺神器和里松日野家不谈，再说说镰仓公方的复兴。宝德元年元月，就在义政将军即位前不久，幕府允许足利持氏的末子永寿王继任镰仓公方，重新执掌镰仓府——估计幕府是不满上杉氏在关东日益坐大，才定此决策的，永寿王也即足利成氏。

足利成氏才到关东，就遭到上杉家族的排挤，管领上杉宪忠（上杉宪实之子）还怂恿自己的家宰长尾景仲两次起兵叛乱，驱逐成氏。足利成氏忍无可忍，终于在享德三年（公元1454年）杀死了上杉宪忠，并于次年在武藏分倍河原打败长尾景仲，迫其遁走常陆。

前此足利成氏被长尾景仲打败，恓恓惶惶逃出镰仓的时候，幕府将军足利义政只是派人调解，这回轮到上杉方失败了，义政将军却立刻下诏讨伐足利成氏——有他老子持氏殷鉴在前，绝不能允许镰仓公方再度坐大。康正元年（公元1455年）六月，骏河守护今川范忠杀入镰仓，足利成氏逃往下总的古河，从此就被称为古河公方。上杉宪忠之子房显与幕府新任命统驭关东的足利政知联合起来，据伊豆堀越城与成氏对抗——政知即被称为堀越公方。镰仓府正式分裂，关东平原乱成了一锅粥，这直接导致了三十六年后的北条早云突入关东、雄踞一方。

畠山争乱和土一揆

足利义政是个无能的将军，和他父、祖全都没法比。就在他的当政时期，室町幕府大走下坡路，并最终酿成了"应仁之乱"的爆发。说起"应仁之乱"，表面上看是因为将军继嗣问题所引发的动乱，然而实际上却是细川、山名两大家族及其党羽争夺幕府霸权的一次大规模冲突。这两个家族的矛盾由来已久，"嘉吉之乱"后逐渐激发，并因畠山家族的内乱而迈向顶点。

畠山氏本居奥州，南北朝开始的时候，畠山高国被幕府任命为奥州探题,挥师东下,支援足利尊氏,家族从此烜赫起来,最终成为"三管"之一。足利义政在位的时候,畠山家督乃是前幕府管领持国,老家伙没有嫡子,被迫立庶子义就为一门总领继承人,但他本人并不喜欢义就,同时又属意于异母兄弟也是他的养子持富。

老头子首鼠两端,引起了家中被官们的分裂。所谓"被官",原本是古代官厅中表示上下级关系的用语,室町时代逐渐转化为代表武家主从关系之语,各守护大名承认在地国人领主的部分统治权力,将其收为家臣,却仍负责本地税收、治安等事务,这些国人领主即被称为"被官"。

畠山家族当时的主要领国为越中、纪伊和河内,因为一门总领继嗣问题,北陆被官与畿内被官各保其主,矛盾日益激化。畿内被官以游佐河内守为领袖,支持畠山义就,而北陆被官则以神保越中守为领袖,支持畠山持富。到了享德三年(公元1454年)四月三日晚,游佐河内守突然领兵袭击了神保越中守建在京都的宅邸,迫使神保父子自杀。这一事件导致洛中大火,混乱不堪。

北陆被官们因此实力大衰,而畠山持国在游佐等人的逼迫下,也不得不驱逐北陆派的土肥、椎名等被官,此时畠山持富已死,幕府下达了对其子弥三郎的治罚令。然而,畠山弥三郎并非无根之草,他是有后台的,那便是权倾一时的细川家族,于是在细川家督、管领胜元(细川持之之子)的暗中支持下,当年八月,畠山弥三郎杀入京都,赶走畠山义就。幕府立刻收回了对他的治罚令,并且正式承认他继承畠山氏家督之位。

山名氏正在和细川氏不对付,细川氏既然支持畠山弥三郎,那么山名氏也便支持被驱逐的畠山义就。两大家族之间的明争暗斗，使得畠山氏内乱不止，家督之位数度易主——当年十二月，畠山义就卷土重来，亲率五六百骑杀入京都，弥三郎战败后逃亡大和国。

康正元年（公元1455年）三月，畠山义就出兵大和，追讨弥三郎。战争延续了整整四年，到了长禄三年（公元1459年），在细川胜元的努力下，幕府下达了对畠山弥三郎的赦免令。大和国内支持弥三郎的筒井氏等国人（在地武士领主）众受此鼓舞，发起全面反攻，把义就彻底赶出了大和国。当年秋天，弥三郎病逝，筒井氏拥戴其弟畠山政长为主。

宽正元年（公元1460年）九月，畠山义就被解除了幕职，随即被迫逃离京都，进入河内笼城固守。畠山政长上洛，并且请得了义就追讨令。这次追讨，和前次的义就追讨弥三郎不同，幕府本身也调集了大军，以管领细川胜元为总大将，很快便击破义就军，游佐河内守等大批畿内被官战死。

畠山义就退往金刚山西北麓的岳山城。幕府大军团团围住岳山，却花费了整整三年的时间才将其攻克。畠山义就悍战岳山的事迹传遍了天下，山名前家督持丰也即入道宗全闻听后，据说还感动地流下了热泪。岳山城被攻克后，畠山义就逃往吉野，随即获得赦免。两年后，畠山政长接替细川胜元担任幕府管领。

畿内地区的连番恶战，一方面动摇了幕府统治的根基，另一方面也给百姓带来了深重的灾难。本来随着南北朝以降，战争频繁，规模逐步扩大，农民们或被拉伕，或被征收沉重的年贡，或欠下高利债务，早就无法活下去了，他们纷纷自主结合起来，用消极的诸如"逃散"等方法对抗封建统治。到了正长年间以及嘉吉年间，加之天灾不断，遂激化了领主和农民间的矛盾，农民们开始揭竿而起，用不合作的或者暴力的手段拒交年贡、解除债务，甚至驱逐领主及其代官，这种行为即被称为"一揆"，因为主角是农民，根源是土地，故也称"土一揆"。

所谓"一揆"，最初是指在神前起誓，为完成某种诉求而共同进退的联合体，这种诉求一般首先以谈判的手段开始，如果谈判不成功，则会演化为武装暴动。后来，一揆逐渐转化为暴动的同义词。

由于一揆很少有将矛头直指最高封建领主也即幕府的，所以往往在暴动的同时向幕府提出诉求，要求免除一切债务，即施行所谓"德政"，因此这些土一揆也被称为"德政一揆"。德政一揆的主体是底层农民即佃农，但其领导者却往往是自耕农也即小名主，他们组成了被称为"惣"（在日文中等同于"总"）的自治体，从一村乃至数郡，拒绝领主及其代官进入领地，但仍按谈判所商定的数额缴纳年贡，所以这种暴动其实颇为可笑，无法真正动摇封建根基。

不过，暴动却终究动摇了幕府的根基，因为它频繁地在幕府统治的核心区域也即畿内和近畿地区发生，因此幕府和传统的守护大名往往受到最大程度的冲击，势力逐渐衰弱。偏远地区与此不同，所以我们即将看到，近畿地区新的豪强并起，而偏远地区则往往传统的豪族和守护大名仍能维持其统治，直接转化为新形式的封建领主——战国大名。

乱世的开端

且说从室町中期开始,为了更方便参与幕政,很多守护大名本身留居京都,而很少回归自己的领地,领地上大小事务,全都交给有力的豪族也即那些被官们代管,很多被官逐渐被赋予数郡乃至一国的统治权,上升为守护代即代理守护。守护代们由于一直居留在所辖领地上,和国人、豪族等地方武士的联系非常紧密,势力日益膨胀,往往可以左右守护家族的命运。前面提到过的关东山内上杉氏的家宰长尾景仲,其一门就担任多国的守护代,逐渐夺取了上杉氏的实权。

守护代之间的争斗直接影响到了守护家族内部的稳定,而室町幕府基于削弱守护势力的原则,则往往插手甚至怂恿这种不安定因素,因此传统的守护大名家族内部争权夺利之事层出不穷,而各大家族之间也开始爆发无休止的战争。畠山氏的争乱,只是一个比较显著的表现而已。

文正元年(公元1466年)十二月,畠山义就挥师入洛。义就之所以能够卷土重来,是因为他利用了两个很好的机会,一是"武卫家骚动",一是将军继嗣之争。

且说三管之一的斯波家,因为家督世代担任兵卫督或兵卫佐的职务,遂被尊称为"武卫家"。管领斯波义重曾被幕府勒令退隐,家族因此衰弱,无法再与细川等家族相抗衡,但仍为一方诸侯,具有相当实力。

享德元年(公元1452年),斯波本家断绝,遂迎大野分家的斯波义敏为一门总领,并且就任右兵卫佐一职。然而斯波义敏由分家入继正统,无法压服领地上的诸多被官,甲斐常治、朝仓孝景、织田敏广等人便前往拜会政所执事伊势贞亲，控诉义敏的种种恶行。

长禄三年（公元1459年），斯波义敏进攻甲斐常治的本处越前敦贺城，伊势贞亲趁机向将军足利义政进言，发布对义敏的讨伐令。义敏战败逃走，被官们拥立涉川分家的斯波义廉担任家督。

伊势贞亲本是义政将军的宠臣，此人朝三暮四，毫无政治节操可言，没过几年，他便又转过头来支持斯波义敏。而义政将军也是个没主张的，遂于宽正六年（公元1465年）收回讨伐令，赦免了义敏，并于次年勒令斯波义廉让位。

甲斐常治等人心说，如果斯波义敏再当家督，还有我们的活路吗？于是他们匆忙前往拜谒斯波义廉的老丈人，也是后台老板山名宗全（持丰）。宗全闻言大怒，亲自前往义廉家中坐镇，并且召唤属下各国兵马入京，准备用武力阻止幕府的这一"乱命"。同时，他还趁机联络隐藏在吉野群山中的畠山义就上洛。八月，义就整顿兵马，进取大和、河内，与畠山政长的军队交战。

恰在同一时期，将军继嗣问题也正闹得不可开交。原来足利义政将军无嗣，在先后两代管领细川胜元、畠山政长等重臣们的建议下，决定收兄弟净土寺义寻为养子，改名义视，作为继承人。可是，世上的事情就是这样出人意料，才刚宣布立义视为嗣将军，义政却很快得到了一个儿子，取名为义尚。

这下子，立子还是立弟的大辩论开始了。将军当然想立儿子，他得到了其妻、义尚的母亲日野富子以及山名宗全的赞同；可是一向与宗全不和的老管领细川胜元不干,"作为幕府将军,岂能自食其言?"两大势力各自拉帮结伙,争闹不休。

文正元年(公元1466年)九月,也就是在将军下令斯波义廉让位给斯波义敏的两个月后,善于逢迎的伊势贞亲再出馊主意,请义政将军杀了弟弟义视——只要这小子不在了,继承人不就肯定是你儿子,大家都没得可吵了吗?结果阴谋败露,足利义视逃到细川胜元府上藏了起来,伊势贞亲和他的新党羽斯波义敏逃出了京都。

一方面为了支持斯波义廉,一方面为了确定足利义尚的继承人地位,一方面为了趁机恢复畠山义就的家督之位,当然更重要的是为了打倒细川家族和细川胜元,已经出家入道的老头子山名宗全披挂上阵,召唤麾下兵马,齐集京都。

次年为应仁元年(公元1467年),元月二日,畠山义就进入京都,在山名宗全的家中拜见了义政将军。义政将军正想利用山名氏之力确定儿子义尚的继承人地位,于是五天后即下诏罢免畠山政长的管领之职,而以山名派的斯波义廉代之。

畠山政长不服,自己放火烧了房子,然后退到京都北面的上御灵社,将此地设为本阵,聚集兵马,准备讨伐畠山义就。将军义政因怕政长劫持后土御门天皇作为旗帜,匆忙请天皇行幸花之御所,然后派畠山义就、山名宗全之子政丰,以及斯波义廉的被官朝仓孝景等率兵进攻上御灵社。激战一日后,畠山政长被打败,仓皇逃出京都——是为"御灵合战"。

御灵合战被认为是"应仁之乱"开始的第一场大规模战役。山名氏如此嚣张跋扈，公然动兵，并且掌握了幕府的实权，细川胜元又怎肯善罢甘休？于是他一方面与山名宗全虚与委蛇，暗中召集各方支持自己的兵马，陆续集结洛中，终于双方在当年五月展开了"洛北合战"。

室町政所花之御所，位于京都的北部，而山名宗全的邸宅在其正西。且说细川胜元、畠山政长、斯波义敏等人率兵占据花之御所，随即杀往山名府邸，山名宗全仓促应战，在宅邸东面设置了稳固的阵地。就兵力上来说，细川方占有绝对优势，他们一方面隔绝京都对外的各条道路，防备山名方的救援部队突入京都，一方面猛攻山名宅邸。

现在将军义政落到了细川胜元的手中，被迫下令要求山名宗全等人放下武器投降，斯波义廉军首先动摇，山名方节节后退。战至第二日，各自死伤无数，附近无数房屋毁于战火，双方被迫暂时休战，屯兵洛中，就此展开了长期对峙……

番 外 篇

一休宗纯和他的诗传

室町中晚期最有名的和尚，大概要算"狂僧"一休宗纯了。这位行止放荡不羁的和尚本名千菊丸，父亲是北朝的后小松天皇。其母传说为藤原照子，虽然侍奉北朝天皇，却"心向南朝"，日日怀藏短剑，意图谋刺天皇，事败后逃亡嵯峨野，生下了儿子千菊丸。千菊丸从小聪明过人，六岁就出家做了安国寺长老象外鉴公的侍童，十六岁师从林下妙心寺的谦翁宗为，被赐名宗纯，二十三岁开始师从大德寺的华叟宗昙，两年后获赐一休法号。

一休和尚所学的是禅宗，言行近似于中国的临济派，他厌恶当时禅僧的虚伪，干脆反其道而行之，公开否定禁欲主义，无视诸般戒律，并称自己"淫酒淫色亦淫诗"。

足利义满将军曾经举行佛会，遍召各方高僧讲法，并悬以百金赏格。佛会当日，高僧们莫不锦衣华服，柱杖而来，但一休和尚却身披破烂僧衣，手中只拿着一条柳枝，称自己是"破烂衫里盛清风，身贫道不贫。"足利义满赞叹说："宗纯真乃赤子狂僧是也。"

宽正元年（公元1460年），日本爆发全国性大饥荒，疾疫流行，百姓死亡枕藉，畿内一揆蜂起。然而将军足利义政与其妻日野富子却依旧大兴土木，通宵宴饮。六十七岁的一休目睹此情此景，愤然咒骂道："大风洪水万民忧，歌舞管弦谁夜游！"并把义政将军夫妇比喻为唐玄宗和杨贵妃，"暗世明君艳色深，峥嵘宫殿费黄金。明皇昔日成何事？空入诗人风雅吟。"

"应仁之乱"爆发的时候，一休已经年过七旬了，作诗感叹道："请看凶徒大运筹，近臣左右妄优游。蕙帐画屏歌吹底，众人日夜醉悠悠。"他的这些诗篇，都被收集在《狂云集》和《续狂云集》中，两书共收录诗歌、法语、口号八百八十篇，被后世称为一休和尚的"诗传"。

年表：

幕府将军	年号	具体年份	事件
足利义满	应永	1394年	足利义满就任太政大臣，旋辞任
		1399年	应永之乱
		1401年	足利义满遣祖阿、肥富等使明
		1404年	足利义满接受"日本国王"金印，勘合贸易开始
足利义持		1408年	足利义满殁
		1416年	上杉禅秀之乱
		1419年	室町幕府和明朝断交

续表

幕府将军	年号	具体年份	事件
足利义量	应永	1423年	足利义持让位其子义量
		1425年	足利义量殁
		1427年	幕府下旨讨伐赤松满祐，旋赤松持贞自杀，满祐得到赦免
	正长	1428年	足利持氏殁
足利义教	永享	1429年	足利义教就任幕府将军
		1432年	幕府恢复与明朝的勘合贸易；细川持之就任管领
		1438年	永享之乱
		1440年	结城合战
	嘉吉	1441年	嘉吉之乱，足利义教被杀
足利义胜		1442年	足利义胜就任幕府将军
		1443年	足利义胜殁
足利义政	宝德	1449年	足利义政就任幕府将军；足利成氏就任镰仓公方
		1450年	足利成氏遭长尾景仲袭击，逃往江岛
	享德	1454年	享德之乱
	康正	1455年	足利成氏移住下总古河
	长禄	1457年	太田道灌建造江户城；足利义政派遣足利政知前往关东，即堀越公方
	宽正	1462年	畠山政长于河内岳山城击败畠山义就；旋幕府赦免义就，政长逃往河内若江城
		1464年	足利义政弟还俗，起名义视
		1465年	日野富子生下足利义尚
	文正	1466年	足利义政废斯波义廉，而以义敏继任
	应仁	1467年	御灵合战，应仁之乱开始

十二章　战国风雨

战国时代是日本中世的终末、近世的开端。在日本史的概念中，中世庄园林立、地方割据，是缺乏强有力中央政府存在的时代，而通过织田、丰臣、德川三代"天下人"的努力，最终结束战国乱世，进入了相对中央集权的近世。

下克上

在"应仁之乱"中著名的"洛北合战"中，据说细川一族及其党羽总共聚集了十六万零五百兵马，他们被称为"东军"，相对地，山名一族及其党羽则共计十一万一千兵马，被称为"西军"。战争本以将军继嗣为导火索，打着打着双方就都把大义名分抛到了脑后，新仇旧恨却一起涌上心头。反正你只要加入了东军，那么你的仇人肯定加入西军，打着讨逆的旗号前来征伐，反之亦然。就这样连番厮杀，大半个日本都卷入了这场战乱。

这场旷日持久的战乱，其无秩序无理念的状态，在世界历史上都是罕见的。昔日繁华京都，立变修罗杀场，不但町人、百姓遭殃，连皇室、公卿，甚至幕府也难逃此劫。近畿、中国、四国，还有九州北部，几乎所有守护、守护代、地方豪族全都加入了厮杀。同时，甲斐武田信昌、丰后－筑后大友亲繁、萨摩－大隅－日向岛津忠国等十数家守护虽然名义上保持中立，但趁此机会充实军备、扩张领地，也逐渐从旧的守护大名，转变为新时代的战国大名。而越后长尾氏、信浓村上氏、肥前有马氏等守护代或地方豪强，更是从此开始了他们下克上的阴谋历程。战国时代的格局，就这样逐步形成了……

应仁元年（公元1467年），东西两军在洛中对峙，一开始东军占据上风，不但兵马众多，控制了花之御所，还把后土御门天皇、后花园上皇都捏在自己手中，掌握了所谓的"大义名分"，西军势穷力蹙，岌岌可危。到了六月末，一支山名军突破东军重重防线杀入京都，据说所部数万，这才逐渐将形势扭转过来。然而，最终使西军极大膨胀，一度压倒东军的，还是西国之雄大内政弘的挥师上洛。

前面说过"应永之乱"，大内义弘对幕府掀起反旗，兵发京都，结果在堺被剿灭。义弘死后，其弟盛见继承了一门总领之位，此后传给义弘之子持盛。义弘的长子持世对此安排大为不满，他从幕府请得了"所领安堵状"（承认某人对某领地拥有管理权的文书），杀死持盛，登上家督宝座。"嘉吉之乱"中，大内持世身负重伤，不治而亡，同族推举盛见之子教弘为一门总领，教弘再传于其子政弘。

大内政弘时代，大内氏的势力极大地膨胀了，除原有周防、长门两国守护职外，还得到了北九州筑前和丰前两国的统治权，并将势力伸入石见、安艺和四国北部。大内氏素来就与细川氏不睦，两家为了抢夺"勘合贸易"的主导权而长年明争暗斗，故而山名宗全一看洛中形势不妙，立刻修书遣使向大内氏求援，于是大内当主政弘即刻点集兵马，上洛加入西军阵营。

如前所述，明日之间的"勘合贸易"利润庞大，使得日本各国守护、名山大寺、豪商巨贾，全都削尖了脑袋想往贸易船上钻。最终得以组成贸易船团的，主要有以下几大势力：京都天龙寺和相国寺、细川氏、大内氏。其实他们身前，还各有实际主持事务的豪商巨贾，细川氏靠的是堺的商家，而大内氏则依靠北九州博多的贸易商会。

为了独占"勘合贸易"的巨大利润，堺和博多、细川和大内，都展开了激烈的或明或暗的竞争与较量。于是大内政弘为了打倒细川氏，独霸"勘合贸易"，遂在"应仁之乱"中响应山名宗全的号召，点集数万大军，并要求四国的河野通春出动战船五百余艘协助运兵，浩浩荡荡杀奔京都而来。

西军得到强援，立刻发动全面反攻，九月间占据了内里，并在从九月十八日开始的"东岩仓合战"中杀败细川、赤松的别动队，阻止了敌人的反扑。到了十月份，京都对外的七条主要通路，除丹波路以外，另外六条全都被西军所控制，东军被压缩在京都东北角上，驻兵相国寺、细川胜元邸和花之御所，负隅顽抗。

应仁元年十月四日，西军的畠山义就、大内政弘、一色义直、土岐成赖、六角高赖等部对花之御所及其东面的相国寺发起全面进攻。细川胜元派畠山政长统率三千兵马前往救护，并明确表示无力再派后援。畠山政长大呼道："我将独立杀破敌军百万雄兵，博取军功第一！"然后首先向一色军发起自杀性冲锋。一色军不敌溃败，据说竟被斩首八百余级。

西军的总攻击就此遭到挫败，双方再度进入长期对峙。这场战乱引发京都各处大火，从六月开始，陆续有公卿、守护的宅邸，以及名寺古刹被烧，然而足利义政将军却躲在花之御所里，照样每日饮宴作乐，观看猿乐（滑稽戏），吟诵连歌。据说他曾经讲过这样的话："天下破败就让它破败吧，世间毁灭就让它毁灭吧，我之荣华富贵也不过云烟而已。"室町幕府倘若不灭，那真是没有天理了！

东西两军的对峙一直持续到文明元年（公元1469年）四月——因此这场动乱也被称为"应仁·文明之乱"——东军终于再也扛不下去了，各部陆续突出京都，逃往丹波等地。大内政弘等西军将领随后追赶，却没料到自己后院却燃起了熊熊烈火——当年五月，丰后守护大友亲繁、筑前守护少贰赖忠响应细川氏的号召，开始进攻大内氏在北九州的领地；十二月，大内教幸（政弘叔父）在长门掀起反旗，宣布加入东军。

第二年五月，斯波义廉的重臣朝仓孝景归降东军，被授予越前守护之职——这给西军造成了异常沉重的打击。连年战乱，守护大名们势穷力竭，财政状况也都濒临破产边缘，于是被迫于文明四年（公元1472年）元月开始和谈。次年三月，山名宗全旧伤发作，撒手人寰，五月间细川胜元病殁——两个老对头同年归西，也算是巧中之巧了。

当年十二月，足利义政正式把征夷大将军的宝座传给儿子义尚。第二年是文明六年（公元1474年），四月，两军新的统帅山名政丰和细川政元正式讲和，因为幕府将军还捏在东军手里，所以算是山名政丰向东军投降。又过了三年，到文明九年（公元1477年），西军全部退出畿内归国，

"应仁之乱"才算暂时打上一个休止符。

"应仁之乱"是战国时代的开端,将全日本一分为二的大战乱虽然暂时停止了,但各地守护、豪族之间的战争从此再也停不下来,月月都起争端,处处燃起战火。考究战国时代,一般都称其为秩序颠倒的"下克上"的时代,那么,何所谓"下克上"呢?

我们可以分几个层次来说明这一独特的词汇。首先,昔日辉煌的京都在"应仁之乱"中被大片烧毁,无数公卿为躲避战乱而逃亡远国,原本就残存不多的朝廷威信更加一落千丈。明应九年(公元1500年)九月,后土御门天皇去世,竟然无钱安葬,被迫通过幕府请求各寺院和豪商赞助,允许赞助者有权使用天皇家独享的菊、桐家纹。因为天气炎热,没等下葬,天皇的遗体就已经腐烂生蛆了。

朝廷实权被武士所夺非止一日,但从来没有这样凄惨过,甚至被迫要向卑贱的商人伸手要钱,这是第一重下克上。第二重下克上是指幕府权威丧尽。将军足利义尚(后改名义熙)于延德元年(公元1489年)三月死于讨伐近江守护六角高赖的阵中,足利义视之子义材继任为幕府将军。明应二年(公元1493年)二月,义材将军采纳了畠山政长的建议,领兵讨伐畠山义就之子基家,然而他才离开京都,立刻后院起火——幕府管领细川胜元发动"明应政变",改立堀越公方足利政知之子义遐为幕府将军,改名足利义高。闰四月,细川军击败并且俘虏了义材将军,畠山政长自杀。六月,义材将军在被流放的途中转逃越中,依附当地豪强神保长诚。

明应七年（公元1498年）九月，义材将军更名为足利义尹，又去依附势力更为庞大的越前守护朝仓贞景（孝景之孙）。次年十一月，义尹将军在上洛途中被六角高赖战败，逃去西国依附大内义兴（政弘之子）。将军就这么跑来跑去，一直挨到细川政元被杀。永正五年（公元1508年）四月，细川高国（政元养子）上洛，赶跑了幕府将军义澄（足利义高改名），当年六月，大内义兴进入洛中，拥戴义尹将军复位。

义尹将军复位后改名义稙，从此就被控制在细川高国和大内义兴手中，纯属傀儡，受尽了欺压。他一怒之下逃出京都，流亡到近江甲贺郡，被劝回京后于大永元年（公元1521年）再度出走和泉。这回细川高国再也不劝他回来了，改立足利义澄的儿子义晴为幕府将军。

幕府将军成为守护们手中的傀儡，可以随意拨弄，可以随意废黜和改立，然而一直到末代将军足利义昭以前，并没有一个强大的守护势力能够拥着一位将军长居京都，他们总是和周边势力打来打去，时胜时败，一旦势力退出京都甚至消散，则所拥立的将军也便走到了末日，这真是可悲的现象。不过，这也确保了毫无能量的室町幕府可以继续存在下去，等到真有一个庞大势力能够久居京畿，纵横四方，无人能挡，则室町幕府的运数，也便接近尾声了。

窃国之大盗

岔开话头，咱们先说说权倾洛中，人称"半将军"的细川政元。此公乃是东军统帅细川胜元的嫡子，胜元死时，政元年仅九岁，但已经表现出了他非凡的聪明才智。文明十八年（公元1486年），二十一岁的政元出任幕府管领，他在这一高位上一直待到永正三年（公元1506年）。在此期间，他消灭了政敌畠山政长，废黜了将军足利义材（义稙）而拥立傀儡足利义高（义澄），实际把握了幕府的实权。

权臣擅自废立幕府将军，这真是上下颠倒的真正乱世了。细川政元把持幕政，同时控制了几乎整个近畿和四国，当真是威风凛凛，天下不作第二人想。可是这样一位豪杰，却天生怪癖，迷上了一些荒诞不经的修验道。

《细川两家记》一书中，记载了细川政元的奇行。据说他主要修炼的，乃是"饭绳之法"和"爱宕之法"，据说修行成功以后，神通仿佛天狗，可以腾空而起，甚至在天上飞行，并且传说确实有人看见他在半空中站立过（天晓得！）。这位权倾天下的"半将军"在迷上邪法以后，每日必要斋戒沐浴，口诵咒文，做出诸般丑态。为了修炼的顺利，他完全戒绝女色，甚至不允许任何女性靠近他的身边。

政务之暇，政元开始考虑游方全国，寻找修炼的捷径。因为他不近女色，所以没有子嗣，于是过继了三个养子——澄元、澄之和高国。三个养子为了夺取细川家督的继承权，不断明争暗斗，细川氏从此分裂。永正四年（公元1507年）六月，细川政元在入浴的时候，被细川澄之派系的香西元长刺死，享年四十二岁。

政元死后，细川澄元在家臣三好氏的辅佐下，攻灭弑父的澄之，正式继任细川家督。然而不到一年以后，受排挤的细川高国在大内义兴的帮助下攻入畿内，驱逐足利义澄，复立足利义稙——曾用名义材、义尹等。澄元糜兵与战，大败而走阿波，最后老死于彼方。

细川高国也学他老子的榜样，最终废义稙将军而立足利义晴。义稙被追到淡路，随即死在那里。不过高国本人也没落到什么好下场，他因为听信谗言，逼死了家中执事香西元盛，大永七年（公元1527年）二月，香西元盛的兄弟柳本贤治攻入京都，细川高国奉着义晴将军走逃近江。高国先后求救于伊势北畠氏、出云尼子氏、备前浦上氏等有力大名，想请他们发兵襄助自己夺回京都。享禄四年（公元1531年）六月，细川高国、浦上村宗与细川澄元派的三好元长在摄津四天王寺展开大战，最终村宗战死，高国自杀。

三好元长乃是细川澄元的家臣，澄元死后，元长辅佐其子晴元杀回洛中，并拥晴元为幕府管领——从此三好氏就掌握了京都的实权。然而到了元长之子三好长庆的时代，三好氏的实权却又落到了家臣松永久秀手中，久秀纵横畿内，自称"幕府执权"。这是下克上的第三层表现，那就是家臣甚至陪臣执国柄，旧的守护大名纷纷没落，他们的家宰、执事、守护代们甚至守护代的家臣们就此得到了出头之日，架空或者驱逐主家，最终成长为新的战国大名。

其实新的战国大名来源很多，除了旧的守护大名的转化（多在远国），守护大名家臣、陪臣的崛起外，还有一些所谓的"素浪人"也一步登天称霸一方——这是下克上的又一层表现。所谓素浪人，就是指失去主家的流浪武士，他们靠着出仕新的主家，建功立业而逐渐发达起来，其中的代表人物便是斋藤道三（秀龙）。

且说紧邻近畿有一上国，名为美浓，土地广阔，物产丰富，室町时代的守护是土岐氏，但权力掌握在守护代斋藤氏的手中。斋藤氏源出藤原家族，始祖藤原叙用曾任斋宫头之职，因此以斋藤作为苗字。平安时代以来，斋藤氏世代担任美浓国的目代，也即国司的代官，一直到南北朝才臣从于武家的土岐氏，就任美浓守护代。室町后期，斋藤氏家督利永建构名城稻叶山作为居城，声威渐隆，掌握了美浓国的实际权力。

"应仁之乱"的时候，守护土岐持益和守护代斋藤利永都归属西军，素与斋藤氏不睦的豪族富岛氏、长江氏则从属于东军，兵连祸结，长年鏖战。斋藤利永死后，传位给儿子利藤，斋藤利藤号为"妙椿"，不但是智勇双全的名将，也是和歌高手。文明十二年（公元1480年），妙椿在七十高龄时去世，斋藤氏从此衰弱下去。

衰弱的源起是美浓守护土岐成赖（持益之子）想要废长立幼，协助谋划者名为石丸利光。这位石丸利光本是斋藤氏的重臣，功勋显赫，受赐斋藤苗字，权势几乎凌驾于主家之上。因为斋藤氏当主利国（妙椿之子）反对土岐成赖的决定，石丸利光公然发兵讨伐斋藤利国，这场将美浓众国人一分为二的战争打了许多年，周边很多势力如近江的六角氏、尾张的织田氏、伊势的北畠氏全都卷了进来。虽然最终斋藤氏取得了胜利，但在和近江六角氏的战争中，当主、利国之子利亲也战死沙场，继位的胜千代利良年龄尚幼，只好由叔父长井丰后守利隆担任后见（监护人）。

斋藤利良长大成人后，非常厌恶叔父长井利隆，两人间的矛盾日益激化。于是长井利隆就以美浓守护土岐政赖之弟赖艺为号召，发兵攻击斋藤利良，是为"永正十四年（公元1517年）的内讧"。战争结果，斋藤利良败北，保着土岐政赖逃往越前，长井利隆则拥土岐赖艺继任守护之位。

　　天文七年（公元1538年），美浓守护代斋藤利良客死于越前，斋藤宗家至此断绝，于是土岐赖艺就允许长井氏家督新九郎利政继承斋藤苗字，就任守护代一职，改名为斋藤山城守秀龙。然而事实上，这位斋藤秀龙和斋藤家、斋藤的分家长井家原本毫无关系，他的发迹本身就是战国时代下克上的一个极佳的范本。

　　斋藤秀龙原名西村勘九郎，本是一名来历不详的素浪人，传说中他曾在京都出家为僧，甚至传说他贩卖过菜油，因为精通枪法而出仕长井氏，累功升为重臣，并最终成为长井家督长弘（利隆之子）的婿养子。此人狡诈无双，人称"蝮蛇"，据说他运用了相当不光彩的手段，阴谋压制家中反对派，才得以成为长井长弘的继承人，然后他谋杀长弘，篡夺了长井家，继而利用守护土岐赖艺的信任，又篡取了斋藤氏的家名。

　　然而斋藤秀龙并不以此为满足，他又于天文十一年（公元1542年）领兵包围了土岐赖艺的居城大森，赖艺弃城逃往尾张，求助于织田信秀。织田信秀立刻联络亲守护的美浓豪族，诸如氏家、稻叶、安藤、不破等等，联军进攻斋藤氏本城稻叶山。斋藤秀龙一看情况不妙，立刻提出双方和谈，风风光光又把土岐赖艺接了回来。可是没过两年，他一看自己脚跟已经站稳了，再次进攻大桑城，土岐赖艺二度逃亡，往依越前朝仓氏。

斋藤秀龙后来出家入道，法名道三。斋藤道三一生都在阴谋秘计中打滚，他的生涯也被笼罩上重重迷雾和不切实际的绚丽色彩。近年来新发现的资料表明，所谓斋藤道三，与最初的西村勘九郎可能并非一人，而是父子两代，父子两代经过不懈努力，终于篡取了美浓一国，被后人称为"窃国之大盗"。

领国一元

以上所述，都是在统治阶级内部的下克上风潮的表现，其实下克上更有一层含义，那就是平民百姓纷纷揭竿而起。且说从两畠山氏争乱直到"应仁之乱"，京畿附近频繁爆发战争，百姓不堪其扰，于是文明十二年（公元1480年），丹波、山城、大和、播磨等地同时爆发一揆。尤其在京都地区，大群农民和手工业者为反对新设的七处关卡愤然起义，进而袭击奈良地区，烧毁了兴福寺的十三重高塔。

文明十七年（公元1485年），大和农民发动一揆，以"大和国总百姓等"的名义请求"德政"，要求免除拖欠的年贡。同时山城国也爆发一揆，要求对峙的两畠山军队移往别处交战。其实这些一揆的参与者并不仅仅是农民，也有很多国人在其中起着举足轻重的作用。

当年十二月，山城国南部三十六名国人代表一揆势力向幕府提出诉求，此后这三十六人即共同管理山城国南部，并且驱逐幕府派驻的守护。

这一状况一直延续了整整八年，才被幕府和守护大名们镇压下去。

整个战国时代，类似的一揆此起彼伏。一揆分很多种名目，前面提到过，以农民为主体的暴动，称为土一揆，此外，以国人为主体的暴动称为国人一揆，最著名、影响力最大的，则还有一向一揆。

一向一揆是由佛教净土宗的分支净土真宗（即一向宗、门徒宗）所领导的暴动。一向宗因为简化修行法门，提倡口念佛号即得往生，因此在室町中后期广为传播，信众深入乡村和偏远地区，人数极为惊人。这些有了虔诚信仰，并且往往也有牢固组织的一向宗信徒们一旦闹起事来，规模和声势都与别种一揆不同，事实上，虽然没有爆发全国性的一向一揆，却很有我国汉朝末年到处都是张角信徒、黄巾党羽的架势。

一向一揆的总后台是摄津石山的本愿寺，就本愿寺本身来说，它逐渐发展成为一方割据势力，有兵有粮，寺庙也造得如同碉堡一般，除了头子都是和尚，偶尔唱唱佛号外，与别的战国大名没多大区别——传统的"南都""北岭"，势力根本无法与之相提并论。本愿寺也经常煽动与自己不和的战国大名领内众信徒发起一揆，不过只有真正与农民切身利益相关，这种一揆才具备最可怕的声势和破坏力。

一向宗最盛行的地区是畿内和北陆地区。文明三年（公元1471年），本愿寺法主莲如上人亲往北陆传教，使得这一地区的信徒数量大增，农民、僧侣和国人在宗教的旗号下结合起来，反抗守护大名的统治。虽然莲如号召信徒要遵守本分，不得抗缴年贡，不得轻蔑神佛，但他所埋下的火种燎出熊熊火焰，他自己却是扑灭不了的。

长享元年（公元1487年）十二月，大规模的一向一揆在加贺国爆发，次年近二十万人集结并包围了高尾城，六月城陷，守护富樫政亲自杀。一揆随即迎立富樫一族的泰高为名义守护，接管了加贺一国。从此加贺国在国人信徒和一向宗寺院的联合领导下，支撑了九十余年，号称"百姓所有之国"。

就在这种种下克上的背景下，旧的守护大名纷纷没落，新的战国大名们成长起来。战国大名和守护大名的区别，主要在于是否愿意维持旧有的庄园经济——维持松散的领国统治，容忍或保护旧庄园的存在，动员力有限的，就是守护大名；相反，运用种种手段摧垮旧庄园经济，试图完成领地的一元统治体系，动员力逐渐增强的，就是战国大名。

随着社会经济的发展，农村之间的联系日益紧密，无论为了加强对土地的投入以期待更大产出，还是为了有计划地统一协调耕作，都需要打破旧的庄园经济，把数郡甚至一国、数国都置于一个强有力的武士集团的统治之下。此外，随着商品经济的发展，商人和手工业者也希望撤除因庄园林立而到处设立的关卡，完成流通领域内的一元化管理。因应这种时势，战国大名就此产生了。

农业和商业的发展促成统一的趋势，因此战国大名们对内加强一元化管理，对外频繁发动兼并战争。在兼并战争中，一元化管理薄弱、旧经济体系残余较多的武士集团纷纷败下阵来，最后的胜利者，必然属于迎合历史发展趋势而敢于大刀阔斧改革旧制度的新的战国大名。

咱们还可以从另一个角度考虑问题：武士家族内部从诸子析产制向

总领继承制转化的趋势，因争霸战争的需要而加速，反过来也强有力地支持其家族对外扩张。在诸子析产制的旧继承模式下，大名家业只会越分越小，内部凝聚力不足，很容易便在争霸战争中失败——如细川、山名、斯波、畠山等庞大的旧的守护大名家族，虽说领有数国守护职，但往往一门总领实际可以控制的地域非常有限，分家家长们有能力反抗一门总领的领导，两畠山争乱、武卫家骚动，就都是这种原因所造成的恶果。而在总领继承制的新模式下，一门总领具有绝对的权威和实力，他的兄弟们、同族们只等同于他的普通家臣，必须从一门总领手中接受封地，一门总领为了维护自己的权柄，就会非常小心地划分家臣领地，并且不时加以"转封"，甚至借机予以"改易"（除封），使得分家很少有机会威胁到本家的安全。虽说从诸子析产制向总领继承制的转化，要到江户幕府时代才算彻底完成，但这种转化趋势加速了战国大名的成长，加速了旧庄园公领制的崩溃和新的一元化的封建领主制的形成，却是不争的事实。

当然啦，这一变革过程不可能一蹴而就，事实上直到"战国时代"的终结，也并没有哪一个战国大名家族真正彻底地完成了领国的一元化。

尾张之虎

广义的战国时代，是指从应仁元年开始的"应仁之乱"为其发端，到元和元年（公元1615年）德川幕府消灭丰臣氏，制定武家诸法度，即所谓的"元和偃武"为最终结束。此外，还有一种狭义的划分法，即从应仁之乱到永禄十一年（公元1568年）织田信长上洛，这一百年的动乱才被称为"战国时代"。此后便是织田信长统治的"安土时代"和丰臣秀吉统治的"桃山时代"。庆长八年（公元1603年），德川家康得到征夷大将军的名号，开设幕府，标志着"桃山时代"的终结。

狭义的战国时代，其实也可以划分为三个时期。第一个时期，是从"应仁之乱"直到延德三年（公元1491年）北条早云进入关东，旧的守护大名纷纷衰弱，曾经两分天下的细川、山名家族分崩离析，并且势力严重萎缩，新的战国大名们纷纷崛起。第二个时期，是从延德三年到永禄三年（公元1560年）的"桶狭间之战"，战国大名们恶战不休，逐一吞并周边弱小势力，在很多地区都形成了一两个家族独大的局面——比如甲信的武田信玄、北陆的上杉谦信、关东的北条氏康、中国地区的毛利元就等等。

永禄三年，爆发了著名的"桶狭间合战"，尾张小诸侯织田信长在争霸战争中脱颖而出，很快就统一尾张、降服三河、吞并美浓和北伊势，随即拥末代室町将军足利义昭入洛，开始了他"天下布武"的艰难历程——这是狭义的战国时代的第三个时期。

永禄十一年（公元1568年），织田信长击败六角、三好、松永等畿内战国大名，控制了京都及其周边地区，他以足利义昭为傀儡，发动了频繁而有效的兼并战争。天正元年（公元1573年），织田信长放逐足利义昭，彻底灭亡了有名无实的室町幕府。天正四年（公元1576年），织田信长三分天下有其一,将统治中心迁到琵琶湖南岸的安土城——因此他统治的时代被称为"安土时代"。

天正十年(公元1582年),爆发了"本能寺之变",织田信长在进京途中夜宿本能寺,遭到部将明智光秀的袭击,被迫自杀。仅仅数月后,信长的重臣羽柴秀吉就在山崎合战中用武力消灭明智光秀,在清洲会议中用政治手段击败竞争者柴田胜家,攫取了信长遗留下来的大部分领地。其后羽柴秀吉就任关白,受天皇赐姓丰臣,逐步统一了整个日本。因为丰臣秀吉长时间滞留京都南面的伏见地方,处理政事,此处密植桃树,故其统治的时代被称为"桃山时代"。

文禄元年(公元1592年),丰臣秀吉来到北九州的名护屋坐镇指挥,派遣十六万大军入侵朝鲜,并妄图以朝鲜为跳板进攻明朝,掀起了所谓的"文禄·庆长之役",朝鲜史上称为"壬辰倭乱"。这次对外侵略当然可耻地以失败告终了,而丰臣政权的内部矛盾也随之极大地爆发出来。庆长三年(公元1598年)八月,丰臣秀吉忧愤而殁,他最有力的支持者、关东大名德川家康趁机挑动丰臣家中文治、武断两派之争,并于庆长五年(公元1600年)七月两分天下的"关原合战"中打败文治派,收服武断派,掌握了全日本的实权。

其后德川家康开设江户幕府,并最终灭亡丰臣氏,重新统一日本。这就是整个战国时代的基本流程。

战国时代在日本历史中占有非常独特的地位,一来如上所述,它是从庄园制向领主制演化,从诸子析产向总领继承演化的关键时期,二来动乱维持时间之长，战争规模之大，全日本无处不燃起烽火，都是前所未有的。仅以战争而论，因为战争频度的增强，规模的扩大，使得战争的基本模式也产生了翻天覆地的革命性的变革。

首先是野蛮时代残余的骑马武士一骑打（单挑）模式彻底没落，步兵集群战术被广泛运用；其次，火药武器从"南蛮"（指乘船从南方航来的西班牙、葡萄牙等欧洲新兴势力）传入，火铳、大炮技术很快就被日本人吸收，并大规模大范围运用到实战中去。正因为如此，日本战国时代群雄并立，才会对后代历史爱好者产生如此巨大的吸引力。

结束狭义上战国乱世的织田信长，最初不过是尾张国的一个小领主而已，他之所以能够获得成功，几乎重新统一日本，这和尾张国本身的地理环境、经济形势都是密不可分的。

就地理环境上来看，尾张是东海道的枢纽，既靠近京都，又不属于自"应仁之乱"后就战乱无日休止、势力犬牙交错的畿内地区。此国位于著名的粮食产地浓尾平原的南部，同时靠海，有海盐鱼虾之利，经济富庶，交通方便，四通八达。从经济形势上来看，尾张国较早打破了传统的庄园经济，小农经营非常普遍，这就给其国的封建统治者尽快完成一元化进程打下了扎实的社会基础。

织田信长出身的胜幡织田氏，可以说是一个暴发户，对于尾张守护斯波氏来说，胜幡织田氏原本不过是家臣的家臣，是谓陪臣而已。织田氏先祖本是越前国丹生郡织田神社的神官，约在室町中期成为越前守护斯波氏的被官。应永七年（公元1400年），越前守护斯波义教兼领尾张一国,遂拔擢织田入道常松(信广)为尾张守护代。

斯波氏是幕府"三管"之一,斯波氏家督常年留居京都,当然不能无人侍奉,而织田常松虽为尾张守护代,也跟随家主居住洛中,把守护代的职权又委任给其弟常竹。常松、常竹的后裔在进入战国时代以后分裂,尾张国也随之一分为二:南部的下四郡(海东、海西、爱智、智多)由常竹系的织田大和守家奉着傀儡守护斯波氏统治,主城在清州(清须);北部的上四郡(丹羽、叶栗、中岛、春日部)则由常松系的织田伊势守家统治,主城在岩仓。

且说尾张国下四郡守护代织田大和守广信手下有三家一族重臣,称为三奉行,是为因幡守家、藤左卫门家以及弹正忠家。其中弹正忠家从织田良信传织田信定,再传织田信秀,信定筑胜幡为居城,这一支就又被称为胜幡织田氏。织田信秀靠着他控制的重要贸易港口津岛、敏锐的政治嗅觉以及勇猛顽强的作战能力,很快便脱颖而出,压制了家中同僚,权力甚至凌驾于主家之上,被誉为"尾张之虎"。

当然,即便真是老虎,那也是全日本六十六国中仅仅占据不足半国的穷山孤虎,当时没有人能够预料得到,这个家族最终竟能摇撼天下……

"大傻瓜"的历程

"尾张之虎"织田信秀的主要外部敌人,来自两个方向,即北面的岩仓织田氏、美浓守护代斋藤氏,以及东面的三河国人松平氏、骏河守护今川氏。天文十一年（公元1542年），织田信秀攻入三河国，松平氏向今川氏求救，今川义元派兵增援，与织田军遭遇于松平主城冈崎东南面的小豆坂。恶战良久，长驱而来的织田军因为体力不支，首先向后败退，今川、松平联军在后紧紧追赶，幸亏织田信秀的三弟、以武勇善战著称的织田信光担任殿后，大呼酣战，不但逼退追兵，更鼓舞了本方士气，扭转了战局。最终今川、松平联军崩溃，西三河一带尽归织田氏所有——是为"第一次小豆坂合战"。

天文十六年（公元1547年），织田信秀整备兵马，再攻三河，希图一举灭亡松平氏。翌年三月，织田军与松平、今川联军再遇小豆坂。此次的战局发展与上回截然不同，在总大将、今川家臣太原雪斋的指挥下，联军越战越勇，织田军先胜后败，终于一溃千里——是为第二次小豆坂合战。

今川氏家督义元趁此机会完全控制了西三河，将松平氏收服于麾下，并且将势力伸入尾张国，夺取了山田郡（大永年间，分爱智、春日部两郡的一部分，合为山田郡）。织田信秀极为恐慌，于是听从家老平手政秀的建议，为次子吉法师迎娶美浓国守护代斋藤道三之女归蝶为妻，从而结束了与斋藤氏的长年战争，稳定了北部局势，将全部兵力都用来防御来自东方今川氏的威胁。

织田吉法师，就是后来的织田信长，他是信秀的次子，也是最年长的嫡子，是理所当然的继承人。信长于天文三年（公元1534年）出生于尾张国那古野城——那古野本是今川氏进攻尾张的桥头堡，当年信秀计克此城，于是从胜幡移居过来，旋即就得到了嫡子，欢喜不胜。

据说织田信长少年时代非常不成器，喜爱新奇的事物，蔑视传统的礼仪规条，经常身穿奇装异服与同龄孩童游戏角斗，丝毫也没有作为领主继承人的自觉。除了师傅平手政秀、父亲信秀以及某些幼时玩伴外，几乎家中所有人都对这个孩子抱持着深深的厌恶感。当时信长的外号是"尾张的大傻瓜"——傻瓜并非白痴，而是指其行为放纵，无才无德。

就连织田信长的母亲土田夫人也不喜欢他，却宠爱三男信行。织田勘十郎信行，和信长是一母所生的同胞兄弟，但行为却与兄长迥然相异，他品行方正，聪明懂礼，深得家中众人喜爱。土田夫人和家臣们屡屡向织田信秀建言，请求废黜信长的继承权，而以信行代替，但全都遭到信秀的拒绝。

天文二十年（公元1551年）三月，织田信秀去世，享年四十二岁，一门总领之位传给了织田信长。信长初继位的时候，下四郡守护代织田信友就趁机重新攫取权力，控制了海西郡，而爱智、智多两郡大多数豪族都臣服于今川氏麾下，信长实际领地只有海东一郡而已。

然而处于如此四面楚歌状态下的织田信长却依旧一副野蛮的傻瓜相。据说连父亲的葬礼他都姗姗来迟，急得重臣们商议说："都是先主的儿子，不如让信行公子来主持葬仪吧。"正当身穿丧服、神情悲戚的信行将要有所行动的时候，信长却突然出现在了寺院门口。他依旧裸着上身，腰挂零零碎碎的各种小物件，用麻绳缠着刀柄随意插在腰带上，就这样大步流星并且面无表情地走到父亲灵前，抓一大把抹香随便一掷，然后便转身离开了。

经过这一事件，大部分重臣都投入到织田信行的麾下，他们等待时机要废黜信长，而拥信行继位。平手政秀苦苦地为织田信长支撑着局面，但大傻瓜却丝毫也无悔改之意，使政秀终于再也支撑不下去了。天文二十二年（公元1553年）闰一月，政秀在居处切腹自杀，传说还留下了长长的一大篇谏言，从不要身着奇装异服，到必须耐心倾听家臣的意见，几乎指出了信长所有的错误。

平手政秀的死谏，给织田信长造成了沉重的打击，但他依旧我行我素，谁也不知道他葫芦里究竟卖的是什么药。就在这种背景下，平手政秀死谏后的同年四月，美浓守护代斋藤道三突然提出想见自己的女婿信长一面。

如前所述，斋藤道三是著名的"窃国之大盗"，心肠毒辣，诡诈无双，人称"蝮蛇"。据说道三当年应允把女儿归蝶嫁给"尾张的大傻瓜"，是想利用这层关系窃取尾张国。等到织田信长继位，斋藤道三就约他在尾张富田的正德寺会面，想仔细观察一下女婿是否还有可资利用的价值，如无，则将其刺杀，或者胁迫其递上降表。

然而诡异的事情发生了，正德寺会盟时，斋藤道三没有丝毫不寻常的举动。换个角度来看，他放织田信长安然离开，并且双方签署盟约，美浓斋藤氏从此成为信长的坚强后盾，这本身就相当不寻常。我们只能认为道三看出了信长的实际价值，认为这个女婿并非傻瓜，只应当被扶持，而不能被胁迫。

于是得到美浓斋藤氏大力支持的织田信长,开始逐一扫灭尾张国内不肯臣服的势力。弘治元年(公元1555年)四月,他以杀害守护斯波义统的罪名,讨伐想要恢复往日权力的守护代织田信友,攻克信友本城清州,旋即将主城迁移到此处。

然而就在此时,织田、斋藤两家的关系却突然恶化。原因在于斋藤道三之子义龙突然起兵讨伐其父,美浓国多数国人都站在义龙一边,弘治二年(公元1556年)爆发了长良川合战,一代枭雄斋藤道三战败自杀。传说美浓守护土岐赖艺曾将一名侍妾赐予斋藤道三为妻,其后即生下斋藤义龙,因此义龙认为自己本是土岐赖艺之子,而道三则是驱逐自己生身父亲的逆贼,因此才掀起反旗。不过乱世中父子相争本是常事,并不必要在血缘关系上去找借口。

织田信长派兵增援斋藤道三,结果铩羽而归,并且从此和斋藤义龙结下了深仇大恨。蛰伏已久的织田信行终于盼到了这个大好时机,就在道三战死的当年八月,他召集以家老、那古野城主林秀贞为首的支持者们,悍然掀起了反旗。

双方军队在清洲城东、庄内川附近的稻生地方交战,织田信长所部不足千人,看似毫无胜算。然而信长在仔细分析过形势后,亲自上阵猛攻信行军主力、猛将柴田胜家的阵列。他首先让农民动员兵冲前攻击,引诱胜家出战,随即突然将本方武士投入战场。柴田军不支败退,牵动全局,亲信行的家老林美作守当场战死,信行退往居城末森。

稻生合战后,织田信长乘胜进军,很快便包围了末森城,逼迫兄弟信行投降。他随即原谅了柴田胜家等家臣，将他们笼络到自己麾下。次年十一月，织田信行联合上四郡守护代织田信安，再度谋划起事，却被柴田胜家出首告发，信长忍无可忍，杀死了自己的亲兄弟。

此后，织田信长又打败了庶兄织田信广，重新稳定了尾张下四郡，然后将矛头指向上四郡的岩仓织田氏。此时织田信安已经失去权柄，担任守护代的乃是其子伊势守信贤。永禄元年（公元1558年），信长率军讨伐织田信贤，双方在岩仓以西的浮野地方展开激战。最终织田信贤败北，并于次年被迫开城投降。

就这样，"尾张的大傻瓜"用了七年的时间，不但恢复了父亲信秀的旧有领地，进而灭亡了两家守护代，基本统一了整个尾张国。他本想就此将目标转向北方，与斋藤义龙一争长短，却没料到东方的老虎开始行动了，骏河守护今川义元先是策动尾张南部多名国人领主叛乱，继而亲自统率大军，浩浩荡荡杀往尾张而来。

人间五十年

今川乃源氏名门、足利将军的同族，世代担任骏河国守护职，而到了今川义元时代，更吞并了西方的远江国和三河国，并将势力伸入尾张国，可谓是天下一等一的雄侯。虽说织田信长这时候已经基本统一了整个尾张，但其所拥有的领地不过十四万石而已，和割据骏、远、三三国的今川氏根本无法相提并论。

战国时代，人们习惯以年贡的多少来衡量一个势力的强弱，年贡多则钱粮足，钱粮足自然兵马盛，相反，年贡少则养不起太多的武士，而即便百般节省养起来了，也无法提供足够战争使用的钱粮物资。当时计算年贡主要有两种方法，或采用贯高制，或采用石高制。所谓石高，石是容积单位（即"担"，一石为十斗，一斗为十升），年贡多少石粮食，就是多少石高；而将粮食换成钱，千文为一贯，年贡折合多少贯，就是多少贯高。

因为粮价因天时丰歉和是否为主要粮食产地而波动很大，因此贯高数和石高数是无法直接换算的，直到丰臣秀吉统一日本以后，才将年贡的计量方式统一为石高制。后人以此倒推，估算当时织田信长的年贡数约为十四万石，而今川义元的年贡数则约为六七十万石。按照每万石可征召和供养士兵三百到五百人的惯例计算，今川氏的总动员力为两到三万兵马，而织田氏则最多有兵七千人（实际不过四五千而已）。

今川义元在进攻尾张国之前，先利用谋略招降了尾张南部智多郡的数位国人领主，从内部瓦解织田氏的统治。早在天文二十一年（公元1552年），义元便策动鸣海城主山口左马助教继掀起反旗，织田信长闻讯，急率八百兵马，与山口、今川联军对战于三山赤冢，激斗良久却无法分出胜负。此后在山口氏的影响下，沓挂等数城先后背叛，尾张东南部的爱智、智多两郡豪族纷纷倒戈。

到了永禄三年（公元1560年）四五月间，织田信长派家老佐久间信盛领兵，再度包围了鸣海城，同时派佐久间盛重进攻更南方的大高城。

两城向今川氏求救，今川义元正好一切准备停当，遂于五月十二日离开本城骏府，集结大军西下——著名的桶狭间合战就此拉开序幕。

据说义元调集了三国兵马，再加上盟友武田等家族的部分援军，总势达到两万余。家主竟然亲率如此庞大的军队，发动如此大规模的战役，这在战国时代是比较罕见的，因此后人便猜测，义元的目的并不仅仅是击败织田氏、吞并尾张，还要妄图经尾张而继续向西，一举攻入洛中，以图操纵幕府、号令天下。

这个目的是真是假，至今人们尚在争论，暂且不提。且说今川治部大辅义元在经过了周密的部署以后，以大将朝比奈泰朝和三河豪族松平元康为先阵，驱动大军，沿镰仓街道西下，矛头直指尾张国。当今川军先锋于五月十七日进入尾张国境的时候，织田信长还在派兵围攻谋反的鸣海、大高等城。

此时尾张国内投降的呼声甚嚣尘上，就织田信长本人来说，他一贯蔑视权威，唯我独尊，当然不愿意臣服于他人，可是究竟是出城迎战，还是凭坚固守，也拿不出确定的主意来。五月十八日，今川义元进入三河沓挂城，随即召开军事会议，命令先锋三千人马兵分两路，分别进攻织田军为攻击大高城而建的两座寨子——丸根和鹫津。

鹫津寨驻军五百，即将面对今川方大将朝比奈泰朝两千兵马的进攻，而丸根寨驻军四百，即将面对的是松平元康的千余人马。当日晚间，丸根守将佐久间盛重派快马前往织田主城清洲，禀报说："我军挫败了敌方向大高城运送军粮的行动，但据此可以判断出，今川主力将在明日凌晨向我发起总攻。"

得报后，织田信长立刻召集重臣开会商议。部分人仍持投降论，主战派则一致认为敌众我寡，与之野战必败无疑，建议将前线兵力全部召回，集结力量固守主城清洲，以等待时局的变化。对于两派的意见，信长全都不置一词便宣布散会了。家臣们不禁苦笑道："运数终时，智慧之镜也蒙尘垢。"

因为信长根本没有对前线部队派发任何指令，面对汹涌而来的今川大军，丸根、鹫津两寨采取了截然不同的应对措施。佐久间盛重全力出寨迎击，鹫津寨则做出固守待援的态势，但不管怎样，以弱敌强的战斗是很难打的，第二天上午，经过六七个小时的激战后，两寨全部陷落，守将逐一战死。

可以说，直到这个时候，今川军仍占有绝对的优势，织田方危如累卵，并且似乎根本找不到丝毫转机。今川义元的战略是，依靠赶来投效的河内豪族服部友定的水军，配合本方前锋，两路夹击围攻大高城以及鸣海城的织田军，取胜后就地休整，等待主力赶来会合后，再以摧枯拉朽之势直指清洲，一举平定尾张国。

且说织田信长散会后即回内室休息，但想必他一直在攻守两策之间犹豫不决。投降肯定是没有出路的，然而如果坚决抵抗，究竟是出城野战，还是固守清洲呢？自己刚平定尾张大部分领土不久，地方豪族很难同心同德共度危机，一旦收缩兵力守城，这些豪族肯定会陆续投靠今川方，到那时候，被两万大军重重围困的清洲孤城，真能有存活下来的希望吗？

估计就在次日凌晨，丸根和鹫津两寨战斗打响的消息传来的时候，织田信长才终于下定了决心，反正降和守都没有前途，不如孤注一掷，出城去拼个你死我活。于是他突然掀开被子，跳将起来，命令侍从敲鼓，自己挥舞着折扇高歌一曲。那是一种名为"幸若舞"的曲艺中的一折，叫《敦盛》，讲述了四百年前源平合战中，平氏的少年武士平敦盛慷慨赴死的故事——

"人间五十年，与下天相比，宛如梦幻。一度生存者，又岂有不灭之理？"

"人间"意为人生；"下天"指佛教神话中天界的最低一层，据说那里的一昼夜，等同于人世的五十年。

歌罢此曲，信长穿戴好铠甲，站着用过早饭，然后跨上战马，飞一般冲出了清洲城门。他并没有集结军队，大有单骑闯阵之意，此时跟随在身边的只有五名骑马武士和两百多步卒而已。诸将得到消息后匆忙整兵赶上，等信长来到清洲南方的上知我麻神社的时候，身边已经聚拢了约一千兵马。

这是五月十九日的清晨，织田信长在上知我麻神社略作休息，很可能参拜了神龛，祈求上天的护佑。其后，他率军继续南下，来到了丹下寨，然后转向东南，十时左右，进入善照寺寨。丹下和善照寺两寨是织田方为了围困鸣海城而建的，其中各驻扎有数百兵马，织田信长命令守军放弃两寨，全都集合到自己身边，加上陆续赶来的尾张国内各豪族的部队，织田军已经聚齐了两千多人。

此时向南望去，大高城附近腾起阵阵浓烟，可见战况异常激烈。随即又传来赶来会合的佐佐胜通所部三百人在细根附近遭遇今川大军，已被歼灭的消息——细根距离善照寺寨，直线距离还不到两公里。此时摆在织田信长面前的只有两条路，一是迅速南下救援丸根和鹫津两寨，争取在今川主力到达前先击溃其先锋部队，二是就此退回清洲，另谋他策。

有名重臣拉住织田信长的马缰，请求他就此罢手，调头北撤。但信长回答说："今川军昨晚运粮去大高城，而今又已作战半日，肯定疲惫不堪，我军以逸待劳，可获全胜！"于是继续南下，渡过黑末川，进入中岛寨，把这里的守兵也搜罗一空。然而信长的如意算盘打得未免太好了，此刻时机已然错失，如果昨晚就作出抉择，那么以其麾下这近三千兵马，还可能和今川方的先锋部队恶战一场，未知鹿死谁手，等到当日凌晨才起意救援，早就缓不济急——事实上，差不多信长来到善照寺寨的同时，丸根、鹫津两寨就已经先后沦陷了。

今川方选择的进攻时机非常巧妙，当日正逢满潮，沿海道路极其泥泞，难以通行，而织田方从清洲城派发援军南下，最近路程就是沿着伊势湾的东岸前进。因此信长在离开中岛寨后，无法继续南下，被迫转而向东——幸运的曙光竟然从此笼罩在他头上。

悲风桶狭间

今川军先锋在攻陷丸根、鹫津两寨后，原大高城守将鹈殿长照进驻丸根，先锋朝比奈泰朝进驻鹫津，另一名先锋官松平元康所部则进入大高城休整。今川军的主力部队，此时正从三河沓挂城往大高方向赶来，但是进军速度非常迟缓。据说今川义元因为身体肥胖（还有传说他上身长而下身很短），才出兵的时候就从马上摔了下来，臣子们都说这是不祥之兆，所以他弃马乘轿。正当五月初暑，大军在进入尾张国后，左右都是山地，道路狭窄难行，人马通过都很不容易，更何况是轿子呢？

大军前行，当然不会抱成一个球形，除先锋和后卫外还会分成多个梯队。佐佐胜通所遭遇的，其实是今川主力最前卫的梯队，人数大约一千，而当这个时候，今川义元本队距离大高城还有将近十公里的路程。

接近中午的时候，义元本队约五千人来到了田乐狭山附近，在此停顿下来。田乐狭山是一座海拔五十六米的小山，附近道路崎岖狭窄，一如桶状，因此名叫田乐狭间，又名桶狭间。据说义元行至此处，士兵们都很疲惫，正好赶上当地百姓送来酒食以趋奉新的统治者，义元就命令部队原地纳凉休息，等吃过午饭后再继续前行。

今川义元驻军桶狭间的消息，很快就被当地豪族梁田政纲密报给了织田信长。按照传统说法，信长是因为得到这条密报，才匆匆从清洲城中领兵南下的——这当然不可靠，信长的目标如果一开始就是桶狭间，有更便捷的道路可走，不必先南下善照寺、中岛等寨，况且，他当日凌晨启程出城的时候，今川义元恐怕还待在沓挂城里没有动身呢。还有神化信长者，一口咬定那些犒师的百姓父老都是信长或者梁田政纲故意安排的，目的就是要把义元滞留在桶狭间。这当然也不可信，今川义元在中午前后停步不前，完全是个偶发事件。

织田信长抓住了这个偶发事件，同时也是抓住了稍纵即逝的大好战机，已经没有退路的他，立刻经细根、有松村等处，直趋桶狭间，意图和今川义元的本队作拼死一战——这是一步绝对的险棋，先不说各梯队的今川大军如果及时回援，将形成包夹之势，就算大高附近的先锋军快马加鞭西行，也能在织田军到达桶狭间以后不久赶到。

然而事实上，直到战役结束，大高守军始终没动。一方面，经过六七个小时的激战，今川先锋军也已经疲惫不堪，亟待休整；另方面，今川军中普遍弥漫着骄傲轻敌情绪，认为尾张小国不费吹灰之力便可踏平，因而放松了警惕性。

主将今川义元本人就是这种骄傲麻痹情绪的代表，当前卫击溃佐胜通所部，献上五十余名武士首级的时候，义元仰天大笑，口出狂言："就算天魔鬼神到来，又能奈我何？"正是这种轻敌情绪最终要了他的性命。

今川义元在内政、外交、计谋方面都有过人之长，但他的临战经验不足。前此多次出兵，与各方势力争胜，主将大多为太原雪斋，雪斋去世后，可以说今川氏内部已经很难找出一个能够独当一面的大将来了。

按照战场上的惯例，本队驻守的时候，各分队应该密集交叉地团团保护主将，但一来义元临敌经验有限，二来桶狭间地势狭窄，所以今川本队五千人沿着山路呈西北、东南方向一字展开。如果敌人从桶狭间两侧猝然来袭，这样固然可以制造足够的纵深，逐步消耗敌人的实力，但也会因为排列过于松散而很难在局部战场集中力量。相信织田信长来到桶狭间附近，得报今川方这样排布阵势，必定心花怒放吧。

织田信长抄小路，尽量绕开今川各部兵马，于当日下午一时左右来到桶狭间。他站在高处远远望去，今川本队还在纳凉休息，因为天气炎热，很多兵将都卸除了沉重的铠甲，东倒西歪地躺在地上，防卫非常松懈。他正打算喝令进攻，突然天空乌云密布，一会儿的工夫就狂风暴雨大作。

正当夏季，午后的暴雨说来就来，说停就停。老天似乎也在帮织田信长的忙，风向是由西向东，狂风卷着豆大的雨点直往今川阵营袭去（一说战斗爆发时，暴雨已停）。于是织田信长仰天长啸，挥舞长枪，立刻军号声齐齐吹响，织田三千兵马如同下山猛虎一般扑向今川本队。

今川军仓皇应战，但他们迎风而立，睁眼都很困难，更别说拿起武器战斗了。而义元本人听到阵外的厮杀声，一开始还以为是军士吵闹，正想遣使呵斥，听闻敌军来攻的消息后，才匆忙穿上铠甲，拔刀指挥战斗。因为布置分散，今川军很快就被集中全力的织田军层层击溃，等到下午二时左右，义元眼看难以取胜，就跨上战马，在亲卫三百人的保护下向东退却。

织田信长大声吼道："不必多所杀伤，只要砍下义元的首级，我们就胜利了！"一马当先，猛追义元。因为暴雨的缘故，山路相当泥泞，义元退却的速度也很缓慢，他大概跑出一公里左右，就被织田军追上，此时身边剩下了不到五十人。织田信长的马回众（骑兵侍卫）服部小平太春安首先追上义元，挺枪便刺，义元返身迎战，砍伤了春安的膝盖。另一名年轻武士毛利新介良胜随即冲上，以二打一，终于刺倒义元，砍下了他的首级。据说义元临终前还死死咬住良胜的手指不放，他肯定是死不瞑目的吧……

桶狭间之战以织田方的全面胜利而告终。仔细回顾整个战役过程，以寡破众带有相当的偶然性，神化信长者往往把夜半出阵、父老犒军甚至天降暴雨全都算在织田信长身上，说那全都是他预先布设的计谋，倘若果如其言的话，信长不是一代英雄，而变成了彻底的一个妖人了。

根据战前织田家的会议过程，以及战时的行军路线可以看出，织田信长几乎直到最后一刻才判断出今川义元本队的方向，而在桶狭间这个局部战场上，利用天候和地形之便利，以三千人击破五千人，本身并不算是军事史上的奇迹。

其实织田信长制胜的关键主要有两点：一是抓住战机，集中主力打击敌方的指挥中心，二是孤注一掷，死中求活。而就今川义元来说，他的失败完全是轻敌大意所致，当然，行军迟缓，以及将本队驻扎在狭窄的山道上，也是导致最终人头落地的重要因素。

天下布武

今川义元被杀的消息传开后，今川军全面崩溃，就连驻扎在大高城及其附近的朝比奈泰朝、松平元康等前军也匆忙趁着夜色撤出尾张国境。织田信长于后猛追，不但收复了尾张全部失地，还趁势杀入三河国，攻克了沓挂等城。

然而，松平元康并没有和其他今川将领一般直接逃回远江和骏河，他进入松平家的世代主城——西三河冈崎城——以后就不走了，整顿松平旧臣，拉拢周边豪族，顽强地抵抗着织田军的进攻。他还写信给今川义元的继承人氏真说："如为义元公复仇，元康愿为前锋。"

然而桶狭间合战给今川家的打击几乎是毁灭性的，今川义元的继承者今川氏真面对因为大败而引发的骏河、远江两国此起彼伏的反叛苗头，根本腾不出手来西征为父报仇。松平元康一等等了半年，今川氏毫无出兵的迹象，而松平、织田两家，却已经恶战到谁都无以为继的地步了。元康以小敌大，固然打得很辛苦，而织田信长还要面对来自北方斋藤氏的压力，实在不愿陷身西三河这个泥沼中无法抽身。就在这种情况下，永禄四年（公元1561年）二月，双方终于停战和谈，结成了盟约。

次年元月，织田信长邀请松平元康前往尾张，到他的主城清洲去过年。据说信长对元康的款待非常热情，并且说，他打算向北进攻美浓的斋藤氏，"至于东方，就拜托三河大人你了。"

此次"清洲会盟"，在战国历史上是非常罕见的一个特例，一直到织田信长去世，盟约都没有被撕毁。从此信长的东境安如泰山，他可以专心向北征伐——说来也巧，就在两家和睦的当年五月，美浓守护代斋藤义龙突然去世了，北部大门就此对信长彻底敞开。

于是保障了侧翼安全的织田信长，开始大规模对美浓用兵，永禄六年（公元1563年）二月，他决定在更临近美浓国的二之宫山筑城，称为小牧山城，随即把本城由清洲迁移到此处。而美浓守护代斋藤义龙死后，其子龙兴继位，此子能力平庸，而又耽于逸乐，臣服于稻叶山的美浓国人众纷纷离心离德。永禄七年（公元1564年）前后，斋藤龙兴囚禁了岩村城主安藤伊贺守守就，随即就被安藤守就的女婿、菩提山城主竹中半兵卫重治奇袭稻叶山城，他不仅救出了自己的老丈人，还把龙兴给赶了出去。

安藤守就和大垣城主氏家直元（卜全）、郡上八幡城主稻叶良通（一铁）并称"西美浓三人众"，向来共同进退，守就得脱囹圄，立刻整合三家兵马占据了稻叶山，颇有取斋藤氏自代之意。然而他这种行为激怒了其余的美浓国人，他们陆续聚拢到斋藤龙兴身边。安藤守就无奈，只得退出稻叶山，并且迎回了龙兴。

这一恶性事件使织田信长看到了从内部瓦解美浓国的机会，于是他委派家臣丹羽五郎左卫门长秀、木下藤吉郎秀吉等人潜入美浓，游说各地豪族倒戈。永禄九年（公元1566年）八月，"河野岛合战"爆发了，织田军遭逢前所未有的大败，然而时隔不久，丹羽等人就说服了"西美浓三人众"。次年八月，信长再次动兵，与三家兵马合流，一直逼至稻叶山城下。

在制压了稻叶山城西南方的瑞龙山寺后，织田军放火焚烧城下町，将城堡围困得水泄不通。斋藤龙兴向国内豪族求援，可惜应者寥寥。激烈的围城战持续了一个月，弹尽援绝的龙兴终于再也坚持不下去了，以放自己一条生路为条件，开城投降。信长进入稻叶山，放这个份属妻侄的美浓守护代乘船逃往伊势长岛——此时距斋藤道三战死，已经整整十一个年头了，富庶的美浓国终于降伏在织田信长脚下。

织田信长进入稻叶山城以后，很快就把本城从尾张的小牧山又迁移到此处。稻叶山不但高大坚固，并且美浓周边环境也比尾张要好：美浓往东，是武田氏控制的信浓国，但两国交界处多崇山峻岭，军行不易，相信一代枭雄武田信玄不会轻易从此道攻击织田氏；美浓往北，是贫瘠险峻的飞騨国，根本不对自己构成威胁；美浓往南，是故乡尾张；美浓往西，就是环绕琵琶湖的近江国，经此可到京都。控制美浓国，可谓打开了通往京都的第一道门户。

掌握了浓、尾两国的信长，实际控制区域虽然还不到整个本州岛的二十分之一，在群雄纷争的"战国时代"，却已经是威震一方的大大名了，足以与北条、武田、毛利等强大势力一较短长。于是信长将稻叶山城改名为"岐阜"，取周文王"凤鸣岐山"之意，并为自己定制了一方图章，上刻"天下布武"四字。

"天下布武"，就是准备以武力来平定乱世，取得天下。对照岐阜的名称，说明到此时候，织田信长已经拥有了天下之志，目光不再局促于自己领地和周边领土，甚至也并不局限在畿内、京都，而放诸广大的日本列岛。

不过要想上洛进而控制天下，信长还急需一个大义名分，他与今川义元不同，义元本就是足利氏的同族，又是世代守护，可以堂堂正正地上洛去辅佐幕府，信长却并没有这个资格。

然而就在这个时候，上天降下一宗宝货，几乎是硬塞到了织田信长的怀中。就在夺下稻叶山城后不久，美浓旧豪族明智光秀回到故乡，觐见信长。明智氏本是土岐氏的支族，一度仕奉斋藤道三，道三、义龙父子相争，明智氏在战乱中灭亡，遗族星散，不过对于光秀本人，其源流却始终是一个谜。

明智光秀带来了前幕府将军足利义辉之弟足利义昭的书信，希望织田信长可以协助义昭上洛，讨伐掌握幕政、弑杀义辉将军的三好氏和松永氏，扶持义昭继任征夷大将军。信长得信，喜不自胜，立刻回书允诺。永禄十一年（公元1568年）七月二十五日，足利义昭在明智光秀、细川藤孝等家臣的保护下，从越前来到美浓，暂居立政寺中。两日后，义昭与信长会面，信长献上钱千贯，以及太刀、铠甲、马匹等物，以表达对义昭的敬意。

一个月后，织田信长整备大军，联合北近江的豪族浅井氏，开始了上洛之战。他很快就击破了南近江守护六角氏，进而赶走三好氏，降服松永久秀，仅花了一个月的时间就进入京都。九月，足利义昭继任第十五代，也是最后一任室町幕府将军。

狭义的"战国时代"，也是日本史上从平安时代后期开始的"中世"，至此终结。

番外篇

一向宗的创立

日本古代佛教，曾经存在过一个非常独特的宗派，主张只须专心念佛，便可靠他力往生。这个宗派因为教义简单、修行便捷，很快便传播到日本各地，甚至渗透入偏远的乡村，聚集起数量惊人的虔诚信徒。在乱世中，信仰很容易爆发出主持者都难以控制的巨大力量，于是这个宗派终于获得了极大的政治影响力和军事武装力，在公元15—16世纪的"战国时代"，成为实际上的一镇诸侯——从前那些豢养僧兵，也号称拥有武装力量的"南都"、"北岭"，和这个宗派相比，不过是侏儒之比巨人罢了。这个宗派，就是日本净土宗的主要分支——一向宗。

净土宗的开山始祖原为法然上人。这位上人出身于美作国的土豪家庭，幼名势至丸，曾向黑谷的慈眼房睿空学习佛法。睿空赐他房号"法然"和僧名"圆空"。据说法然上人在读到中国善导所著的《观经散善义》中所写的"一心专念弥陀名号"这一句时，恍然开悟，就此创立了"一向专修宗"，也就是日本净土宗的雏形。

法然上人活动的年代，大致等同于"源平合战"时代，他的教义在畿内广为传播，因此一度被谮遭贬，被流放到四国的土佐去。然而上人并不以此为辱，他反而利用这个机会，使得净土宗的教义更向偏远地区传播。法然上人圆寂于建历二年（公元1212年）正月，享年八十二岁——正当镰仓幕府三代将军源实朝在位。

法然上人以后，净土宗逐渐分化为很多支派，最终将其发扬光大的是亲鸾上人。亲鸾上人出自藤原氏，幼名松若麻吕，自小出家，后拜在法然上人门下。他开创了净土真宗（俗称一向宗或门徒宗），大量排除清规戒律，甚至宣扬只要怀有对佛的虔心，不必出家即可修行。亲鸾上人圆寂于弘长二年（公元1262年）十一月，享年九十岁——正当镰仓幕府六代执权北条长时在位。

亲鸾上人以后，净土真宗也很快分化为本愿寺、高田、佛光寺等很多个支派，其中势力最大的是本愿寺派，本愿寺派到第八代法主莲如上人在位时势力极大扩展，信徒几乎遍布整个日本，拥有了自己的强大武装，经常煽动信徒暴动，是为"一向一揆"——此时，已经是战国时代了，而一向宗本愿寺，也终于蜕变成为徒自口诵佛号的割据诸侯。

年表：

幕府将军	年号	具体年份	事件
足利义政	应仁	1468年	京都船冈山合战
		1469年	决定足利义尚为将军后继
		1471年	朝仓孝景归从东军
	文明	1473年	山名宗全殁；细川胜元殁；足利义尚就任幕府将军，畠山政长就任管领
足利义尚		1474年	山名政丰和细川政元讲和；加贺一向一揆蜂起
		1477年	西军诸将归国，"应仁之乱"终结
		1482年	畠山政长、畠山义就在河内开战。足利成氏、足利义政讲和（都鄙合体）
		1484年	两畠山军在宇治展开合战；京都土一揆蜂起
		1485年	山城国人集会，要求两畠山军撤出（山城国一揆）
		1486年	上杉定正杀害太田道灌
	长享	1487年	足利义尚讨伐六角高赖；加贺一向一揆蜂起
		1488年	加贺一向一揆逼迫守护富樫政亲自杀
		1489年	足利义尚在钩之阵病死；足利义视、义材自美浓上洛
足利义稙	延德	1490年	足利义材（义稙）就任幕府将军；畠山义就殁
		1491年	堀越公方足利政知殁；足利义材出阵讨伐六角氏；北条早云攻略伊豆国

续表

幕府将军	年号	具体年份	事件
足利义稙		1492年	六角高赖逃亡伊势，足利义材归京
		1493年	细川政元拥立足利义高（义澄）（明应政变）；畠山政长自杀；足利义材逃出京都，往依越中神保长诚
足利义澄	明应	1494年	加贺一向一揆侵入越前国；足利义高就任幕府将军
		1496年	本愿寺莲如在大坂石山修建别院；日野富子殁
		1497年	足利义高赦免六角高赖；大内义兴击破少贰政资；足利成氏殁，足利政氏继为古河公方
		1498年	足利义尹（义材）往附越前朝仓氏
		1499年	本愿寺莲如殁；足利义尹杀入近江坂本，旋败逃河内，往召大内义兴
	永正	1504年	上杉朝良、北条早云、今川氏亲与上杉显定对战
		1506年	加贺一向宗徒侵入越中，越后守护代长尾能景往讨，败死
		1507年	细川澄之杀害细川政元，旋为细川澄元击败；长尾为景逼迫守护上杉房能自杀
足利义稙		1508年	足利义澄逃亡近江；足利义尹、细川高国、大内义兴入京，义尹（义稙）再任将军
		1509年	关东管领上杉显定讨伐长尾为景，为景败逃能登、越中
		1510年	上杉显定与长尾为景对战，败死
		1511年	足利义澄殁
		1516年	北条早云击败三浦义同
		1517年	足利义明迁往小弓（小弓公方）
		1519年	北条早云殁
足利义晴	大永	1521年	细川高国废足利义稙，改立足利义晴为幕府将军
		1523年	足利义稙殁；毛利元就进入吉田城
		1524年	北条氏纲攻打江户城
		1526年	今川氏亲制定《今川假名目录》，氏亲旋殁；安房里见氏侵入镰仓

续表

幕府将军	年号	具体年份	事件
足利义晴	大永	1527年	细川高国、足利义晴逃往近江，柳本贤治入京；三好元长奉戴足利义维、细川晴元至堺；足利义晴返京
		1530年	幕府允许大内义兴向明朝派贸易船团
		1531年	三好元长击败细川高国，迫其自杀；足利政氏殁
	天文	1532年	细川晴元动员本愿寺门徒众，围攻三好元长，迫其自杀
		1534年	在足利义晴斡旋下，大内义隆和大友义鉴讲和
		1535年	松平清康在守山被家臣所杀（守山之崩）
		1536年	伊达稙宗制定《尘芥集》；京都法华宗与比睿山延历寺对战，使上京全部烧毁（天文法华之乱）；骏河"花仓之乱"
		1537年	北条氏纲攻打骏河今川氏（河东一乱）；松平广忠返回三河冈崎
		1538年	第一次国府台合战
		1539年	三好长庆入京，与细川晴元、三好政长敌对
		1540年	武田信虎开始攻打信浓佐久郡；尼子晴久攻击毛利氏的安艺吉田城
		1541年	武田晴信放逐其父信虎；北条氏纲殁；木泽长政逼近京都，足利义晴逃往近江；尼子经久殁
		1542年	三好长庆击败木泽长政，足利义晴返京；伊达稙宗为其子晴宗幽禁（陆奥天文之乱）；武田晴信幽禁诹访赖重；今川义元、织田信秀第一次小豆坂合战；斋藤道三流放美浓守护土岐赖艺
		1543年	铁炮传入种子岛
		1544年	织田信秀攻打美浓稻叶山城，被斋藤道三击退
		1546年	河越之夜战
足利义辉		1547年	武田晴信制定《甲州法度之次第》；松平竹千代被劫持到尾张

续表

幕府将军	年号	具体年份	事件
足利义辉	天文	1548年	第二次小豆坂合战；长尾景虎继任为越后守护代；斋藤道三、织田信秀和睦、联姻
		1549年	松平广忠殁；三好长庆讨伐三好政长，细川晴元、足利义晴逃往近江坂本；基督教传入日本；松平竹千代被送往骏府
		1550年	大友义鉴被杀（大友二阶崩）；北条氏康进行税制改革；足利义晴殁
		1551年	松永久秀击败细川晴元；大内义隆遭陶隆房袭击，自杀于长门大宁寺；织田信秀殁
		1552年	陶隆房拥立大友宗麟弟晴英（大内义长）；北条氏康攻打上野平井城，上杉宪政往依长尾景虎
		1553年	今川义元制定《今川假名目录追加》；三好义庆攻击山城灵山城，足利义藤（义辉）逃往近江；长尾景虎上洛；第一次川中岛合战
		1554年	北条氏康攻克下总古河城，改立足利晴氏子义氏为古河公方
	弘治	1555年	相良晴广制定《相良氏法度》；毛利元就在严岛击破陶晴贤（隆房），晴贤自杀；第二次川中岛合战
		1556年	斋藤道三与其子义龙战于长良川，败死；朝仓义景和加贺一向一揆和睦；结城政胜制定《结城氏新法度》
		1557年	毛利元就灭亡大内家；织田信长谋杀其弟信行；第三次川中岛合战
	永禄	1558年	足利义辉与三好长庆和睦，得以归京
		1559年	织田信长上洛拜见足利义辉
		1560年	桶狭间合战，今川义元败死；松平元康（家康）返回冈崎城；长尾景虎开始关东攻略
		1561年	长尾景虎包围小田原城，旋转向镰仓，就任关东管领，改名上杉政虎；第四次川中岛合战

续表

幕府将军	年号	具体年份	事件
足利义辉	永禄	1564年	细川高国、足利义晴逃往近江,柳本贤治入京;三好元长奉戴足利义维、细川晴元至堺;足利义晴返京
		1565年	三好义继、松永久秀等弑杀将军足利义辉
		1566年	一乘院觉庆改名足利义秋(义昭);毛利元就攻克出云富田城,灭亡尼子家;松平家康改苗字为德川
		1567年	六角义治制定《六角氏式目》;织田信长攻克稻叶山城,改其名为岐阜;松永久秀击败三好三人众,火烧东大寺
足利义昭		1568年	足利义昭入住岐阜立政寺;织田信长奉戴义昭上洛,就任征夷大将军;武田信玄侵入骏河